文化之旅

海上明珠

劉承萱、遲雲◎著

目　錄

序 一

「聞道尋源使，從天此路回。牽牛去幾許？宛馬至今來。」杜甫在詩中講的「尋源使」，正是兩千多年前開闢偉大絲綢之路的張騫。

茫茫大漠，駝鈴悠悠——從長安出發，過隴山山脈，穿河西走廊，西出陽關，經中亞、西亞，最終抵達歐洲。橫穿東西、歷經千秋的絲綢之路，不僅是中國與其他各國連接的商貿通道，更是溝通東西方文明的黃金橋樑。

漫漫海疆，船帆遠颺——從東南沿海，經中南半島和南海海域，穿過印度洋，進入紅海，最終抵達東非和歐洲。兩宋時代，指南針的運用，使中國藉領先的造船技術與航海技術，開始同海外諸國商貿往來。明初更有鄭和七次下西洋的壯闊之舉，堪稱「大航海時代」先驅。

回溯歷史長河，這兩條綿延起伏、波瀾壯闊的通道，正是商貿之路、文化之路和人民友好往來之路，更孕育了和平合作、開放包容、互學互鑒、互利共贏的絲綢之路精神。

斗轉星移，新中國成立以來，特別是改革開放三十多年來，中國與沿線各國經濟、文化交流日益密切，古老的絲綢之路再度迎來發展良機。

2013 年 9 月和 10 月，中國國家主席習近平在出訪中亞和東南亞期間，分別提出共同建設「絲綢之路經濟帶」和「21 世紀海上絲綢之路」（簡稱「一帶一路」）的倡議，藉由古絲路歷史資源與沿線各國發展合作夥伴關係，旨在共同打造政治互信、經濟融合、文化包容的利益共同體、責任共同體和命運共同體，最終實現共同復興。

「一帶一路」的倡議，沿線幾十個國家、數十億人口，與源遠流長的中華文明相呼應。這些國家曾創造出璀璨的人類文明：蘇美文明、埃及文明、巴比倫文明、亞述文明、波斯文明、印度文明，等等。彼此間的共同點是都有過輝煌的歷史，與西方價值的明顯差異，經濟發展的現實難題，以及加快現代化與民族復興的強烈願望。中國作為復興中的大國，需換位思考，透過文化傳播扮演開放、合作和共同發展的紐帶角色，在政治、經貿交往中宣導「和而不同」的理念，加速中華文明與世界文明和平復興的宏大進程。

文化是進入「一帶一路」倡議的前置性領域。中國國家主席習近平所說的「民心相通」，實際上就是透過文化交流與合作，實現各個國家相互理解、相互包容、相互借鑑、相互欣賞。因此，文化交往成為經濟交往、外交交往、貿易交往、金融交往的重要前提。

　　這套《「一帶一路」文化之旅》叢書，分為《陸上明珠》與《海上明珠》兩冊，正是以絲路沿線國家的多元文化作為切入點，詳實梳理了包括美術、建築、音樂、文學、電影以及當代藝術在內的各國文化發展脈絡，視角新穎，圖文並茂。同時，該叢書還記錄了沿線各國的傳統禮儀、節慶民俗、民間工藝等「非物質文化遺產」傳承現狀，並提供沿線各國代表性文化景點、世界遺產名錄等具有檢索價值的資訊。

　　文化是一個民族的血脈和靈魂。《「一帶一路」文化之旅》是沿線國家不同民族之間血脈共振之「旅」，也是沿線國家不同民族之間靈魂融通之「旅」。有理由相信，這套立足「文化導覽」叢書的問世，對於所有關注「一帶一路」倡議或是熱衷旅遊的海內外讀者而言，都將大有裨益。

中國藝術研究院 院長

　　絲綢之路是連接中國腹地與歐洲諸地的陸上商業貿易通道，形成於西元前2世紀與西元1世紀間，直至16世紀仍在使用，是一條東方與西方之間經濟、政治、文化交流的黃金道路。最初這條古道的功用之一是運輸中國出產的絲綢，德國地理學家李希霍芬在19世紀70年代將之命名為「絲綢之路」後，被世界廣泛接受。西漢中期，漢武帝派張騫出使西域形成其基本幹道。它以西漢時期長安為起點（東漢時為洛陽），經河西走廊到敦煌。從敦煌起分為南北兩路：南路經樓蘭、于闐、莎車，穿越蔥嶺到大月氏、安息，往西到達條支、大秦；北路經交河、龜茲、疏勒，穿越蔥嶺到大宛，往西經安息到達大秦。在大航海時代以前，無數中國商旅踏上絲綢之路前往被稱為「西域」的歐亞各國，還有無數外國使臣沿著絲綢之路東行。

海上絲綢之路從中國東南沿海，經過中南半島和馬來群島，穿過印度洋，進入紅海，抵達東非和歐洲，是中國與沿線國家貿易往來和文化交流的海上大通道。秦漢時期，從今天中國大陸南端的合浦、徐聞等港口出發，便有通往南海等地的航線。此後的歷史時段，廣州、寧波、泉州等港口先後興起。特別是宋元時期，中國造船技術和航海技術大幅提升，指南針得

序 二

到廣泛運用，商船遠航能力持續提升，中國與世界多個國家有直接的「海上絲綢之路」商貿往來，這對於開啟西方的大航海時代具有不容低估的影響。即使是海禁嚴厲的明清兩代，中國仍然透過廣州一口通商，藉海上絲綢之路與世界其他國家保持頻繁的商貿往來。

千百年來，「和平合作、開放包容、互學互鑑、互利共贏」的絲綢之路精神薪火相傳，推動了人類文明進步，促進沿線各國繁榮發展。作為東西方緊密交流合作的紐帶與象徵，絲綢之路也因此成為世界各國共有的歷史文化遺產。

2013 年 9 月和 10 月，中國國家主席習近平在出訪中亞和東南亞國家期間，先後提出共建「絲綢之路經濟帶」和「21 世紀海上絲綢之路」（以下簡稱「一帶一路」）的重大倡議，得到國際社會高度關注。中國國務院總理李克強參加 2013 年「中國——東盟博覽會」時亦強調，鋪就面向東盟的海上絲綢之路，打造帶動腹地發展的戰略支點。

「一帶一路」的宏偉倡議，令古老的絲綢之路再度煥發勃勃生機：既有利於沿線各國經濟繁榮與區域經濟合作，又能促進不同文明交流互鑑與世界和平。這是一條互尊互信之路，合作共贏之路，文明互鑑之路。

共建「一帶一路」，理應宣導「文化先行」。文化作為看不見的精神紐帶，縱橫千里，貫穿古今，更能在潤物無聲中釋放巨大的能量。文化交流的種子，一旦播下，即有可能成長為參天大樹，綿延成茂盛森林，為沿途各國人民帶來互信互愛的心靈福祉，從而奠定世代友好的基礎，進而實現世界範圍的長久和平。

今天我們共建「一帶一路」，從西太平洋到波羅的海沿岸，從中亞草原到北非沙漠，沿線國家之中，既包括印度、埃及這樣歷史悠久的文明古國，世界上最古老的國家都在這裡，古巴比倫、古埃及、古印度、中國四大文明古國對世界文明有著無與倫比的深遠影響，也包括塞爾維亞、蒙特內哥羅這樣建立不久的新興國家，為世界注入新鮮的文化血液。既包括哈薩克、土庫曼這樣世世代代以遊牧為生的內陸國家，無數金戈鐵馬的強大帝國改變了世

界歷史的進程；也包括菲律賓、印尼這樣大興舟楫之利的海島國家，東西方的文明透過海上的風帆在這裡交會。既包括泰國、緬甸這樣的佛教國家，也包括沙烏地阿拉伯、巴基斯坦這樣的伊斯蘭教國家，波蘭、捷克這樣的基督教國家，世界三大宗教在這裡匯集，世界最大的佛教國家和最大的伊斯蘭教國家也都在這裡。既包括善於學習其他民族長處為我所用的日本、新加坡，也包括能夠堅守本民族傳統文化的不丹、東帝汶。因此，可以說，世界上文化最多元的國家在這裡，文化傳統最完整的國家也在這裡。

本著記錄「一帶一路」沿線各國璀璨文化的使命，為方便讀者在政治經濟與地理風貌之外，全面瞭解這些國家的人文風情與藝術成就，我們不揣譾陋，編纂了本套叢書。內容涉及「一帶一路」沿途及周邊國家，分為《陸上明珠》和《海上明珠》兩冊，可以看作是「絲綢之路經濟帶」和「21世紀海上絲綢之路」命題的延伸——以歷史上各國商貿、文化交流的主要通道及區域共同體來判斷，而非依內陸或沿海地理概念的區隔。《陸上明珠》一冊，包括東北亞4國、中亞5國、高加索與東歐平原6國、中東歐16國，共31國；《海上明珠》一冊，包括東南亞11國、南亞8國、西亞北非16國。上述國家加上兩條絲路的起點中國，共36國。

對於「一帶一路」沿途的每個國家，本叢書一視同仁，均以簡明的圖示介紹其地理、歷史、政治、經濟、社會發展等概況，詳細介紹各國傳統禮儀、節慶民俗、民間工藝等「非物質文化遺產」文化現狀，並重點介紹各國文化藝術的歷史沿革和當代風采，涉及領域包括繪畫、雕塑、建築、音樂、文學、影視等。對於具有代表性的藝術傑作和文化巨匠，本書還選配了精美圖片以饗讀者。

文化是民族精神的核心內涵，藝術是民族精神的形象體現，「一帶一路」沿線各國人民，無不熱愛本民族的文化傳統與特色藝術，衷心希望這套叢書，能為「一帶一路」沿線各國的文化藝術交流搭建一座友誼的橋樑。

同時，本叢書不僅有助於讀者踏上一趟心靈的藝術之旅，書末還附有詳實的旅行指南，包括文化景點、簽證諮詢和交通資訊等，為讀者的未來出境行程提供貼心參閱。

限於資料來源和編者水準，編纂過程中難免有紕漏之處，故盼讀者斧正。本套叢書只是一個開始，我們還將不懈努力，在未來繼續推出「一帶一路」沿線各國文化藝術的相關圖書，為中外文化交流事業貢獻綿薄之力！

中國文化傳媒集團 董事長

中國文化報社社長

東南亞十一國

　　東南亞11國位於中南半島和馬來群島，除寮國外，均為沿海國家。古代東南亞人民創造了燦爛的文明，泰國的大城、緬甸的東吁、柬埔寨的吳哥，都有豐富的文化遺蹟流傳至今，如世界著名的吳哥窟就是中古藝術的寶庫。

　　中世紀以前的東南亞文化主要受到中國和印度的影響，如與中國接壤的越南等國，很多文學藝術作品都帶有儒家思想的深刻印記，而與印度鄰近的緬甸、泰國等國，則受印度傳來的佛教、印度教文化影響更深，有很多輝煌的宗教建築流傳至今。其中，印尼的婆羅浮屠規模宏大，造型精美，堪稱該時期東南亞藝術的傑出代表。

　　中世紀以後，沿海上絲綢之路東傳的伊斯蘭文明對東南亞南部的群島國家產生了重大影響。馬來西亞、印尼等國的藝術走上了伊斯蘭化的道路，建起了大批頗具藝術特色的清真寺。

　　近代以後，東南亞受到西方殖民主義入侵，除泰國之外的東南亞國家均喪失過獨立地位，其文化也受到西方文化的深刻影響，吸收了很多西方的文藝理論，湧現出一批不同於傳統風格的藝術作品。二戰以後，東南亞國家紛紛獲得政治獨立，文化上也迎來了全新的發展契機，像新加坡、馬來西亞等經濟發展較為成功的國家在現當代藝術方面奮起直追，很多建築、美術作品在國際上具有一定地位。東帝汶作為東南亞「最年輕」的國家，藝術上卻最為古樸，表現出土著居民的審美情趣。

越南社會主義共和國 The Socialist Republic of Vietnam

國家概況

簡　稱：越南

政　體：人民代表大會制度

首 都：河內

地理概況

位 置：亞洲東南部中南半島東部

國土面積：32.96萬平方公里

氣 候：熱帶季風氣候

社會概況

全國人口：約9170萬

主要民族：京族

官方語言：越南語

主要宗教：佛教、天主教

經濟概況

支柱產業：工業、農業

貨 幣：越南盾

　　越南於968年成為獨立的封建國家，1884年淪為法國保護國，1945年9月2日宣佈獨立，成立越南民主共和國。1954年7月，關於恢復印度支那和平的日內瓦協定簽署，越南北方獲得解放，南方仍由法國（後成立由美國扶植的南越政權）統治。1961年起越南開始進行抗美救國戰爭，1973年1月越美在巴黎簽訂關於在越南結束戰爭、恢復和平的協定，美軍開始從南方撤離。1975年5月南方全部解放，1976年4月選出統一的國會，7月宣佈全國統一，定國名為越南社會主義共和國。 中國和越南於1950年1月18日建交。越南與中國毗鄰而居，兩國經貿合作正穩步發展。中國連續12年成為越南第一大交易夥伴，也是越南第一大進口來源地和第四大出口市場，越南則成為中國在東盟僅次於馬來西亞的第二大交易夥伴。

　　越南人跟客人相見時多以握手為禮。路遇親朋好友，則通常要主動熱情地上前向對方打一個招呼，至少也要向對方點頭致意。有些少數民族與外人會面時，往往還會採用其本民族的傳統禮節，苗人、瑤人大都會行抱拳作揖禮，而高棉人則一般會行雙手合十禮。在公眾場合，越南人對長輩表現得尊重有加。與長輩一同出行時，他們必然會請其先行在前。

越南料理通常可以分為三個菜系。越南北部是越南文化的主要發源地，很多著名的菜餚（如越南河粉和越南粉卷）都源自北部地方。越南南部菜餚在歷史上受到中國南方移民和法國殖民者的影響。越南南方人喜歡帶甜味的菜餚，會使用更多種類的香草。越南中部的飲食與南部和北部的相比差異明顯，中部料理會使用更多的小配菜。

越南民族服飾奧黛 National Costume of Vietnam

　　男子服飾在岱族、芒族、傣族、儂族等民族之間差異很小，但婦女的穿戴仍保持本民族傳統特色。奧黛是越南女性獨特的傳統服飾，常以絲綢類質地輕盈軟薄的布料裁剪，款式類似中國旗袍，高領、窄袖，上部貼身，但兩側自腰部即開衩，下襬舒展，配同花式或白色布料的寬鬆長褲，不論蹲、坐、騎車都很方便，現已成為越南國服。

夏春捲Summer Spring Roll

　　越南人忌諱三人合影，不願讓人摸頭頂，席地而坐時不能把腳對著人。此外，越南不同民族之間的風俗也有區別。在少數民族家中，絕對不能去姑娘住的房間。有些少數民族住竹木高腳屋，習慣在樓上席地坐臥。進屋要脫鞋，否則會被認為是看不起主人。南部越南人認為左手不潔，因此不要用左手行禮、進食、送物和接物。

特色節日

　　共產黨成立日　2月3日南方解放日　4月30日胡志明誕辰日　5月19日國慶日　9月2日

　　越南民族創造了既有豐富多樣性又飽含濃厚民族性的越南美術。越南史前的東山文化（西元前5—前2世紀）已有銅鼓等青銅器和漆器，東山文化層波及東南亞諸國。西元前111年至西元939年，越南北方歸中國管轄，受中國文化的影響很深。939年越南北方脫離中國以後發展了越南的民族文化，同時更深入地吸收了中國儒家和禪宗文化的因素。越南北方的佛塔基本沿襲中國樣式。越南南方古稱占婆，受印度文化的影響很大。南方米山的印

度教神廟（8—11世紀）和東陽的大乘佛思源東陽寺則採用類似印度建築的形制。19世紀初期，越南最後一個王朝阮朝在越南中部順化建造的順化皇宮大體仿照了北京紫禁城的格局。

越南陶瓷是在4世紀至9世紀中國陶瓷的影響下發展起來的，15世紀至16世紀形成民族特色。早在東山文化時期越南已有漆器，漆器的民族化圖案傳承至今。而今，越南磨漆畫仍很發達，繼承了古代的傳統。越南絹本畫是由畫家把西方繪畫與東方繪畫等藝術形式以獨特的方式結合起來而形成的，純潔、真實是越南絹本繪畫所表現的藝術特點，這也是越南民族思想與民族藝術的價值取向。

越南北部的古典音樂是起源於最古老的音樂形式，傳統之上更加莊嚴肅穆。越南的古典音樂可以追溯到13世紀蒙古入侵時期來到越南的中國戲曲劇團。縱觀其歷史，越南音樂受到了中國古代音樂文化的深刻影響。

東山文化銅鼓 Dong Son Drums

東山文化是東南亞青銅時代晚期至鐵器時代早期文化。因最早發現於越南清化省東山村而得名。東山銅鼓的基本形制是面小底大，胴部突出，胴、腰、足三段分明，紋飾有翔鷺、羽人、競渡、鹿、牛等。它是越南早期美術的代表。

越南磨漆畫 Lacquer Painting of Vietnam

　　磨漆畫是越南民族藝術的瑰寶，它以漆作顏料，運用漆器的工藝技法，經逐層描繪和研磨而成。磨漆畫將「畫」和「磨」有機地結合起來，色調明朗、深沉，立體感強，表面平滑光亮。

順化古城 Complex of Hue Monuments

順化古城位於越南中部長山山脈東麓距海不遠的狹長平原上。19 世紀初期，這裡是越南王國的首都，順化古城是越南現存最大且保存最完整的古建築群，1993 年被列入《世界遺產目錄》。

河內獨柱寺 One Pillar Pagoda in Hanoi

獨柱寺是越南獨具一格的古蹟之一，位於河內巴亭廣場西南，建於 1049 年的李朝。該寺因建在靈沼池中一根大石柱上而得名。靈沼池為方形，池周磚砌欄杆。寺為木結構，也是方形，每邊3米，四面帶廊。

越南音樂在18世紀以前一直受中國音樂和印度佛教音樂的影響，從樂器到音樂理論都與中國的相似。19世紀開始，西方音樂傳入越南，其中法國音樂對越南影響較深。越南獨立以後，其音樂家融合中西音樂，整理民族遺產，發展出頗具民族特色的新越南音樂。越南歷史上有豐富的口傳文學。19世紀以前，越南文學受到中國文學的深刻影響，漢文作品被認為是正統，文學作品也多以儒家思想為正宗，越南本民族的字喃文學受到輕視。19世紀以後，在法國等帝國主義的壓迫下，越南的愛國文學加速發展，國語文學也逐漸步入正軌。越南獨立之後，民族文學得到了更好的發展。

陳英雄 Tran Anh Hung 1962—

陳英雄生於越南峴港，後入法國籍，是一位國際知名的導演。他的電影具有濃郁的越南鄉土情韻，帶有典型的東方文化特色。他將東方的哲學理念與現代電影語言融合，表現了對越南民族文化的追憶與思考。他執導的《青木瓜之味》《三輪車伕》多次獲得國際大獎。

Vietnam

The Vietnamese have created a rich and diversified range of art with strong national character. As early as Vietnam's prehistoric Đông Sơn cultural period (the 5th to 2nd century BC)，there were bronze artifacts and lacquerwares, such as bronze drums. The national characterized patterns used for the lacquerware from the Đông Sơn culture have been passed down through the generations. From 111 BC to 939 AD, northern Vietnam was under Chinese jurisdiction and was profoundly influenced by Chinese culture. In 939 AD, after northern Vietnam was no longer under the dominant rule of China, Vietnamese national culture began to develop. The Mỹ Sơn Hindu temple complex in the south (constructed between the 8th and 11th centuries) and Đông Dương Mahayana Buddhist Temple both adopted forms similar to Indian architecture styles. In the early 19th century, the emperor of the Nguyễn Dynasty (the last dynasty in Vietnam) built the Imperial Palace of Huế in central Vietnam. The layout of the palace was generally modeled on the Forbidden City in Beijing, China.

寮國人民民主共和國 The Lao People's Democratic Republic

國家概況

簡 稱：寮國

政 體：人民代表大會制度

首 都：萬象

地理概況

位 置：亞洲東南部中南半島中部

國土面積：23.68萬平方公里

氣 候：熱帶、亞熱帶季風氣候

社會概況

全國人口：約680萬

主要民族：老龍族、老聽族、老松族

官方語言：寮國語

主要宗教：佛教

經濟概況

支柱產業：農林業、工業、服務業

貨 幣：基普

　　14世紀前的寮國歷史有較多爭議，通常認為在現今寮國疆域相繼出現過堂明國、南掌國（瀾滄國）等國家。1353年，法昂王建立瀾滄王國，定都瑯勃拉邦，寮國出現歷史上第一個統一的多民族國家。1707年至1713年，瀾滄王國先後分裂為北部瑯勃拉邦、中部萬象和南部占巴塞三個王國，1778年至1893年三國淪為暹羅（今泰國）屬國。1893年，法國與暹羅簽訂《法暹條約》，瑯勃拉邦、萬象和占巴塞被併入法屬印度支那聯邦，1940年9月被日本佔領。1954年，法國在奠邊府戰役中失敗，被迫簽署日內瓦協定，承認寮國獨立並撤軍。1975年12月2日，在萬象召開的寮國全國人民代表大會宣佈廢除君主制，成立寮國人民民主共和國。中國和寮國於1961年4月25日建交。20世紀70年代末至80年代中，雙方關係曾出現曲折。1989年以來，中寮關係全面恢復和發展，雙方在政治、經濟、軍事、文化、衛生等領域的友好交流與合作不斷深化，在國際和地區事務中密切協調與合作。

　　寮國人與客人見面施合十禮：左右合掌，十指併攏，置於胸前，行禮時，問候「沙邁迪」。在正式的外交和商務中，寮國人一般也行握手禮，但婦女仍多行合十禮。寮國人介紹對方時，一般遵循從長到幼，從尊到卑的順序。他們一般不直呼人的姓名，而是在其名前冠以尊稱或親切的稱呼。

寮國人喜食糯米。寮國菜的特點主要是酸、辣、生。具有寮國民族特色的典型菜餚有：魚醬、烤魚、烤雞、炒肉末加香菜、涼拌木瓜絲、酸辣湯等，蔬菜多生食。寮國人喜愛喝牛奶和烈酒，口味偏淡，用餐時習慣用手抓飯。

　　寮國的成年男性一般上穿長袖襯衫，下著長褲，女性上穿長袖對襟裇子，下著具有民族風情的筒裙。女士一般都有多套正裝行頭，色彩斑斕，配上做工考究的民俗圖案和珠璉珮飾，給人一種質樸、莊重的感覺。年輕女士的正裝顏色豐富，以鵝黃、橘橙、粉色、淡紫為主要色彩；中老年女士的正裝則青睞深紫、咖啡、墨綠、深藍等顏色。

　　寮國國民大多信奉佛教，忌諱藝瀆聖佛。人們不能用手觸摸佛像，絕對不允許用身體的下部與佛像接觸。寮國人忌諱從坐臥著的人身上跨過。在寮國人的風俗中，人們認為左手是骯髒的。寮國人不掛白色的蚊帳，不蓋白色的被子。他們忌諱摸頭部，即使對小孩表示喜愛也不能摸其頭頂。因為寮國人認為頭是最神聖的身體部位，任何人都不能隨意觸摸。腳是身體最下面的部位，絕不能用腳對著人，不可以用腳開門或移動物體。在僧侶或客人面前，兩腿交叉而坐是不禮貌的行為。

寮國傳統服飾 Traditional Costume of Lao

豐沙裡傳統美食炸糯米餅 Fried glutinous rice cakes - traditional
food of Phongsaly

特色節日

人民軍成立日　1月20日

人民革命黨成立日　3月22日

新年（也稱宋干節、潑水節）　　佛曆五月

獨立日　10月12日

塔鑾節　佛曆十二月

國慶日　12月2日

瑯勃拉邦皇宮 Luang Prabang Palace

　　瑯勃拉邦是寮國古都，位於寮國北部湄公河畔，是一個精緻的小山城，亦名「鑾佛邦」。瑯勃拉邦皇宮建於 1904 年，1975 年被改建成了博物館。皇宮陳列有各種精美宗教器具，還有珍稀佛像，堪稱寮國藝術寶庫。

　　寮國文化自古受中國和泰國的影響。其主要民族──寮族，源於中國古代的百越，亦與中國8世紀的南詔國有關係。寮國真正獨立是1353年建立瀾滄王國後。那時，寮國從泰國引進上座部佛教。寮國獨立初期都城在瑯勃拉邦，16世紀中葉遷至萬象。寮國美術以這新舊兩都為中心而發展，它與泰國同屬上座部佛教美術，受到泰國美術的強烈影響。但瑯勃拉邦及其以北地區屬於泰國的清邁美術系統，萬象則屬於泰國的大城美術系統。

　　瑯勃拉邦有2000年的歷史，長期作為寮國古都和佛教中心，寺廟、佛塔、王宮掩映於花木修竹之中。現有寺廟30多座，其中香通古廟構築新穎，陳設堂皇，以宏偉的大殿、玲瓏的佛塔、精緻的雕刻和華麗的鑲嵌著稱。瑯勃拉邦還以金銀飾品鑲嵌、象牙雕刻、絲綢、製陶等傳統手工藝在國內享有盛名。瑯勃拉邦皇宮是14世紀至16世紀的重要建築，今已闢為瑯勃拉邦博物館。

萬象也是歷史名城，建於574年，16世紀中葉成為都城以來，一直是寮國的文化中心。萬像有許多寺廟、佛塔，著名的有瓦細剎吉寺、瓦翁第寺、瓦維賽寺、瓦帕嬌寺及萬象塔鑾，寺廟中均有精美的佛教雕塑。瓦帕嬌寺已有約500年歷史，寮國獨立後改為皇家博物館，陳列歷代珍貴文物。萬象塔鑾由塔群組成，在東南亞建築藝術上享有盛譽。

萬象塔鑾Pha That Luang

萬象塔鑾建於1566年，由群塔組成，在建築藝術上享有盛譽，是萬象市的標誌和東南亞重要的名勝古蹟之一。塔鑾廣場是萬象最大的廣場，每年11月都會在此舉行盛大的塔鑾節。

寮國的建築主體是木構，部分使用磚瓦，石構建築罕見。木構建築的普遍特徵是：屋頂為兩層，呈閣下急傾斜的大流線。寮國語稱舍利塔為「塔陀」。塔陀形式多樣，大體上都有覆缽形塔身，表明是從堵波發展而來，其代表性大型遺構為萬象塔鑾。寮國的佛教雕塑近於泰國樣式尤其是大城樣式，以青銅像和木像為主，大多程序化，一般是14世紀以後的作品。

寮國民族文學歷史悠久。它的古典文學可分為宗教文學和世俗文學，除部分文學作品寫在貝葉上外，不少是口頭文學，沒有文字記載。14世紀中葉昭法翁國王時期，佛經從印度、錫蘭（今斯里蘭卡）經高棉傳入寮國，產生了寮國最早的宗教文學。寮國的世俗文學同樣受到佛教、婆羅門教的影響，它的許多神話故事、民間傳說、史詩、抒情詩、散文小說和寓言又受到古印度文學的影響。印度著名史詩《羅摩衍那》經泰國傳入寮國，改寫後成為寮國的古典名著。寮國的寓言集《娘丹黛》是馬哈威漢根據印度的《五卷書》改寫而成的。寮國世俗文學的一個重要組成部分是詩體小說，它的題材往往是愛情和英雄軼事，同時又貫穿著佛教的教誨，如皮亞喬東達的《爺爺教育孫孫》、因梯央的《因梯央的教導》。16世紀以後，寮國民族文學有了新的發展，出現了一些本民族作家創作的小說和戲劇，如《本通與洛乍娜》《妖女和十二嬪妃》《大象和螞蟻》《巴亞的故事》等。19世紀以後，西方殖民者入侵，寮國民族文學遭到嚴重摧殘，但隨著民族的覺醒和獨立運動的發展，民族文學進入了一個新的階段。寮國進步文學產生於20世紀40年代末50年代初。當時只有一些詩歌、散文等作品刊登在進步報紙上，作者都是寮國愛國戰線的工作人員和寮國戰鬥部隊的戰士，其中比較著名的有西沙納•西山、烏達瑪、坎馬•彭貢和宋西•德薩坎布。

Laos

Laos's culture has been affected by China and Thailand since ancient times. Its main ethnic group · the Lao people, originated from Baiyue in ancient China. In the 14th century, the Lan Xang Kingdom established its capital in Luang Prabang (Muang Sua or Xieng Dong Xieng Thong at the time), before moving to Vientiane (Vieng Chan

Vieng Kham at the time) in the 16th century. Laos's art was developed in the areas around the two capitals. The art from Luang Prabang and the regions north of Luang Prabang belonged to the Chiang Mai art system of Thailand, whilst the art from Vientiane belonged to the Ayutthaya art system of Thailand.

Luang Prabang has 2,000 years of history and was the capital city and central location for Buddhism in ancient Laos for a long period of time. Currently, there are over 30 splendidly furnished temples, famous for their grand halls, exquisite pagodas, fine carvings, and luxurious mosaics. Luang Prabang is also famous for the craftsmanship of inlaid gold and silver jewelry, ivory carvings, silk, and pottery. The Royal Palace in Luang Prabang is an important piece of architecture, built from the 14th century to the 16th century.

Vientiane is also a famous historical city built in 574. Since it was made the capital city in the mid-16th century, Vientiane has become the cultural center of Laos. Vientiane has many temples and pagodas, the most celebrated of which include Wat Si Saket, Wat Ong Teu Mahawihan, Wat Mixayaram, Haw Phra Kaew, and Pha That Luang, all containing exquisite Buddhist sculptures. Haw Phra Kaew has a history of 500 years; after Laos gained its independence, the temple was converted into a Royal Museum, displaying ancient relics. Pha That Luang is a great stupa consisting of several small stupas, and is recognized as a famous piece of Southeast Asian architecture.

柬埔寨王國 Kingdom of Cambodia

國家概況

簡 稱：柬埔寨

政 體：君主立憲制

首都：金邊

地理概況

位置：亞洲東南部中南半島南部

國土面積：18.10萬平方公里

氣候：熱帶季風氣候

社會概況

全國人口：約1500萬

主要民族：高棉族

官方語言：高棉語

主要宗教：佛教

經濟概況

支柱產業：農業

貨幣：柬埔寨瑞爾

　　柬埔寨是個歷史悠久的文明古國，早在1世紀就建立了統一的王國。9世紀至14世紀吳哥王朝為鼎盛時期，國力強盛，文化發達，創造了舉世聞名的吳哥文明。13世紀中葉起至1434年由於泰國的素可泰王朝入侵而衰落，1863年淪為法國保護國，1940年被日本佔領。1953年11月9日，柬埔寨王國宣佈獨立。20世紀70年代開始，柬經歷了長期的戰爭。1993年，隨著國家權力機構相繼成立和民族和解的實現，柬埔寨進入和平與發展的新時期。1958年7月19日中國和柬埔寨正式建交。長期以來，中國幾代領導人與柬太皇西哈努克建立了深厚的友誼，為兩國關係的長期穩定發展奠定了堅實的基礎。1990年以來，中柬關係進入新的發展階段。當前，中柬全面合作夥伴關係正深入發展，兩國傳統友誼不斷邁上新的臺階。兩國建交以來，文化交流日趨頻繁，涉及文化、藝術、新聞出版、體育、宗教、旅遊等諸多方面。

合十禮是柬埔寨最常見的一種相見禮儀。行禮時，要根據對象把握好掌尖的高度，如女子向父母，孫兒向祖父母，學生向教師，應將合十的掌尖舉到眼眉；政府官員下級向上級行禮時，應舉到口部；地位相等者行禮時，應舉到鼻尖。在農村，人們只行合十禮；在城市，現在也有行握手禮的。

　　柬埔寨人以稻米為主食，他們因多信奉佛教，忌殺生，所以不大食用動物肉而喜食素菜，但逢年過節，餐桌上還是有魚有肉，菜餚十分豐富。他們偏愛辣、甜、酸的味道，辣椒、蔥、薑、大蒜是不可缺少的調料，同時也很喜歡我國的廣東菜和雲南菜。柬埔寨飲酒較普遍，水果亦可作下酒物。飯後有漱口的習慣。

　　由於地處熱帶，柬埔寨人的服裝都很單薄。男子便服為直領多扣上衣，天氣熱時則不穿上衣，只穿「紗籠」或「山樸」。「紗籠」是由數尺印有各種美麗圖案的布兩邊縫合，圍繫腰間，狀似裙子。「山樸」是用不加縫合的長條布，從腰中往下纏繞至小腿，再從胯下穿過，在背後緊束於腰部，剩餘部分伸出如魚尾。婦女的便服上衣多為絲質圓領對襟短袖衫，下衣也穿「紗籠」或「山樸」，通常她們在腰間還要纏一條圖案優美的長布巾。

　　柬埔寨人認為黃牛和水牛都受守護動物的神靈的保護，一旦傷害它們，便會遭到生病的報應。星期六是鬼魂妖魔喜歡的日子，是不吉利的，在這一天辦事或外出均要小心。一家人如同住一間寢室，孩子們睡的地方不能高於父母的床鋪。忌諱把褲子懸掛在別人頭的上方。

特色節日

國王誕辰　　5月14日

禦耕節　　佛曆六月下弦初四

獨立節　11月9日

送水節　11月13—15日

柬埔寨傳統服裝桑博 Traditional Costume of Cambodian‐Sambo

傳統柬埔寨美食 Traditional Food of Cambodia

　　柬埔寨在歷史上與印度和中國這兩大文明古國都有文化交往。它的美術以印度教和大乘佛教為主要內容，並伴隨著對高棉國王神化的祭祀崇拜思想，透過印度教神廟建築和雕塑等主要形式表現出來。柬埔寨美術的發展分為四個階段：扶南國時代、前吳哥時代、吳哥時代和14世紀以後。

扶南國是柬埔寨的印度教古國。它以湄公河下遊的交趾支那為中心，繁榮於1世紀末葉至6世紀中葉，6世紀後半葉受到北鄰的真臘國的攻擊，不久便銷聲匿跡。扶南國特別信奉印度教和佛教，製作多臂的濕婆銅像。在普農多出土的八臂毗濕奴立像、持斧羅摩立像、吳哥附近發現的笈多風格的砂岩製佛頭和佛立像，可以確證至少在5世紀至6世紀，印度的造像藝術已波及此地。這些神像和佛像，風格古樸，印度的痕跡強烈，可視為扶南末期的雕塑作品，它的創作傳統一直影響到前吳哥時代的均衡優美的雕像群中。

　　約6世紀中葉，在扶南國北邊興起了真臘國。真臘是中國史籍記有的高棉人國家。它在7世紀時統一了柬埔寨，王都在伊奢那先，但在8世紀又分裂為水真臘和陸真臘。從6世紀中葉至9世紀初重新統一併建都於吳哥以前，史稱前吳哥時代。前吳哥時代，高棉人繼承印度要素濃厚的扶南國時代末期的美術，展開了高棉民族獨立的美術創造活動。這個時期遺蹟和遺品不太豐富，分佈於洞里薩東部地區至湄公河下遊，大體上屬於印度教風格。

　　9世紀時，闍耶跋摩二世統一了高棉，建立吳哥王朝，至1431年泰國攻陷吳哥，史稱「吳哥時代」。這是高棉美術的黃金時代和古典時代。闍耶跋摩二世在位期間，在各地築城，修建巨大寺廟群。至9世紀末的蘇耶跋摩一世時，高棉勢力擴張到今泰國南部，北達瑯勃拉邦的湄公河中遊。他選擇洞里薩湖西北的土地，建設大都城──吳哥，為此耗盡了長期積聚的巨大財富，也自此進入大型建築盛行的時代。蘇耶跋摩二世時，建立了吳哥寺，高棉建築達到發展鼎盛期。高棉人在以大規模的寺廟建築為主體的盛大造型活動中，充分發揮了藝術天分。高棉建築的遺構或遺址，集中在吳哥及其附近，基本上屬於印度教，也有屬於大乘佛教的作品。寺廟建築主要使用砂岩石、紅土和磚等建材，逐漸完善前代開始出現的高塔式塔堂，隨之將大臺基高高地堆成急劇的階段式金字塔形，其後發展了立有主堂的寺廟形式，又建立了五塔式寺廟，即在基壇上以高塔式主堂為中心，四角各有一高塔。進而產生了大迴廊樣式的著名大寺──吳哥寺、巴雲寺，達到柬埔寨建築藝術的頂點。任何寺廟從構成到布局，無論平面或立面都呈現嚴格的幾何式對稱，這是柬埔寨建築的一大特色。

吴哥窟 Angkor Wat

吳哥窟又稱「吳哥寺」，位於柬埔寨暹粒市，建於 12 世紀，是世界上最大的廟宇之一，以建築宏偉、浮雕精緻著稱於世。吳哥窟是高棉古典建築藝術的高峰，與中國的長城、印度的泰姬陵、印尼的婆羅浮屠並稱古代東方四大奇蹟。基壇上以高塔式主堂為中心，四角各有一高塔，進而產生大迴廊樣式的著名大寺——吳哥寺、巴雲寺，達到柬埔寨建築藝術的頂點。任何寺廟從堂的構成到諸堂塔的佈局，無論平面或立面都呈現嚴格的幾何式對稱，這是一大特色。著名的遺構還有：巴肯寺、羅洛建築群、班迭斯雷寺等。

　　吳哥時代的雕像，多數為石像，少數為青銅像，整體上程序化而乏於變化，但有一些男神像呈現一種逼人的力感，一些女神像上身裸露，富於魅力。隨之受泰人影響，木構建築開始流行。1434年，高棉王國遷都金邊，金邊城市建設始具規模。現在已建有輝煌的舊王宮、秀麗的塔山、莊嚴的獨立紀念碑，以及富有民族色彩的寺廟、尖塔等名勝古蹟。

　　音樂在柬埔寨文化中佔有重要地位，不管是在各種慶典和宴會上，還是在娛樂場所，都離不開演唱和音樂。民族音樂主要有三種形式：交響樂是輕音樂，一般為戲劇伴奏；賓柏樂節奏較快，一般為舞蹈伴奏；高棉樂是一種非常歡快的音樂，一般在慶典或婚禮等喜慶的日子裡演奏。

　　柬埔寨文學分為五種：石碑文學、佛教文學、民間故事、小說與戲劇、詩歌。吳哥王朝建立後，柬埔寨文學得到進一步發展，內容多為歌頌神靈、讚美國王和預測未來。12世紀中葉，出現了宗教文學，內容主要是婆羅門教和大乘佛教中的宗教神話。其中許多故事被編成戲劇和舞蹈，列為傳統劇碼。吳哥王朝後，宣揚上座部佛教、主張行善，以因果報應為題材的民間文學占了優勢。故事主人翁多為敢於反抗封建壓迫的普通農民。與此同時，吳哥王朝出現了一些著名的宮廷作家，他們的作品有的頌揚國王，有的反映人民生活。在淪為法國保護國期間，其民族文學遭到摧殘。隨著西方文化的滲入，柬埔寨文學發生了新的變化，出現了使用白話文和反映現實生活的現代小說。1953年獨立後，文學得到迅速發展，小說、詩歌數量增多，而且戲劇、報告文學、文藝理論等作品不斷湧現。較有影響的作品有海索帕的《蒙面大盜》、奧波的《金箭》、林根的《望月》、羅韋特的《海韋城》等。70年代，柬埔寨創作了一批反映人民抗美救國的作品，如小說《媽媽的犧牲》《達姆彭的紅心》等。

　　Cambodia

Historically, Cambodia has had cultural exchanges with two ancient civilizations: India and China. Its art applies Hinduism and Mahayana Buddhism as its main influences, and is represented in the form of Hindu temples and sculptures. The development of Cambodian art can be divided into four stages: the Funan Kingdom, the pre-Angkor era, the Angkor era, and the post-14th century.

Funan is an ancient Hindu kingdom in Cambodia. The Funan Kingdom embraced Hinduism and Buddhism and consequently created many statues of Hindu Gods and Buddha. The statues had a rustic style, with notable traces of Indian styles. The creative traditions of this period influenced the balanced and elegant statues of the pre-Angkor era.

The period from the mid-6th century until the early 9th century is known as the pre-Angkor era. During this period, Khmer art inherited a strong Indian element, which influenced art from the end of Funan Kingdom era, and the Khmer people launched their own artistic style. However, not many historical sites and relics from this period have been preserved. The 9th century AD was the Angkor era. This was the golden age and classical era of Khmer art, when many famous temples, such as Angkor Wat and Bayon, were characterized with rectangular galleries rising to a central tower, which represented the peak of Cambodian architecture. After the 14th century, the Khmer Empire moved its capital to Phnom Penh and the cityscape began to take shape. Today, Phnom Penh is home to the splendid Royal Palace, the beautiful Wat Phnom (Mountain Pagoda), the solemn Independence Monument, as well as other attractions, such as nationally characterized temples and spires.

泰王國 The Kingdom of Thailand

國家概況

簡　稱：泰國

政　體：君主立憲制

首　都：曼谷

地理概況

位　置：亞洲東南部中南半島中南部

國土面積：51.3萬平方公里

氣　候：熱帶季風氣候

社會概況

全國人口：約6450萬

主要民族：泰族

官方語言：泰語

主要宗教：佛教

經濟概況

支柱產業：農業、工業

貨　幣：泰銖

　　泰國舊名暹羅，位於中南半島中南部，1238年形成較為統一的國家。先後經歷了素可泰王朝、大城王朝、吞武里王朝和曼谷王朝。16世紀，葡萄牙、荷蘭、英國、法國等殖民主義者先後入侵。1896年英法簽訂條約，規定暹羅為英屬緬甸和法屬印度支那之間的緩衝國。暹羅成為東南亞唯一沒有淪為殖民地的國家。19世紀末，拉瑪四世王開始實行對外開放。1932年6月，民黨發動政變，改君主專製為君主立憲制。1939年暹羅更名泰國，後經幾次更改，1949年正式定名泰國。1975年7月1日，中國與泰國建立外交關係。兩國關係保持健康穩定發展。2001年8月，兩國政府發表《聯合公報》，就推進中泰戰略性合作達成共識。2012年4月，兩國建立全面戰略合作夥伴關係。2013年10月，兩國政府發表《中泰關係發展遠景規劃》，兩國保持高層密切交往，在文化領域的交流與合作穩步發展，雙方簽署了《旅遊合作協定》（1993年）、《文化合作協定》（2001年）等。

　　泰國人見面時要各自在胸前合十相互致意，其法是雙掌連合，放在胸額之間，這是見面禮，相當於西方的握手，雙掌舉得越高，表示尊敬程度越深。平民百姓見國王雙手要舉過頭頂，小輩見長輩要雙手舉至前額，平輩相見舉到鼻子以下。長輩對小輩還禮舉到胸前，手部不應高過前胸。地位較低或年紀較輕者應先合十致意。有人向你合十致意，你必須還禮，否則就是失禮。

泰式飲食辣、酸、甜，在世界上廣受歡迎。泰國稻米顆粒長，兩頭尖，顏色白，煮成米飯香柔滑嫩，在世界糧食市場上享有很高的聲譽。泰國人以稻米為主食，每日三餐。由於地處熱帶，泰國人喜歡使用富有刺激性的調味品，如辣椒、蔥、蒜、薑等。

泰國人的服裝總的來說比較樸素，在鄉村多以民族服裝為主。泰族男子的傳統民族服裝叫「絆尾幔」紗籠和「帕農」紗籠。帕農是一種用布纏裹腰和雙腿的服裝。絆尾幔是用一塊長約3米的布包纏雙腿，再把布的兩端卷在一起，穿過兩腿之間，塞到腰背處。由於紗籠下襬較寬，穿著舒適涼爽，因此它是泰國平民中流傳最長久的傳統服裝之一。

泰國人認為「頭部」在字義上或象徵義上是身體上的最高部分。因此，他們不容許撫拍任何人的頭部，縱使是友善的表現。泰國人認為人的右手清潔而左手不潔，左手只能用來拿一些不乾淨的東西。在泰國的公眾場合，不要做出有損風貌的舉動，如擁抱、親吻或握手，這被認為是不符合當地風俗的。

泰國傳統服飾 Traditional Costume of Thailand

咖哩蟹 Curried Crab

特色節日

宋干節　4月13—15日

國慶日　12月5日

水燈節　　泰曆十二月十五日

清邁大塔寺 Wat Chedi Luang•Chiang Mai

　　大塔寺位於清邁市正中心，以寺中一座高60米的古塔樓而得名。這座古塔樓有500多年的歷史，融合了蘭納、印度、斯里蘭卡多種建築風格。塔樓南側有6個像頭雕塑，只有最右邊是用磚石砌成的真品，剩餘5個是後來用水泥修復的。

　　泰國位於亞洲中南半島中南部，中國史籍上稱為暹羅。它的主要民族——泰人由中國南部遷移而來，在文化上主要受中國和印度的影響。12世紀起，從中國南部南下的泰人在泰國建立了幾個泰人國家——清盛—清邁、素可泰、烏通。這些國家吸取孟人和高棉人的傳統，並滲透泰人自身的民族要素而發展了美術，它主要是斯里蘭卡系統的上座部佛教美術，被稱為真正意義上的泰國美術。

　　清盛—清邁美術（13—16世紀）

清盛是位於泰國北端的古城，很早就成為泰人南下的據點。有一些佛寺建於13世紀末。這個地方出土了大量青銅佛像，在樣式上透過緬甸接受印度的波羅王朝美術的影響。其相貌特徵是結跏趺坐、施降魔印，肉髻頂上置寶珠形。這種佛像雕刻以13世紀為中心，廣為流行於12世紀至18世紀，被稱為清盛美術。清邁是位於泰國北部湄濱河流域的古城，為13世紀至16世紀興盛的蘭納王朝的首都。它與寮國文化關係密切，又先後遭緬甸人和大城王朝泰人的侵占。現在的清邁市中有大量的13世紀至15世紀佛教寺院遺構，大都經後世修復。齋里鑾寺的四方形佛塔始建於1411年，每邊長達86米，是印度和斯里蘭卡建築的混合風格。齋裡則育寺塔，仿印度菩提伽耶塔而略小。齋里廉寺創建於1286年，並建有方形佛塔，共5層，有立式造像60尊，後頹毀。當地的造像類型是清盛後期美術的延續。基於泰人審美意識的造型活動，試圖使造像的顏貌和姿態上表現出獨自的民族特性。但是泰人缺乏雕塑基礎，又有著佛教理想的卑俗化現象，以致沒有出現有魅力的作品。

宋加洛窯瓷器 Sawankhalok Ware

　　素可泰時期的宋加洛窯是泰國著名的瓷窯，該窯的生產工藝受到中國元代磁州窯風格的影響。宋加洛窯瓷器除了一般的盤、大碗之外，也生產神獸類造型的建築裝飾。由於胎質粗糙，因此有施釉前以白土做化妝土的特徵，並用鐵繪以粗放的筆觸繪製魚、花草紋等圖案。

　　素可泰美術（13—15世紀）

　　素可泰是泰國北部的古城，曾是素可泰王朝的都城。素可泰王朝是泰人驅逐高棉勢力在泰國建立的最早的統一國家，在極盛時期，版圖擴至今馬來西亞、緬甸中部和寮國。素可泰故城離現在素可泰市數公里，呈長方形，城內外有許多佛教寺院。詩春寺內有一方形大佛堂，長寬各40米，高30米，佛堂中央塑有1尊11.3 米的拍阿查納大佛坐像。瑪哈泰寺是素可泰王朝最壯觀的佛寺，有11所佛堂，寺中主佛為拍抑他洛。泰國陶瓷工藝在東南亞僅次於越南。它特有的鐵繪紋樣陶器，是素可泰王朝時開始向中國陶工學的，約產生於13世紀末，其風格與宋代磁州窯的鐵繪陶器有相通之處。素可泰陶瓷工藝的鼎盛期為14世紀至15世紀，宋加洛窯是著名產地。除鐵繪紋樣陶外，還有青瓷、黑胎釉陶、不透明的白釉陶。青瓷中，有的在灰色的堅硬質地上施青瓷釉，有的雕刻牡丹、唐草紋樣。遺品中以平缽為多，還有壺、瓶、杯等。其中有的酷似中國龍泉窯的青瓷，可能是受後者影響。黑胎釉陶器有壺、甕、雙耳瓶、小壺、碗、缽等，有的釉下有刻畫紋樣。白釉陶器中有的雕飾龍或佛像。在白地上施以鐵繪紋樣的陶器，與青瓷並為泰國陶瓷的

代表。遺品中最多者為各種大小不一的香盒，還有碗、缽、瓶、壺之類，在整個器表上繪滿了獨特的唐草紋、花卉紋、格子紋等，頗有特色。

烏通美術（12—15世紀）

烏通是泰國中部偏西的古城。12世紀至15世紀，以該城為中心而流行於湄南河下遊的佛教造像，在美術史上被稱為烏通樣式。烏通美術是與素可泰美術並行的泰人成長初期的佛教造像樣式。它為以後的大城初期美術所繼承，因此亦稱「前大城美術」。

大城美術（15—18世紀）

大城位於泰國中部、湄南河中遊，為大城王朝的都城，亦常音譯為阿育他亞。大城作為都城長達4個世紀之久，所以王宮和寺院建築非常多。著名的挽巴因宮，坐落在四周為湄南河環繞的小島上，宮中多亭臺樓閣，有佛像聳立其間。主要宮殿有3座，呈現出緬甸式、歐洲哥特式、中國式3種風格。名威哈占倫宮，是當地華人建獻於泰王的。著名的三寶公佛寺，建於大城王朝以前，佛殿置有1座莊嚴的坐禪佛像，高19米。大城王朝的建築繼承素可泰王朝之後而發展，在構造上充分發揮了泰國獨自的創造性。這一王朝的雕塑，主體為青銅佛像，早期是烏通樣式的延續，吸取素可泰美術傳統、具有泰人特點的大城樣式，完成於15世紀後半葉，延續至18世紀。15世紀至16世紀的作品崇尚典雅巧飾，17世紀以後由於大量生產而陷於程序化，缺乏生氣。隨著青銅像的衰退而復興了石雕，至17世紀末葉留下一些可為一睹的石佛。此外，在大城王朝後期，一些寺院中留有壁畫。大城王朝的工藝美術也有顯著發展。

18世紀至今

曼谷為泰國的首都，泰語意為「天使之城」。1782年，曼谷王朝國王拉瑪一世定都於此，展開大規模的建設。曼谷大小佛寺共300多所，被稱為佛寺之都。其中以大王宮、玉佛寺、金佛寺、金山寺最為著名，它們一般都經過幾度修復，數層尖屋頂、顏色鮮豔的瓦，很有特色。

曼谷的三頂尖式屋宇，是泰國最典型的建築。曼谷王朝的造像由大城王朝繼承過來，至羅摩三世（1824～1851年在位）時，寺院的壁畫劇增，堪稱曼谷王朝美術的頂點。工藝美術也由大城王朝發展而來，羅摩三世時達到全盛，在鑲嵌細工、黑漆金泥畫上成就突出。

16世紀起，泰國受到西方殖民主義者的侵略，至1945年後才完全獨立。16世紀後，西方美術傳播至泰國。當地美術家一邊吸取西方流派養分，一邊繼續發揚民族傳統，形成各種風格。

鄭王廟 Temple of the Dawn

鄭王廟又稱「黎明寺」，位於泰國湄南河西岸的吞武里市，為紀念吞武里王朝開創者鄭昭而於18 世紀建造。鄭王廟內的大塔，高達79米，為泰國規模最大的大乘塔，周圍有四座與之呼應的陪塔，構成宏大而美麗的塔群。都於此，開始大規模的建設。曼谷有王宮和大小佛寺300多所，因而被稱為佛寺之都。其中以金碧輝煌的大王宮、有鎦金佛像的玉佛寺、莊嚴肅穆的金佛寺、充滿神奇傳說的金山寺最為著名，還有紀念中國航海家鄭和的三寶公寺。它們一般都經過幾度修復，數層尖屋頂、顏色鮮豔的瓦，都很有特色。曼谷的三頂尖式屋宇，是泰國最典型的建築。曼谷王朝的造像由大城王朝繼承過來，多是折衷前代的各種樣式。至拉瑪三世時，寺院的壁畫劇增，堪稱曼谷王朝美術的頂點。工藝美術也由大城王朝發展而來，拉瑪三世時達到全盛，在鑲嵌細工、黑漆金泥畫上成就突出。

曼谷大皇宮 Grand Palace in Bangkok

　　曼谷大皇宮，又稱「大王宮」或「故宮」，始建於1782年。大皇宮是仿照故都大城的舊皇宮建造的，經歷代君王不斷擴建，成為規模宏大的建築群。大皇宮是泰國保存最完美、規模最大、最有民族特色的王宮。

　　泰國的傳統音樂分為皇家的宮廷古典音樂和各民族的民俗、民間音樂，它們都受到印度宗教神話及印音戲劇、印度音樂的影響。印度音樂被泰族人吸收之後本土化，形成了泰國音樂的特色。泰可素王朝時期，泰國的文學開始發展，受到中國和印度的深刻影響。泰國的古代文學主要是宮廷文學和宗

教文學。像曼谷王朝的很多帝王自身喜愛文學創作，留下了大量詩歌。泰國的新文學興起於20世紀20年代以後，在西方思想的影響下，西巫拉帕等人奠定了泰國新文學的基礎。第二次世界大戰以後，泰國的進步文學進一步發展。

玉佛寺Wat Phra Kaew

玉佛寺位於曼谷大皇宮的東北角，是泰國最著名的佛寺，與金佛寺、臥佛寺並稱泰國三大國寶。玉佛寺與皇宮同建於 1782 年，這座建築金碧輝煌，寺內有許多精美的雕塑和壁畫。

Thailand

Thailand is located in the south-central region of the Indochinese Peninsula in Asia, and is known as Siam (Xianluo) in Chinese historical records. Its main ethnic group, the Thai people, migrated from southern China. The country was mainly influenced by the cultures of China and India. Since the 12th century, cities such as Chiang Saen-Chiang Mai, Sukhothai, and U Thong absorbed the traditions of the Mon and the Khmer, combined them with their own national characteristics and Theravada Buddhist art, thus eventually forming a true sense of Thai art.

The Buddhist temples of Chiang Saen were built in the 13th century, and a large number of bronze Buddhist statues can be found here. These statues were influenced by the artistic style of the Indian Pala Empire,characterized by the Padmāsana (lotus position), Bhūmisparśa Mudrā (the「Earth-Touching」Gesture), and the placement of the pearl on the Ushnisha. This style of sculpting Buddhas was quite popular during the period between the 12th and the 18th centuries. Chiang Mai is an ancient city located in the Ping Basin of northern Thailand and was formerly the capital of the Lanna Kingdom from the 13th to the 16th centuries. Today's city of Chiang Mai has many Buddhist temples with ancient structures that date from the 13th to the 15th centuries，most of which have been restored.

Sukhothai is an ancient city in northern Thailand that was formerly the capital of the Sukhothai Kingdom. Thai ceramics are the second most famous Southeast Asia ceramic artifacts, behind those of Vietnam. Its unique iron-painted ceramics emerged when the Sukhothai kingdom began learning from Chinese pottery near the end of the 13th century. Therefore, its style is quite similar to the iron-painted pottery produced in Cizhou during the Song Dynasty of China. Sukhothai ceramics were at their most prosperous stage of development between the 14th and 15th centuries, and Sawankhalok was a famous producer of Thai ceramics during that time.

U Thong is an ancient city west of central Thailand. Between the 12th and 15th centuries, a particular Buddhist icon style became prevalent in areas surrounding U Thong and downstream of the Chao Phraya River, and this became known as U Thong style. U Thong art is a form of early Buddhist icon style from Thailand that developed in parallel with Sukhothai art. This style was later inherited by early Ayutthaya art; hence it is also known as pre-Ayutthaya Art.

Ayutthaya was the capital of Ayutthaya Kingdom. Ayutthaya has numerous palaces and temples, the most famous of which is the Bang Pa-In Royal Palace, which is a combination of Burmese, European Gothic, and Chinese architectural styles. The sculptures of Ayutthaya Kingdom were mainly bronze statues and, in their early stages, were a continuation of U Thong art. The true Ayutthaya art style, which absorbed the traditions of Sukhothai art and possessed the characteristics of the Thai people, came to fruition in the second half of the 15th century, and continued into the 18th century.

Bangkok is the capital of Thailand. There are more than 300 palaces and Buddhist temples in Bangkok. Therefore, the city is known as the capital of Buddhist temples. The most famous architecture in the city includes the magnificent Grand Palace; Wat Phra Kaew, which has a gold-plated Emerald Buddha; the solemn Wat Traimitr; the legendary Wat Saket; and Wat Phanan Choeng, which was once visited by the Chinese navigator Zheng He.

緬甸聯邦共和國 The Republic of The Union of Myanmar

國家概況

簡　稱：緬甸

政　體：總統制共和制

首　都：內比都

地理概況

位　置：亞洲東南部中南半島西部

國土面積：約67.66萬平方公里

氣　候：熱帶季風氣候

社會概況

全國人口：約5390萬

主要民族：緬族

官方語言：緬甸語

主要宗教：佛教

經濟概況

支柱產業：農業

貨　幣：緬元

　　緬甸是一個歷史悠久的文明古國，舊稱洪沙瓦底。1044年形成統一國家後，經歷了蒲甘、勃固、東吁和貢榜四個封建王朝。1886年英國將緬甸劃為英屬印度的一個省。1942年5月緬甸被日本佔領。1945年3月全國總起義，緬甸光復，後英國重新控制緬甸。1948年1月4日，緬甸脫離英聯邦宣佈獨立，成立緬甸聯邦。1974年1月改稱緬甸聯邦社會主義共和國。1988年9月23日，國名由「緬甸聯邦社會主義共和國」改為「緬甸聯邦」。2011年1月31日，正式改國名為「緬甸聯邦共和國」。

　　中緬於1950年6月8日正式建交。20世紀50年代，中緬共同宣導了和平共處五項原則。60年代，兩國本著友好協商、互諒互讓精神，透過友好協商圓滿解決歷史遺留的邊界問題，為國與國解決邊界問題樹立典範。隨著中緬友誼不斷深入，兩國大文化範疇的交流與合作成果豐碩，在文學、藝術、電影、新聞、教育、宗教、考古、圖書等領域內進行了廣泛的合作與交流。

　　緬甸是個多禮節禮儀的國家。緬甸佛教徒在社交場合與客人見面時，慣施合十禮，施合十禮時，如果戴有帽子，要摘掉夾在左腋下。緬甸人見到不太熟悉和不經常見面的老人、領導、學者時，如他們正坐在地板上，則要施跪拜禮。若是比較熟悉的人，則施坐拜禮。路遇老人、領導、學者時，一般施鞠躬禮（淺鞠身俯首約20度至30度）。

　　緬甸人喜食椰漿飯及拌有薑黃粉、椰絲、蝦鬆的糯米飯，每餐必食一種

叫「雅比」的魚蝦醬，菜餚喜放咖哩。緬甸克欽族人喜吃獸肉，他們習慣用火烤食，烤熟後撒上鹽，用手撕食。酒是日常必備之物，任何儀式上，人們都要以酒助興。他們用餐習慣一人一把匙和一個湯盤，不習慣用碗，樂於菜齊後一起上桌用餐。

緬甸無論男女，下身都穿紗籠，男式叫「籠基」，女式叫「特敏」，色彩都較為鮮豔。男女上衣均為右衽，男子上衣為無領對襟長袖短衫，用一條或粉紅或黃或白的薄紗或絲綢帕包在頭上，作為出席盛會的禮帽。女子的上衣多為斜襟長袖衫，衣袖長而窄，顏色多為乳白色或粉紅色。婦女一般都留長髮，卷髮髻，並插花，還特別喜歡佩戴各種首飾。緬甸人很少穿皮鞋和襪子，男女老少都愛穿拖鞋。

緬甸是一個虔誠的佛教國度，無論是進佛寺、見法師，或是進入塔院，都必須脫鞋脫襪以示尊敬。緬甸人認為頭部是一個人最高貴的地方，一般不喜歡別人摸自己的頭。緬甸人把牛視為「忠誠的朋友」、「最大的恩人」。因此，很多緬甸人，尤其是緬甸農民忌吃牛肉，認為吃牛肉是一種「忘恩負義」的背叛行為。

緬甸傳統服飾 Traditional Costume of Myanmar

緬甸咖哩飯 Curried Rice of Myanmar

特色節日

獨立節　1月4日

建軍節　3月27日

潑水節　4月中旬

　　緬甸文化深受佛教文化影響，緬甸各民族的文字、文學藝術、音樂、舞蹈、繪畫、雕塑、建築以及風俗習慣等都留有佛教文化的烙印。緬甸文化大致可分為：蒲甘王朝以前、蒲甘王朝時期、分裂時期和20世紀中期至今四個時期。儘管近現代以來，緬甸文化受到西方文化的影響，但傳統文化在緬甸仍有廣泛影響，占主導地位。

　　蒲甘王朝以前（10世紀之前）

　　蒲甘王朝以前的美術，從原始社會時期的石器，發展到後來的銅造像，美術都滲透在生活的各個方面。建築一直與宗教緊密聯繫在一起，其中驃國的寺廟造型對蒲甘時期寺廟造型產生了影響。

　　蒲甘王朝時期（11—13世紀）

在緬甸美術史上，蒲甘時期最大的貢獻是壁畫。蒲甘時期的人們在寺廟的牆壁上留下了許多壁畫，其主題是宗教故事。最為著名的是阿難陀寺壁畫，寺內壁畫1500餘幅，題材多取自《本生經》。在雕塑方面，阿難陀寺內的蒲甘時期的青銅像，能夠體現出蒲甘時期青銅藝術更多受到了印度、尼泊爾的影響。

蒲甘時期的建築藝術，也是宗教藝術的結晶。蒲甘的寺塔與柬埔寨的吳哥窟、印尼的婆羅浮屠並稱為東南亞三大文化遺蹟。蒲甘時期的木建築已不存在，保留下來的都是磚石建築，大致分為兩類：第一類是存放佛陀遺物的石建築物，即寶塔。最負盛名的寶塔有他冰喻塔、瑞喜宮塔等；第二類是由主體建築作輻輳狀排列的附屬建築，此類建築最具有蒲甘建築藝術的特點。此類建築首推阿難陀寺。阿難陀寺始建於1091年，標誌著蒲甘寺塔藝術的頂峰。它占地近百畝，通體潔白，結構嚴謹，氣勢宏大，主次分明。和這一時期其他蒲甘寺一樣，阿難陀寺也分為上層殿堂和下層佛塔兩個部分。佛寺基層的殿堂主體成十字形，由內而外共分四層，最裡面一層是一塊高10米、周長67米的方形中心柱基。柱基四面各開鑿出一個高9.45米的佛龕，供奉佛陀的立像。阿難陀寺主體建築高達50米，外表潔白。寺院由一組彼此聯繫的建築組成，四周有圍牆。除了僧侶起居集會的主樓，還有寺主居室、授職廳、唸經堂以及供前來敬仰的信眾和過客住宿的房間，還有一所藏經樓。

金色宮殿僧院 Shwenandaw Monastery

曼德勒的金色宮殿僧院，建於19世紀末期，是傳統緬甸木構建築的一個範例。這座三層的建築用純柚木雕造而成，佈滿了精美的雕飾，堪稱木雕藝術的寶庫。

蒲甘時期的文學著作多為佛教著作。佛教經典著作有《迦利略》和《婆丹巴提》等。除了佛經之外，頌詞和緬甸詩歌也已經產生。分裂時期的文學進一步發展，各種形式的文學作品都在這一時期產生。對緬甸文學有著深遠影響的「帕育」佛本生故事就出現在這一時期。

分裂時期（14—19世紀）

分裂時期是緬甸文化發展的一個重要時期，出現具有緬甸特色的傀儡戲。在建築方面，俗稱仰光大金塔的瑞德貢佛塔最負盛名，塔內藏有釋迦牟尼佛髮等佛教聖物。初建時高度僅為8.2米，此後歷代緬王朝將其逐步加高，至15世紀時達99.36米，目前的高度接近110米。塔身全貼純金箔，塔頂用黃金鑄成，鑲有各色寶石，並懸有千餘枚金鈴，風吹鈴動，聲傳四方。整座塔所用黃金重達8噸，另有1噸的珠寶飾品。

瑞德貢佛塔 Shwedagon Pagoda

　　瑞德貢佛塔又稱「仰光大金塔」，始建於西元前585年，歷代多次增修。塔高近110米，塔身貼有一千多塊黃金，並鑲嵌大量寶石，使整座大金塔顯得金碧輝煌，成為東南亞建築藝術的瑰寶，被緬甸人民視為國家的象徵。

　　這一時期的緬甸文學人才輩出，形式多樣。像東吁王朝的那信曩、貢榜王朝的吳邦雅，都有佳作廣為流傳。殖民統治時期，緬甸文學家接觸到西方的文學，開始了反對帝國主義、殖民主義的文學創作，鼓舞緬甸人民為了獨立、自由而鬥爭。

20世紀中期至今

　　20世紀20年代，一批留學生在英國受到了藝術教育。他們給緬甸帶來了歐洲的繪畫技術、透視法則、空間感和體積感的表現方法。30年代至40年代，緬甸藝術家的作品，主要是表現當時社會各階層的愛國主義思想。50年代，藝術家山溫的創作充分地反映了這一時期繪畫發展的特點。他是色彩鮮明、色調轉折細膩的小幅風景畫的創始人。直到60年代，在緬甸藝術家的

作品中，大自然才成為主要的表現對象。

緬甸獨立後，民族文化得到進一步發展，整理出版了大量古代文學典籍。

Myanmar

The culture of Burma was heavily influenced by Buddhism, and its paintings, sculptures, architecture, and customs have been deeply branded by Buddhist culture. The development of Burmese culture can be divided into four periods: the pre-Pagan Dynasty, Pagan Dynasty, political fragmentation, and post-independence.

The prehistoric Burmese cultures include the Paleolithic, Neolithic, and Bronze Period. The artifacts in the Paleolithic period include various tools such as pickaxes, choppers, slashers, and scrapers. During the Pagan Dynasty, murals reached a high point. The over 1500 wall paintings in the Ananda Temple are some of the most well known, and their themes are mainly derived from Buddhist scriptures. The bronze statues in the Ananda Temple from the Pagan Dynasty were influenced by India and Nepal.

The period of political fragmentation was an important one in Burmese cultural development. The Shwedagon Pagoda is the most renowned piece of architecture from this period. The body of the stupa is covered with genuine gold plates. The crown is casted in gold, inlaid with colorful gemstones, and decorated with more than a thousand golden bells that chime when the wind blows. After gaining independence, Burmese artists Ba Nyan, Ba Kyi, and San Win brought European painting techniques and laws of visual perspective, as well as other methods of expression， to Burmese art, helping it to convey a sense of space and volume.

馬來西亞 Malaysia

國家概況

簡　稱：馬來西亞

政　體：君主立憲制

首 都：吉隆坡

地理概況

位　置：亞洲東南部

國土面積：約33萬平方公里

氣　候：熱帶雨林氣候

社會概況

全國人口：約3000萬

主要民族：馬來人、華人

官方語言：馬來語、英語

主要宗教：伊斯蘭教

經濟概況

支柱產業：農業、製造業、服務業

貨 幣：林吉特

　　西元初馬來半島建立了羯荼、狼牙修、古柔佛等古國。從7世紀到14世紀，在蘇門答臘的三佛齊文明達到高峰，其影響力延伸至蘇門答臘、爪哇、馬來半島和婆羅洲的大部分地區。這個地區分裂成眾多以伊斯蘭教為主的蘇丹國，其中最突出的是麻六甲蘇丹王朝。麻六甲的統治消失後，馬來群島分裂為眾多互相爭戰不停的小國家，其中最重要的有亞齊、汶萊、柔佛和霹靂。從16世紀末開始，西方殖民勢力不斷侵入馬來亞，當地的分裂局面也為其他地區的人民遷入提供了便利，華人持續增多。1957年8月31日，馬來亞聯合邦宣佈獨立。1963年，馬來亞聯合邦同新加坡、沙巴及沙撈越組成了馬來西亞。1965年8月，新加坡退出馬來西亞聯邦。

　　馬來西亞與中國於1974年5月31日正式建立外交關係。建交後，兩國關係總體發展順利。1999年，兩國簽署關於未來雙邊合作框架的聯合聲明。2004年，兩國領導人就發展中馬戰略性合作達成共識。2013年，兩國建立全面戰略夥伴關係。

　　馬來西亞在社交和同客人見面時，一般是施握手禮。年輕人見到老年人時，一般要相互緊握雙手，然後再雙手朝胸前作抱狀，身體朝前彎下（如鞠躬）。馬來西亞婦女見到男子，施禮前要先用手巾蓋住手掌，再同男人的手掌相接觸，然後把手伸至胸前作抱狀，同時身體稍向前彎下鞠躬。

　　馬來西亞彙集了中國、印度、西方、馬來西亞本土民族的食物，主食是米飯，但麵類也相當普遍。小吃方面有釀豆腐、蝦麵、炒果條、咖哩面、清湯粉、薄餅、海南雞飯、瓦煲雞飯、餛飩麵、香港點心、肉骨茶、檳城叻沙等，種類繁多。馬來人的食物以辣為主，其中較出名的食物有椰漿飯、香噴噴的沙嗲（雞肉、牛肉及羊肉串）、馬來糕點、竹筒飯、黃薑飯等。

馬來西亞人講究穿著以天然織物做成的服裝。最具代表性的馬來西亞人

的服裝，是被稱為國服的一種叫做巴迪的長袖上衣，它多以蠟染的花布做成，即使在很正式的交際場合，穿這種衣服也不為失禮。馬來人還習慣穿民族的傳統服裝。男子的傳統服裝是：上穿巴汝，即一種無領、袖子寬大的外衣；下身則圍以一大塊布，叫做沙籠，他們的頭上還要戴上頂無沿小帽。女子的傳統服裝是無領、長袖的連衣長裙，還必須圍以頭巾。

在馬來西亞與馬來人交往，要尊重他們的習俗，否則便會被視作對他們不禮貌。同馬來人握手、打招呼或餽贈禮品，千萬不可用左手，因為馬來人認為左手最髒，用左手和他們接觸，對他們來說是一種侮辱。

馬來西亞傳統服飾 Traditional Costume of Malaysia

馬來西亞屠妖節 Deepavali of Malaysia

特色節日

衛塞節　5月月圓之日

屠妖節　印度曆七月份

國慶日　8月31日

哈芝節　伊斯蘭教曆十二月十日

　　馬來西亞文化可以分為早期印度文明時期、伊斯蘭文化時期和16世紀末至今三個階段。西元初開始，從印度輸入的印度教和佛教文化，主導了早期馬來西亞的歷史。伊斯蘭教早在10世紀便傳至馬來西亞，到15世紀在馬來半島紮下根來。16世紀末，歐洲殖民勢力相繼侵入馬來西亞。1957年，馬來西亞獨立，開始發展自己的現代文化。

　　早期印度文明時期（1—9世紀）

　　西元初開始，馬來西亞受到印度文明的支配。美術題材多取自本生經和佛傳故事，構圖密集緊湊，往往一圖數景。在佛傳故事浮雕中從不雕刻出人形的佛像，僅以菩提樹、臺座、法輪、足跡等象徵符號暗示佛陀的存在。1世紀的狼牙修時期，從早期上座部佛教向中期大乘佛教轉變，佛像雕刻為犍

陀羅佛像，主要受希臘化美術的影響，材料多採用青灰色片岩，造型高貴冷峻，衣褶厚重，風格傾向於寫實主義。印度教廟宇，塔頂造型高聳，色彩豐富，雕塑栩栩如生，廟宇中由地平面上升至屋頂的上細下粗的石塔代表崇拜的偶像。

7世紀到14世紀，受到三佛齊文明影響，三佛齊王國信奉大乘佛教。大乘佛教允許民眾禮拜佛像，從而使佛陀的形象具體化。佛像雕塑人物眼簾低垂，帶有冥想式的神情，螺法整齊，身材頎長，背後圓光碩大精美。

馬來西亞皮影戲亦起源於這個時代，大都改編自印度史詩「拉馬央娜」。皮影戲的道具往往是將水牛皮撐開，捆綁在細細的竹竿上。演出時，伴隨著民間樂器的伴奏，燈光從後方投射在隱藏在幕後的皮影玩偶上，就形成了皮影戲。操作者一邊操作著玩偶，一邊在音樂中講述著各種傳說。

伊斯蘭文化時期（10—15世紀）

10世紀，伊斯蘭教傳入馬來西亞，在伊斯蘭時期，清真寺建築是最主要的藝術成就，具有四大特點：看似粗漫的穹隆，開孔（即門和窗的建築形式）一般是尖拱、馬蹄拱或是多葉拱，亦有正半圓拱、圓弧拱；高高聳立的宣禮塔，形式各異；有一兩個突出的陽臺；還有大面積的圖案裝飾。清真寺裡沒有人或動物以及以宗教情節為題材的畫像、雕像，而大量使用幾何紋、植物紋、文字紋等。其中植物紋樣則承襲了東羅馬的傳統。水成為伊斯蘭教建築重要的元素，在建築的中心部位都有齋戒淋浴的池子或泉水，建築和廊子三面圍合成中心庭院，庭院設中央水池，成為了伊斯蘭教建築的傳統格局。

馬來西亞木雕分為細雕和粗雕。細雕一般雕刻在劍柄或是床頭櫃頂。粗雕則雕刻在較大的物體上，如傢俱、柱子、窗戶，房間的屋頂和屋簷部分。基本設計理念被稱為該拉臘，具有四個原則：首先，設計項目必須均勻分佈；其次，未經雕琢的面積必須和雕刻部分相同；再次，不可以用動物或人的形象；最後，次要的設計項目必須重複圍繞著中心主題。除去該拉臘，其他常見的靈感元素包括古蘭經文和植物，如豆卷鬚、地面的落葉、水生生菜的葉子。

水上清真寺 Putra Mosque

水上清真寺於 1997 年建成，是一座典型的當代伊斯蘭教建築，也是馬來西亞夕陽景觀最壯麗的清真寺之一。它建於里卡士灣的人造湖上，感覺猶如浮在水面上，因而得到「水上清真寺」的美稱。

16世紀末至今

16世紀末，歐洲殖民勢力在馬來西亞擴張，馬來西亞開始受到西方藝術的影響，聖方濟天主教堂是1849年由法國人建造的白色的大理石建築。高聳的尖塔、漂亮的玫瑰窗顯示它繼承了哥德式建築的血統。吉隆坡地方高等法院高等法院的蘇丹亞都沙末大樓，曾為殖民地政府秘書處的總部，於1897 年建成，其立面把北印度摩爾建築風格和伊斯蘭教建築風格融合在一起，既有摩爾建築的垂柱，又有類似伊斯蘭教建築「邦克樓」的鐘樓。

華人建築受到中國儒家文化的影響，主要為宗祠廟宇。較知名的有麻六甲為紀念鄭和而建的「三寶公寺」以及位於檳城的天后宮。

麻六甲基督教堂 Christ Church of Malacca

　　麻六甲基督教堂位於麻六甲的聖殿山上，由荷蘭人於 1753 年為紀念他們占領麻六甲 100 週年而建，這座紅色建築是麻六甲的地標，也是馬來西亞現存荷式建築的典型代表。

麻六甲三寶廟 Cheng Hoon Teng of Malacca

　　三寶廟是馬來西亞華人建築的代表，為前庭後院的格局。從建築細部來

看，屋頂正脊兩頭起翹，中間裝飾豐富，封火牆為拱形，房內木構架為穿斗式。

　　馬來文學在殖民主義的摧殘下，發展十分緩慢。二戰後，隨著民族解放運動高潮的到來，馬來文學開始進入發展的新時期。崛起於20世紀中期的「五十年代派」，宣導「發展和提高馬來亞文化與文學」，作品大多反映戰後馬來亞社會的貧困和勞動人民的不幸，也表現爭取國家獨立的決心，具有強烈的現實感和濃郁的生活氣息，有「被壓迫者文學」之稱，在該國文學史上佔有重要地位。

　　1957年獨立後，馬來西亞逐步建立起自己的建築體系。雙塔是當今世界知名的超級建築，整棟大樓的格局採用傳統伊斯蘭建築常見的幾何造型，包含了四方形、圓形、塔形設計，以阿拉伯圖飾為基礎，採用新建築時代的鋼結構形式，堪稱伊斯蘭現代建築的典範。

　　馬來西亞當代最著名的藝術活動是在其首都吉隆坡舉行的馬來西亞藝術博覽會，本著將東南亞區域的藝術與國際藝壇接軌的目的，自2007年以來，該博覽會已經連續舉辦多屆，吸引了許多國家的著名藝術機構和藝術家。

Malaysia

The development of Malaysian art includes the early ancient Indian civilization era, the Islamic era, and the modern era (16th century to the present). During the Langkasuka period of the 1st century, Malaysian art was Indianized, shifting from Theravada Buddhism in the early times to Mahayana Buddhism in the middle stages. Its Buddhist statues adopted the Gandharan style, which mainly absorbed the Hellenistic realistic style, featuring a noble, stern appearance and dressed in heavy chiton and himation. Between the 7th and 14th centuries, Malaysia was affected by the Srivijaya civilization, whose spiritual belief system was Mahayana Buddhism. Malaysian art was influenced by Javanese art and different periods of Indian art. In the 10th century, Islam was introduced to Malaysia. During the Islamic period, mosques were the most important artistic achievements.

By the end of the 16th century, European colonial powers began to expand into Malaysia, which began to receive strong influence from western arts. Christ Church on Jalan Gereja and St Paul's Church at the summit of St. Paul's Hill (both in Malacca) are the finest representatives of western architecture. Since Malaysia's independence in 1957, the country has broken away from the restrictions of the West and gradually established its own architectural system, which is now focused on modern regional architecture. The Petronas Towers is one of the world's top superstructures. Common geometric patterns of traditional Islamic architecture were applied to the entire building, together with a modern steel structure, thus creating an excellent example of modern Islamic architecture.

新加坡共和國 Republic of Singapore

國家概況

簡 稱：新加坡

政 體：議會共和制

首 都：新加坡

地理概況

位 置：亞洲東南部中南半島南端

國土面積：719.1平方公里

氣 候：熱帶海洋性氣候

社會概況

全國人口：約553.5萬

主要民族：華人、馬來人

官方語言：英語、馬來語、華語、泰米爾語

主要宗教：佛教

經濟概況

支柱產業：電子、石油化工、金融

貨 幣：新加坡元

新加坡的歷史可追溯至3世紀，當時已有土著居住。新加坡島開始受到重視是在14世紀，來自室利佛逝的王子拜里米蘇拉在該區域建立了麻六甲蘇丹王朝，後來葡萄牙人在1613年焚毀了河口的據點。1819年，英國不列顛東印度公司僱員史丹福‧萊佛士登陸新加坡，並開始管轄該地區。1824年，新加坡正式成為英國殖民地，最初隸屬於英屬印度殖民當局。1942年，日本接管新加坡後將其改名為昭南島。1946年4月1日，新加坡成為英國直屬殖民地。1963年9月，新加坡脫離了英國的統治正式加入馬來西亞聯邦。1965年8月9日，新加坡脫離馬來西亞，成為獨立國家。

中新兩國於1990年10月3日建立外交關係。建交以來，兩國高層交往頻繁。中國和新加坡是親密友好鄰邦，經貿、文化等各領域合作不斷深化拓展，取得豐碩成果。

新加坡人在社交場合相見時，一般都施握手禮。男女之間可以握手，但對男子來說，比較恰當的方式是等女性先伸出手來，再行握手。馬來人則是先用雙手互相接觸，再把手收回放到自己胸部。新加坡人坐著時，端正規矩，不將雙腳分開，如果交叉雙腳，只是把一隻腿的膝蓋直接疊在另一隻腿的膝蓋上。到新加坡人家裡吃飯，可以帶一束鮮花或一盒巧克力作為禮物。

　　新加坡是一個多民族的國家，無論是中式菜餚、西式速食、日本料理、韓國燒烤、泰國餐、印尼餐，還是馬來風味、印度風味的飲食，都可以見到。新加坡也有自己的特色菜，這是由長住馬來西亞、新加坡的華僑，融合中國菜與馬來菜所發展出來的家常菜，稱為娘惹。另外，具有代表性的新加坡食物有：海南雞飯、福建炒麵、鮮蛤炒粿條、炒蘿蔔糕、釀豆腐等。

　　新加坡不同民族的人在穿著上有自己的特點。馬來人男子頭戴一種叫「宋谷」的無邊帽，上身穿一種無領、袖子寬大的衣服，下身穿長及足踝的紗籠；女子上衣寬大如袍，下穿紗籠。華人婦女多愛穿旗袍。政府部門對其職員的穿著要求較嚴格，在工作時間不准穿奇裝異服。

　　新加坡人大多喜歡紅、綠、藍色，視紫色、黑色為不吉利，黑、白、黃為禁忌色。在商業上反對使用如來佛的形態和側面像。在標誌上，禁止使用宗教詞句和象徵性標誌。喜歡紅雙喜、大象、蝙蝠圖案。數字禁忌4、7、8、13、37和69。與新加坡的印度人或馬來人吃飯時，注意不要用左手。談話時，避免談論政治和宗教。

新加坡海南雞飯 Rice Rhapsody

新加坡唐人街 Singapore Chinatown

特色節日

春節　　農曆正月初一

衛塞節　5月月圓之日

國慶日　8月9日

開齋節　伊斯蘭教曆十月一日

新加坡的人口約有四分之三是華人，其餘是馬來人、印度人等。它的官方語言有英語、華語、馬來語和泰米爾語四種，所以有四種語言的文學作品。新加坡曾是英國的殖民地，1965年獲得獨立。它過去的文學主要是馬來古典文學。由於新加坡的大多數居民是華人，中國文學的影響比較深廣。1919年中國發生五四運動後，新加坡的華文報刊也迅速地陸續刊登用白話文體寫的文學作品。從1924年開始，各華文報刊相繼增闢文藝副刊，如《小說世界》《南風》《星光》等。同時，反殖民主義和反封建的現實主義文學作品不斷增加，並形成20年代華文文學運動的主流。1925年，李西浪所著長篇小說《蠻花慘果》，描寫作為「豬仔」的華工在婆羅洲（今加里曼丹）被奴役的非人生活。1927年，張金燕在《荒島》上發表多篇短篇小說，大多描寫婦女在殖民地和半封建社會裡的不幸命運。這一時期比較重要的小說還有邱志偉的《長恨的玉釵》（1924）、拓哥的《赤道上的吶喊》和曾華丁的《五兄弟墓》（1928）等。隨著戰後民族解放運動的發展，馬來作家馬蘇里、瑪斯等於1950年8月創立了「五十年代作家行列」，亦稱「五十年代派」，其中多數作家堅持了「為社會而藝術」的創作原則，表現了濃厚的民族主義傾向。新加坡獨立以後，除馬來作家的「五十年代作家行列」作為新加坡馬來文作家協會繼續存在外，泰米爾作家協會、新加坡（英文）作家協會和新加坡寫作人協會相繼成立。

　　新加坡被譽為花園城市，其城市建築融傳統風貌與現代藝術於一體。標誌性建築是稱為新加坡象徵的魚尾獅塑像和形如榴槤的新加坡濱海藝術中心。

魚尾獅雕像 Merlion

　　魚尾獅是一種虛構的魚身獅頭的動物，魚尾獅雕像為新加坡市中心著名噴水雕塑，現坐落在新加坡市魚尾獅公園內，是新加坡的城市地標。1964年由范克里夫水族館館長布侖納設計，新加坡旅遊局在 1966 年把魚尾獅註冊為它的商標，並於 1971 年委託著名雕塑家林浪新塑造。

濱海藝術中心 Theatres on the Bay

　　濱海藝術中心又名「榴槤藝術中心」，位於新加坡著名的濱海區，是最具特色的現代建築之一。該藝術中心於 2002 年正式落成，已成為新加坡的標誌性建築。藝術中心的主設計方為締博建築，其建築師團隊以昆蟲的複眼為靈感，造就了其獨特的外觀。

新加坡美術館 Singapore Art Museum

　　新加坡美術館是由一百多年歷史的舊校舍聖約瑟書院改建而成的，占地 1萬平方公尺，其中展覽廳總占地2500平方公尺，可以容納400件藝術品。 美術館的主要展覽廳是雙層建築，建築風格多元。

　　新加坡的藝術氛圍融合本地和國際元素，深受休閒遊客和藝術愛好者的 青睞，新加坡也因此逐漸發展成世界一流的藝術殿堂。例如，新加坡國際藝 術節始於 1977 年，最早為國家藝術節，旨在發揚新加坡多元種族文化所孕 育的本地藝術。該藝術節彙集本地和國際藝術家的最佳傑作、公映優秀影 片、表演各種精彩的舞蹈和音樂節目，讓觀眾親身體驗藝術魅力。

新加坡印度廟 Sri Mariamman Temple of Singapore

馬里安曼興都廟是新加坡最古老的印度教寺廟，建於 1827 年，原是木造建築，現在以磚石為主，於 1843 年重建。外觀華麗，大門上的塔樓是標準的南印度達羅毗荼式廟宇，上面立有許多色彩繽紛的立體神像。

雲/韋恩・加勒特&；凱特蘭德・布朗 Cloud / Wayne Garrett and Caitlind Brown

　　新加坡「濱海灣燈光節」上，人們在燈光裝置「雲」下面。該裝置由 6000 多個新舊電燈泡組成，其中有一些繫上了開關繩。好奇的路人走進「雲朵」裡，拉動開關後，不同亮度的燈泡閃爍，好像雲層內有閃電。

Singapore

Approximately three-quarters of Singapore's population is ethnically Chinese, and the rest includes Malays, Indians · and other nationalities. Singapore has four official languages: English, Chinese, Malay, and Tamil; hence it has literary works in each of the four languages. Singapore was formerly a British colony, but regained its independence in 1965. Its past literature was mainly Malay classical literature. Given that the majority of the population of Singapore is of Chinese origin, the country is broadly and deeply impacted by Chinese literature. Singapore is known as a Garden City, its urban architecture integrates both a traditional style and modern art. It's landmark architecture includes the Merlion, a wellknown icon of Singapore, and the durian-shaped Esplanade Theater.

汶萊達魯薩蘭國 Negara Brunei Darussalam

國家概況

簡 稱：汶萊

政 體：君主立憲制

首 都：斯里巴加灣市

地理概況

位 置：亞洲東南部加里曼丹島北部

國土面積：5765平方公里

氣 候：熱帶雨林氣候

社會概況

全國人口：約41.72萬

主要民族：馬來人

官方語言：馬來語

主要宗教：伊斯蘭教

經濟概況

支柱產業：石油天然氣、服裝業

貨　幣：汶萊元

　　汶萊古稱「渤泥」。8世紀，汶萊就開始有人定居。14世紀，汶萊伊斯蘭教君主國從爪哇的控制下擺脫出來之後，在14世紀至16世紀一度強盛，國土包括菲律賓南部以及砂勞越和沙巴。15世紀，伊斯蘭教傳入汶萊，建立蘇丹國。16世紀中葉，葡萄牙、西班牙、荷蘭、英國等相繼入侵汶萊，歐洲人的影響使得這一政權走上末路。18世紀70年代，英國勢力侵入。1888年，汶萊成為英國的殖民地。1941年至1945年第二次世界大戰期間，汶萊被日本侵略者佔領，並與近鄰砂勞越和沙巴合併為一個行政區。1946年英國恢復對汶萊的控制。1971年與英國簽約，獲得除外交和國防事務外的內部自治。1984年1月1日汶萊完全獨立。

　　1991年9月30日，中國和汶萊建交，雙邊關係發展順利，各領域友好交流與合作逐步展開。1999年，兩國簽署聯合公報，進一步發展在相互信任和相互支持基礎上的睦鄰友好合作關係。2013年，兩國建立戰略合作關係，高層交往頻繁。

　　汶萊人注重待人接物，態度謙虛，說話和氣。家裡來人無論認識與否，都笑臉相迎並給予熱情款待。汶萊人與客人相見時，一般都以握手為禮，然後把右手向自己胸前輕輕一撫。汶萊的年輕人見到長輩，要把雙手朝胸前作抱狀，身體朝前彎腰鞠躬。

汶萊人的主食是稻米，副食有牛肉、羊肉、雞肉、雞內臟、蛋類等，蔬菜中常吃的有黃瓜、番茄、菜花、茄子、馬鈴薯等，調料愛用咖哩、胡椒、辣椒、蝦醬等。咖哩牛肉是著名的菜餚。汶萊人還酷愛甜食，經常用糯米粉、椰蓉、椰醬、芋頭與水果等熱帶作物做成各式甜點招待客人和自己食用。

　　汶萊人傳統服裝多以熱帶人經常喜歡穿的長寬大上衣和沙籠為主。年輕人服裝多以西裝為主，女士多以裙裝為主，褲子很寬長。老年人以傳統服裝為主。馬來族男子在正式交際場合，一般著以蠟染的花布做成的長袖襯衣，平日通常上穿「巴汝」，下身則圍以「沙籠」。馬來族的女子，一般穿無領長袖的連衣長裙，圍以頭巾。在與外界交際的正式場合，則穿著西裝或套裙。

　　到汶萊人家作客，進門前要脫鞋以示尊重和清潔，不要從正在做禱告的教徒前走過，非穆斯林不能踩清真寺內做禱告用的地毯。指人或物時，不能用食指。在正式場合下，不要翹二郎腿或兩腳交叉。左手被認為是不潔的，在接送物品時要用右手。馬來人不願與異性握手，除非對方先伸出手來。贈送給馬來人的禮物和紀念品不應有人物或動物圖案。

蘇丹王生日 Sultan's Birthday

咖哩牛肉 Curried Beef

特色節日

獨立日　1月1日

國慶日　2月23日

開齋節　伊斯蘭教曆十月一日

斯里巴加灣 Bandar Seri Begawan

斯里巴加灣市是汶萊的首都，意為「和平的市鎮」。最初這裡只是汶萊河入海處的一片沼澤地，後來馬來人陸續來此定居，形成了幾十個水上村落，從17世紀起即成為汶萊首都。這座美麗的水上城市有著「東方威尼斯」的美譽。

汶萊的文化主要起源於位於馬來群島的古馬來西亞王國，這反映在國家的語言、建築、典禮儀式和日常生活的習俗上。雖然各種外國文化對汶萊也存在著一定影響，但是也無法磨滅古馬來西亞王國給現代汶萊帶來的深刻印記。汶萊藝術具有馬來化、伊斯蘭化的雙重特點。汶萊的傑米清真寺由汶萊蘇丹建於20世紀90年代，被認為是世界上最奢華的清真寺之一。

民間舞蹈是汶萊很有特色的習俗之一，每當有喜慶節日時，人們就以各種打擊樂器伴奏為主，盛裝登場，由於民族服裝十分漂亮，舞起來特別起勁。所表演的傳統舞蹈，內容豐富。豐收以後的慶祝活動更是熱鬧非凡。另外，汶萊民間的工藝美術也十分發達，以纏枝花和聯珠紋裝飾的銀器，精湛的木工鏤雕技藝。在民間還流行用篾條編成各式手袋、錢夾、紙巾盒、盤子、筆筒、儲蓄罐、杯墊、座墊等日用竹器工藝，體現汶萊特具魅力的地域

文化。由於伊斯蘭教的顯著影響，汶萊的傳統紡織工藝除了靠墊、桌布、手巾、圍裙以外，以表達《古蘭經》為特色的繡製壁畫最具特色。由於伊斯蘭教不主張偶像崇拜，因此，以抽象的幾何圖形和精心搭配的色彩為其主要表現形式。

傑米清真寺 Jame'asr Hassanil Bolkiah Mosque

傑米清真寺即占米阿山納柏嘉清真寺，建於 20 世紀 90 年代。大清真寺屋頂共有 29 個圓拱金頂，由 45 公斤黃金製成。從外面看，淡藍色的柱子高聳入雲，金色圓頂在陽光下熠熠生輝。

Brunei

The culture of Brunei mainly originated from the Melayu Kingdom from the Malay Archipelago, which is reflected in its language，architecture, rituals and ceremonies, and everyday customs. Although a variety of foreign cultures have had a certain influence on Brunei's rich history, the marks left by the Melayu Kingdom cannot be easily removed. Bruneian arts have dual characteristics: Malayization and Islamization. The Jame'Asr Hassanil Bolkiah Mosque was built by the Sultan of Brunei in the 1990's and is considered to be one of the most luxurious mosques in the world. Folk arts and crafts from Brunei are also extremely advanced. Crafted silverware decorated with interlocking flowers and pearl roundels, superbly hollow-carved wooden crafts, and objects weaved with bamboo strips (handbags, wallets, tissue boxes, plates, pen pots, piggy banks, coasters, and cushions) are popular, reflecting the charm of Brunei culture.

菲律賓共和國 Republic of the Philippines

國家概況

簡 稱：菲律賓

政 體：總統制

首 都：馬尼拉

地理概況

位 置：亞洲東南部、太平洋西岸

國土面積：29.97萬平方公里

氣 候：季風型熱帶雨林氣候

社會概況

全國人口：約10098萬

主要民族：馬來人

官方語言：菲律賓語、英語

主要宗教：天主教

經濟概況

支柱產業：服務業

貨 幣：菲律賓比索

14世紀前後，菲律賓出現了由土著部落和馬來族移民構成的一些割據王國，其中最著名的是14世紀70年代興起的蘇祿王國。1521年，麥哲倫率領西班牙遠征隊到達菲律賓群島。此後，西班牙逐步侵佔菲律賓，並統治長達300多年。1898年6月12日，菲律賓宣告獨立，成立菲律賓共和國。同年，美國依據對西班牙戰爭後簽訂的《巴黎條約》佔領菲律賓。1942年，菲律賓被日本佔領。第二次世界大戰結束後，菲律賓再次淪為美國殖民地。1946年7月4日，美國同意菲律賓獨立。

中國同菲律賓於1975年6月9日建交。2000年，雙方簽署了《中華人民共和國政府和菲律賓共和國政府關於二十一世紀雙邊合作框架的聯合聲明》，確定在睦鄰合作、互信互利的基礎上建立長期穩定的關係。

菲律賓人在社交場合相見時，習慣以握手為禮。年輕人與長輩相見時，

要吻長輩的手背，以示對老人的敬重；年輕姑娘見長輩時，則要吻長輩的兩頰為禮；晚輩遇見長輩時，說話前要把頭巾摘下放在肩上，深深鞠躬，並稱呼長輩為「博」。伊斯蘭教徒見面時，要施雙手握手禮，在戶外相見若沒戴帽子，則必須用左手捂頭。

菲律賓人的主食是稻米、玉米。米飯放在瓦缸或竹筒裡煮，用手抓飯進食。玉米作為食物，先是曬乾，磨成粉，然後做成各種食品。穆斯林的主食是稻米，佐以蔬菜和水果等。按照伊斯蘭教教規，他們不吃豬肉，不喝烈性酒，和其他馬來人一樣喜歡吃魚，不喝牛奶。咀嚼檳榔的習慣在菲律賓穆斯林中非常流行。

菲律賓男子的民族服裝叫做「巴隆」，樣子像敞領襯衫，白色，兩邊腰際略微開岔，腰部略窄，前面有兩個大口袋，胸前兩邊各有一條織出來的垂直白色花紋。可以穿著參加宴會或者重要會議。女士們愛穿西式裙裝，民族服裝叫做「馬隆」，樣子有點像印度的紗麗。還有一種叫鳳梨服，是用鳳梨葉製成的衣服。菲律賓人在喜慶的日子裡，都愛穿鳳梨服。

在菲律賓，忌進門時腳踏門檻，因為當地人認為門檻下住著神靈，不可冒犯。忌紅色，認為紅色是不祥之色。忌鶴和龜以及印有這兩種動物圖案。收受或者贈送禮物不要當眾打開，否則客人會有被當眾羞辱的感覺。菲律賓人很忌諱「13」這一數字和星期五。他們認為「13」是「兇神」，是厄運和災難的象徵。

菲律賓傳統服飾 Traditional Costume of Philippines

菲律賓聖周節 Holy Week of Philippines

特色節日

巴丹日　4月9日

獨立日　6月12日

英雄節　12月30日

胡安•盧納 Juan Luna 1857—1899

　　胡安•盧納是菲律賓歷史上最傑出的畫家之一。19世紀80年代盧納的畫風逐漸從古典主義轉向現實主義，並於1889年創作出《西班牙與菲律賓》這一傳世名作，從而使菲律賓藝術贏得了歐洲藝術界的尊敬。

西班牙與菲律賓/胡安•盧納 Spain and Philippines / Juan Luna

　　菲律賓畫家胡安·盧納的畫作《西班牙與菲律賓》以象徵的藝術手法表現了西班牙和菲律賓之間的關係，該畫受到藝術界的高度認可，在2013年蘇富比40週年夜拍， 此幅作品最終以2200萬港元落槌。

　　早在舊石器時代，菲律賓群島已有人類活動的痕跡。中國史籍中提到的呂宋、蘇祿、麻逸等國均位於此地。菲律賓相繼經歷了蘇門答臘人、阿拉伯人、西班牙人、美國人、日本人的統治，直至1946年，才以獨立國家的形象登上歷史舞臺。

　　歷史上的菲律賓受到蘇門答臘王國、阿拉伯帝國、西班牙等文化的影響，不同歷史時期的藝術呈現出不同的風格。近代以來，在接受西方藝術影響的同時，菲律賓藝術逐漸形成自身的特色。胡安·盧納、菲立斯·海德爾格、荷西·里薩爾，這群19世紀下半葉來自菲律賓中上階層的藝術家，他們不僅構成了菲律賓民族主義最初的視覺基礎，也是當時西班牙藝術領域不可小覷的一股力量。

　　菲律賓的現代繪畫藝術風格多樣，有多種流派：如抽象表現主義、新寫實主義和寫實主義等。最受菲律賓人民喜愛的現代畫家是維森特、費爾南多和洛倫佐等人。其中，維森特是一位精通多種繪畫藝術的大師，他的畫作深刻描繪了菲律賓普通村民的各種勞動場面。為了表彰他在繪畫和現代美術方面所取得的成就和做出的貢獻，菲律賓政府在他逝世後授予他「民族畫家」的稱號。

　　菲律賓民族素以能歌善舞著稱。全國幾十個民族都有自己獨特風格的民族音樂和舞蹈。西班牙殖民者入侵以後，在西班牙殖民統治最嚴密的中呂宋平原、米沙鄢群島和沿海地區，西班牙音樂和舞蹈也大量傳入。隨著時間的推移，菲律賓中呂宋和米沙鄢地區的民族音樂和舞蹈也受到西班牙音樂舞蹈的很大影響，但後來逐漸突出菲律賓民族的特色，進而菲律賓化，成為廣大菲律賓人民樂於接受的民間樂曲。

　　20世紀以後，由於美國的入侵，這些地區的音樂和舞蹈又受到美國的影響，西方的輕音樂和交際舞廣為流行。菲律賓獨立後，為了弘揚民族文化，

鼓勵提倡民間藝術，政府決定從1973年起，每年7月在菲律賓民間藝術劇場舉行一次「菲律賓民間藝術節」，屆時各省市、各地區都派出文藝演出隊彙集到首都馬尼拉，參加演出比賽。

菲律賓民間舞蹈 Philippine Folk Dance

菲律賓古代有豐富的口頭文學和成文的文學作品，包括戲劇、史詩、抒情詩、神話以及反映古代馬來人樸素的哲學觀點的謎語、諺語等。古代的《祈禱詩》《暖屋歌》、抒情詩《我的七愛之歌》《送別歌》與代表菲律賓高原文學的伊富高族的著名敘事詩《阿麗古榮》《邦都地方的狩獵歌》《孤兒之歌》等，以及古代民間故事《麻雀與小蝦》《安哥傳》《世界的起源》等，對菲律賓後世文學都有重要影響。

Philippines

The Philippine Islands show visible traces human activity from as early as the Paleolithic age. According to Chinese historical records, many countries, including Lvsong, Sulu, and Mayi, were all located in this area. The Philippines experienced a succession of domination by the Sumatrans, Arabs, Spaniards, Americans, and Japanese. It was not until 1946 that the Philippines presented itself as an independent country on the historical stage.

For this reason, the Philippines was affected by other cultures, including the Samudra Pasai Sultanate, the Arab Empire, and Spain. In modern times, while accepting Western artistic influences, Filipino arts gradually formed their own distinctive characteristics. Upper-middle-class Filipino artists from the 19th century, such as Juan Luna, Felix Hidalgo, and José Rizal, constituted the initial visual basis of Filipino nationalism, forming a force of art that should not be overlooked.

The styles of modern Filipino paintings are highly diversified and include several schools, such as abstract expressionism, new realism, and realism. Favorite contemporary painters among Filipinos are Vicente Manansala, Fernando Amorsolo, and Diosdado Lorenzo. After Vicente Manansala passed away, the Philippine government bestowed the title of National Artist on him.

印尼共和國 Republic of Indonesia

國家概況

簡 稱：印尼、印尼

政 體：總統制共和制

首 都：雅加達

地理概況

位　置：亞洲東南部馬來群島

國土面積：陸地面積190萬平方公里

氣　候：熱帶雨林氣候

社會概況

全國人口：約25550萬

主要民族：爪哇族、巽他族

官方語言：印尼語

主要宗教：伊斯蘭教

經濟概況

支柱產業：旅遊業

貨　幣：印尼盾

　　印尼是世界上最大的群島國家，也稱「千島之國」。15世紀以後，葡萄牙、西班牙和英國先後侵入。1596年荷蘭侵入，1602年成立具有政府職權的「東印度公司」，1799年底改設殖民政府。1942年日本佔領印尼，1945年日本投降後，印尼爆發八月革命，1945年8月17日宣佈獨立，成立印尼共和國。1954年8月脫離荷印聯邦。1967年，印尼與馬來西亞、菲律賓、新加坡和泰國成立了「東盟」。中國與印尼於1950年4月13日建交。1965年印尼發生「9‧30」事件後，兩國於1967年10月30日中斷外交關係。1990年8月8日，兩國政府簽署《關於恢復外交關係的諒解備忘錄》，宣佈自當日起正式恢復兩國外交關係。2000年5月兩國元首發表《關於未來雙邊合作方向的聯合聲明》，成立由雙方外長牽頭的政府間雙邊合作聯合委員會。2015年3月兩國共同發表關於加強全面戰略夥伴關係的聯合聲明。

印尼民族服裝 National Costume of Indonesia

峇里島傳統舞蹈 Traditional Dance of Bali

　　印尼人對來訪的客人並不一定要求非送禮不可，對方收下禮物即意味著承擔了某種責任。出於禮節，可以送給主人一束鮮花，或說上幾句感謝的話等。

　　印尼人習慣食用手抓飯，擅長烹調，咖哩雞是馳名東南亞的美味佳餚。

當地的風味小吃種類豐富，主要有煎香蕉、糯米團、糯米糕、肉包子等。人們普遍喜歡吃偏辣口味的食物，辣椒、辣醬是印尼人餐桌上常見的佐料。

印尼人在衣著上總體而言屬於保守型。在公開場合人們的服裝都較樸素。男性在辦公時，通常穿長褲、白襯衫並打領帶。長袖蠟染衫在多數正式場合都可以穿。女性在辦公室穿裙子和有袖的短外套，並避免色彩過於鮮豔。在多數正式場合，比較合適的是穿午後禮服或夜禮服。如果在私宅吃晚飯，可穿短袖外套、裙子或禮服。如果參觀廟宇或清真寺，不能穿短褲、無袖服、背心或裸露的衣服。進入任何神聖的地方都要脫鞋。在峇里，進入寺廟必須在腰間束腰帶。

印尼人與人見面行握手禮，一般不主動與異性握手。見到小孩，也不可摸頭。伊斯蘭教是印尼的主要宗教，忌食豬肉和飲酒；在印尼忌用左手拿遞東西、吃飯。指人或物時用大拇指，而不可以用食指；在正式場合翹二郎腿或兩腳交叉等是不禮貌的行為。在與印尼人談話時，最好避開與當地政治、社會和國外對他們的援助等方面的話題。

特色節日

民族覺醒日　5月20日

獨立日　8月17日

印尼的歷史文化極為悠久，並且從1世紀起，先後受到印度文化、中國文化、伊斯蘭文化、西方文化的影響。又因為印尼長期分為許多短暫小國，所以藝術的發展特別不均衡，呈現複雜和紊亂的景象，較為顯著的是其宗教美術和染織工藝。在印尼古代文化中，最重要的首推爪哇文化，其次為蘇門答臘文化和峇里島文化。

爪哇是印尼的主島，在諸島中開發最早。歷史時代初期以來，由於接受印度文化，以統治階層為中心的印度教和佛教的造型活動有了極大發展，被稱為印度—爪哇美術。

爪哇美術泛指印度文化傳入後、伊斯蘭教傳來前的美術，由於印度美術的強烈影響而發生、發展，具有融合印度影響和爪哇傳統的性質，留有許多石構宗教建築與優秀的石頭和青銅的雕刻。

爪哇的印度系宗教建築統稱為坎蒂。它最初指為死者建造的墓，後指獻給神和佛的建築，廣義上指寺廟、祠堂等，不分印度教和佛教，包括不具備內部空間的堵波、安放禮拜物件──神像和佛像的祠堂、寺院，遺構全部用石頭築成。坎蒂學習印度後笈多美術的傳統，具有濃厚的印度特色，主要出現在7世紀至10世紀，在風格上具有劃時代的意義。主要的坎蒂，在印度教方面有迪恩高原和格當山的達40座的古風小坎蒂群、宏大的普蘭巴南坎蒂，在佛教方面有著名的婆羅浮屠、曼杜坎蒂、迦拉散坎蒂、普拉散坎蒂。爪哇的雕塑主要依附於這些建築物，最為傑出的雕塑品有婆羅浮屠和曼杜坎蒂的佛像和說法圖中楣、普蘭巴南坎蒂的三神像及其他中楣等。這些雕塑形象圓滿典型，有的在平穩中具有力度感。另外，還有許多單獨的石頭和青銅佛教造像和印度教神像。

10世紀初期，隨著政治和文化中心移往東部，形成了東爪哇美術。在雕塑上值得注意的有岸朱附近出土的構成立體金剛界曼荼羅的許多青銅小像。在13世紀以後

婆羅浮屠 Borobudur

婆羅浮屠，意為「山頂的佛寺」，建於 750 年至 850 年間。婆羅浮屠氣勢恢宏，造型精確，有浮雕2600多塊。婆羅浮屠與中國的長城、印度的泰姬陵、柬埔寨的吳哥窟並稱古代東方四大奇蹟。

巴杜爾湖水女神廟 Pura Ulun Danu Batur

　　巴杜爾湖水女神廟臨近峇里島巴杜爾火山下的巴杜爾湖畔，被天然美景圍繞的巴杜爾神廟祭祀的是湖水女神達努。神廟有 11 層神龕，歷經火山噴發而保存完好。整座神廟體現了印度教建築的風格。的辛哈沙里王朝和麻喏巴歇王朝，流行融合印度教和佛教的濕婆佛信仰，將國王作為神來祭祀，坎蒂的性質也陵墓化，重要的有查科坎蒂、巴納達蘭坎蒂。這些坎蒂，通常在高臺基上建較小的箱形屋子，將屋頂作成階梯式高塔狀，構造上四方對稱。14世紀至15世紀的建築遺構還散見於多處，有的形態與傳統的民族信仰相聯繫。後期的雕塑傑作有象頭神像、難近母像、般若菩薩像。但隨著時代發展，爪哇美術中的印度要素逐漸淡化，與其成反比，固有的氏族要素得到加強，但技法上的衰退也顯而易見。

　　蘇門答臘文化時期（8—9世紀）

　　蘇門答臘是印尼西部的大島。它在美術上的重要地位，主要緣起於以巴領旁為中心而崛起的室利佛逝王國。在穆西河下遊，出土了幾件與中爪哇樣

式相通的作品，主要是8世紀至9世紀的佛教諸尊像。此外的美術作品都屬於11世紀以後，大體上是佛教遺蹟和雕像，散見於東流大河的上遊各地，大都與爪哇美術，尤其是東爪哇美術有密切關係。在巴丹哈里河流域，下遊的占碑遺蹟和上遊的朗薩特都出土有巨大石雕拜拉瓦像及不空羂索觀音像。甘巴河的達克斯、巴塔克人居住的巴坦拉瓦斯地方都殘留托亞出土的銅鑄四臂觀音。

峇里島文化時期（11世紀至今）

峇里為印尼的一個小島，位於爪哇島東鄰，島上發現若干史前遺物，其中，高達186.5公分的巨大銅鼓最引人註目。該島在進入歷史時代後，與爪哇同樣受印度和中國宗教文化的影響，並將其傳統維持到現在，成為印尼唯一非伊斯蘭教的島。11世紀後峇里與東爪哇保持密切關係，流行印度教。但從14世紀起發展了它和土著民族宗教混合的獨特信仰形態印度——峇里教。寺廟數量多，與居民的生活密切聯繫，除供奉梵天、毗濕奴、濕婆、釋迦牟尼外，還祭拜太陽神、水神、火神、風神等。教徒家裡都有家廟，村裡有村廟，全島廟宇成千上萬，素有「千廟之島」稱號。這裡的傳統木雕、石雕、繪畫和手工藝品精湛優美，所有廟宇的牆壁、神龕、橫樑、石基上，有各種神像、飛禽走獸、奇花異草等浮雕，令人目不暇接，因此又有「藝術之島」的稱號。大體上，寺廟由連續的幾個庭院構成，正面入口建立了稱為坎蒂本塔爾的門。這個門沒有屋頂，只立有裝飾豐富的左右門柱，樣式獨特。祠堂在庭院最深處，呈木構草葺的高層形式。階層是奇數，階層數隨祭祀的神而異（毗濕奴神為9層，濕婆神為11層）。這些重層塔祠堂象徵著眾神住的聖山，稱為須彌山，但不作本尊像。

遺構上最古的有烏穆附近的象窟和加威山石刻。前者原為佛教石窟，以後用於濕婆教，正面有特異的裝飾浮雕，窟的前方有與東爪哇同樣的靈水浴場設施和雕像。後者在岩壁上浮雕龕形內的坎蒂，共2處9龕，各坎蒂都是收藏王或王妃遺骨的「王家墓」。另外在其他地方還留有同代的王家肖像雕刻。寺廟建築最重要的是位於阿貢山山坡的大寺——百沙基陵廟。它專祀這座間歇噴發的火山之神，由數段構成的大臺基上建立有門牆、木構的高層塔等許多建築物。廟內有許多印度—巴厘教的神龕以及少數石像雕刻。到了近代，民族特色濃厚的彩色木雕、染織等也以異國情調而引人註目。

印尼音樂的形態多種多樣。在印尼人民的生活中，音樂佔有十分重要的

地位。其中最有代表性的是在中爪哇發展並流行於全爪哇島和峇里島的一種叫做「佳美蘭」的

象窟 Goa Gajah

象窟是峇里島唯一的石窟寺院遺址，最早建於11世紀。象窟遺址群包括三部分：象窟本身、聖泉池及佛教建築遺蹟區。象窟洞內雕有許多栩栩如生的神像。

音樂，印尼人民視佳美蘭音樂為國寶。到了近代，受西方音樂影響，發展出來一種叫做「克龍宗」的音樂，著名作品有《梭羅河》《椰島之歌》和《莎麗楠蒂》等。

印尼古代有豐富的口傳文學，不少神話傳說和咒辭歌謠流傳至今。印尼的古典文學以爪哇古典文學和馬來古典文學為主，其次是巽他古典文學和巴厘古典文學。古典文學的發展，大致可以分為兩大時期：古印度文化影響時

期和伊斯蘭文化影響時期。西方殖民者侵入後，印尼古典文學受到摧殘。進入20世紀以後，由馬來語漸漸發展成現代印尼語，印尼文學獲得進一步發展，特別是20世紀中葉印尼獨立之後，文學也走上蓬勃發展的道路。

Indonesia

Indonesia has an extremely long history of art, which can be traced back to the 1st century AD, and has been successively influenced by Indian, Chinese, Islamic, and western cultures. Given that Indonesia has long been divided into several short-lived countries, the development of art is particularly uneven among regions.

Javanese art refers to any form of art that existed after Indian culture was introduced, but before the intervention of Islamic culture. Javanese art was created and developed with an enormous influence from Indian culture, resulting in the creation of many religious stone buildings and excellent stone and bronze carvings. From the 7th to the 10th centuries, Java's major artistic achievements lay in the building of Candi (Hindu or Buddhist temples). The most famous examples of these include Borobudur, Mendut, Candi Kalasan, and Candi Plaosan. Javanese sculptures are commonly attached to these buildings. The most outstanding sculptures are the Buddha statues in Borobudur and Mendut temple.

Sumatra is the largest island in western Indonesia and played an important role in Indonesian art history. Sumatra originated from the Srivijaya kingdom, with Palembang as its center. Since the 14th century，Hinduism has integrated with the indigenous religion and developed a peculiar form of religious belief, Balinese Hinduism. Although there are many temples in the country, most of them are closely related to the daily lives of the inhabitants. In addition to worshiping Brahma, Vishnu, Shiva, and Shakyamuni Buddha, they also worship the gods of sun, water, fire, and wind.

東帝汶民主共和國 Democratic Republic of Timor-Leste

國家概況

簡　稱：東帝汶

政　體：議會制共和制

首　都：帝利

地理概況

位　置：亞洲東南部努沙登加拉群島東端

國土面積：1.49萬平方公里

氣　候：熱帶雨林氣候

社會概況

全國人口：約116.7萬

主要民族：東帝汶土著人

官方語言：德頓語、葡萄牙語

主要宗教：天主教等

經濟概況

支柱產業：石油開採、農業

貨　幣：通用美元，發行與美元等值的

本國硬幣

　　東帝汶歷史上長期被葡萄牙殖民。1975年葡政府允許東帝汶實行民族自決。主張獨立的東帝汶獨立革命陣線於1975年11月28日單方面宣佈東帝汶獨立，成立東帝汶民主共和國。同年12月，印尼出兵東帝汶，次年宣佈東帝汶為印尼第27個省。1999 年，安理會透過決議授權成立以澳大利亞為首、約8000人組成的多國部隊，於9月20日正式進駐東帝汶，與印尼駐軍進行權力移交。10月，印尼人民協商會議透過決議正式批准東帝汶脫離印尼。2002年5月20日，東帝汶民主共和國正式成立。

　　1999年8月東帝汶舉行全民公決並脫離印尼後，中國與東帝汶交往逐步增多。2001年9月中國在帝利設立大使級代表處。2002年5月20日東帝汶宣告獨立，中國於當日與東帝汶建立外交關係。

東帝汶傳統服飾 Traditional Costume of Timor-Leste

　　到東帝汶人家裡作客，帶上小禮物送給女主人，會受到熱情的款待。職業女性很少用傳統方式化妝，她們也喜歡塗口紅，塗眼影，用些化妝品。

　　東帝汶的食物和印尼、馬來西亞等周邊地區大致相似，主要食用雞肉、魚肉、羊肉，當然也少不了辣椒和咖哩。東帝汶最有名的是有機咖啡，咖啡幾乎不噴農藥而且全採用天然有機肥種植。

　　「泰絲」是一種東帝汶婦女創造的傳統編織布。人們在舉行傳統儀式的時候，穿上泰絲和佩戴羽毛頭飾，搭配金或銀頭飾，掛上徽章和珊瑚。

　　東帝汶民族有尚武習俗，聚眾鬥毆時有發生。因此在東帝汶遇事應保持冷靜，儘量避免與當地人正面衝突，成為群體暴力事件的襲擊對象，危及自身安全。遇有婚喪或教會活動的車隊，須停靠避讓，亦不得超車。

特色節日

恢復獨立日　5月20日

獨立公投日　8月30日

獨立日　11月28日

東帝汶特色飲食 Special Food of Timor-Leste

泰絲是東帝汶土著民族文化遺產的重要組成部分。泰絲織品用於禮儀的裝飾、家居裝飾和個人服裝，傳統上也用作婚姻儀式的交換物，通常用來交換牲畜或其他貴重物品。

　　東帝汶藝術受到葡萄牙影響，並帶有鮮明的土著文化印記。從整體上看，這些作品反映出人們對祖先和神靈的崇高敬仰。對於東帝汶人來說，服飾是人身份的象徵，頭飾和胸部徽章是由珍貴且被認為具有魔力的金屬製成的。人們在節慶時穿戴這些裝飾，代表著男性的陽剛和女性的嬌柔。紫檀是東帝汶的珍貴樹種，生長極其緩慢，木質色赤而質地緻密，入水即沉，製成的工藝品色調深沉，莊重華貴，東帝汶人常用這種木材製成手鐲等各種工藝品。東帝汶的裝飾性木雕較常見於房屋和器物上，所繪圖案，具有鮮明的民族特色，有不少花紋為當地人的圖騰形象。在東帝汶的城市中，除了葡萄牙風格的建築，還有洛斯帕洛斯風格的屋頂、刻有雕像的木門，構成了與眾不同的城市風貌。手工藝方面以傳統的圍巾織造和泰絲較為典型。傳統上只有婦女編織泰絲，編織技藝由一代一代口述流傳下來。另外，牙雕、陶器、草編等也是東帝汶頗具特色的民間工藝品。

東帝汶木雕 Wood Carvings of Timor-Leste

檀香木在東帝汶是名貴樹木，東帝汶人用檀香木來雕刻製作精美的手工藝品。圖中的這些檀香木神像富於民族特色，體現了當地人的審美觀。

East Timor

　　The art of East Timor has been greatly influenced by Portugal while also retaining elements of its own distinct indigenous culture. Decorative wood carvings are quite common in East Timor. The patterns painted on houses and utensils have clear national characteristics，many of which resemble local totem images. The cities of East Timor consist of not only Portuguese-style buildings but also Los Palos-style roofs and wooden doors carved with statues, all of which constitute a unique cityscape. Traditional scarf weaving is also quite popular in the country.

南亞八國

　　南亞包括印度半島及其鄰近島嶼，作為一個相對獨立的地理單位，印度半島又被稱為「南亞次大陸」。這裡是古代「四大文明古國」之一的「古印度」的發祥地，有著光輝燦爛的古代藝術。起源於南亞的佛教對於東亞、東南亞國家有著深遠的影響。

　　印度、巴基斯坦、孟加拉在歷史上曾同屬一國，其藝術發展歷程交織輝映。西元前2500年至西元前1500年，古印度文明就在南亞大陸蓬勃發展，留下不少與宗教有關的建築和雕塑，比如今巴基斯坦境內的摩亨佐達羅遺址。之後雅利安人從西方侵入，印度文化隨之進入印度教時代，文化藝術中心也從印度河流域轉移到恆河流域。西元前5世紀，佛教興起，南亞地區湧現出很多佛教藝術珍品，像阿旃陀石窟壁畫，是印度佛教藝術的典範。8世紀以後，伊斯蘭教傳播到南亞地區，今巴基斯坦地區藝術逐漸伊斯蘭化，今印度地區的佛教日漸衰微，文化仍以印度教為主，像著名的阿格拉紅堡，體現了中世紀印度建築藝術的特點。建於蒙兀兒帝國時期的泰姬陵更是享譽世界的建築珍品。20世紀中期，印度、巴基斯坦分治，文化藝術也走上不同的發展道路。地處恆河三角洲的孟加拉，原為巴基斯坦的一部分，受伊斯蘭文化影響較深。

　　南亞大陸有著悠久的文學傳統，近代印度還產生了泰戈爾這樣的文學大師。當今印度的影視產業非常發達，「寶萊塢」每年製作出近千部影片，這些影片帶有濃郁的南亞風情。

　　地處印度半島西北的阿富汗，早期受犍陀羅藝術影響，之後受佛教影響，有巴米揚大佛等佛教遺址，8世紀以後文化逐漸伊斯蘭化。喜馬拉雅山南麓的尼泊爾和不丹，建築和繪畫則充滿佛教色彩。印度洋上的島國斯里蘭卡也是著名的佛教國家，佛教是其文化藝術的主要靈感來源，有著名的佛教聖地獅子岩。同為島國的馬爾地夫則以伊斯蘭文化為主。

印度共和國 The Republic of India

國家概況

簡 稱：印度

政 體：議會制共和制

首 都：新德里

地理概況

位 置：亞洲南部

國土面積：約298萬平方公里（不包括中印邊境印占區和喀什米爾印度實際控制區等）

氣 候：熱帶季風氣候

社會概況

全國人口：約12950萬

主要民族：印度斯坦族、泰盧固族、孟加拉族、

馬拉地族等

官方語言：印地語、英語

主要宗教：印度教、伊斯蘭教

經濟概況

支柱產業：工業、服務業

貨　幣：印度盧比

　　印度是世界四大文明古國之一。西元前2500年至西元前1500年之間創造了印度河文明。西元前1500年左右，原居住在中亞的雅利安人中的一支進入南亞次大陸，征服當地土著，建立了一些奴隸制小國。西元前4世紀崛起的孔雀王朝統一印度，西元前3世紀阿育王統治時期疆域廣闊，政權強大，西元前2世紀滅亡，小國分立。4世紀笈多王朝建立，統治200多年。1398年突厥化的蒙古族人由中亞侵入印度。1526年建立蒙兀兒帝國，成為當時世界強國之一。1600年英國侵入，建立東印度公司。1757年淪為英殖民地，1849年全境被英佔領。1857年爆發反英大起義，次年英國政府直接統治印度。1947年6月，英國透過「蒙巴頓方案」，將印度分為印度和巴基斯坦兩個自治領。同年8月15日，印巴分治，印度獨立。1950年1月26日，印度共和國成立，為英聯邦成員國。1950年4月1日中印建交。

　　在印度，擁抱是常見之禮。獻花環在印度是歡迎客人常見的禮節，尤其是對於遠道而來或是比較尊貴的客人，主人都要獻上一個花環，戴到客人的脖子上。點吉祥痣是印度人歡迎賓客的禮數。印度人回答問題時，頭部向左右兩邊擺動，表示肯定的意思。

印度教教徒奉牛為神，忌食牛肉，普遍食羊肉和雞肉。很多印度教教徒為素食者，主要以稻米、麵餅、蔬菜、豆類、牛奶、優酪乳和乳酪為食。伊斯蘭教徒吃牛肉，忌食豬肉。印度菜多汁，味道厚重。印度人一般用右手把米飯、麵餅和菜和在一起進食。

印度一些地區的男性有包頭巾的習俗。根據傳統，錫克人從小到大都必須蓄頭髮、留鬍鬚，並且包著頭巾。成年人的頭巾樣式比較複雜，首先必須用黑色鬆緊帶將長髮束成髮髻，然後再以一條長約3米的布，裹成頭巾，樣式為兩邊對襯成規則狀。印度男性多半穿著一襲寬鬆的立領長衫，搭配窄腳的長褲，拉賈斯坦地區男性的褲子是以一條白色布塊裹成的，頭上的布巾花樣變化極多，色澤鮮明。女性傳統服飾是紗麗，紗麗是指一塊長度約五六米的布料，穿著時以披裹的方式纏繞在身上。

在印度，進入寺廟之前須先脫鞋。印度人認為穿鞋進入寺廟既不禮貌，也不聖潔。觀看宗教儀式時，請勿妄加評論。請勿撫摸小孩頭部，因為印度人認為頭部是神聖的。印度教尊牛為神聖的動物，請勿冒犯。在日常生活中，印度人忌諱用左手遞食或敬茶。

印度女性傳統服飾「沙麗」 Traditional Costume of Indian Women 「Sari」

排燈節 Diwali

特色節日

共和國日　1月26日

獨立日　8月15日

　　印度文化可以分為史前時期、早期王朝時期、中世紀時期、伊斯蘭時期和18世紀至今五個時期。史前時期的美術基本上屬於前美術或準美術的範疇，出現了四大古文明之一的印度河文明。早期王朝的美術處於佛教美術的草創階段，古風風格占主導地位。中世紀是印度教美術的全盛時期，佛教在印度本土日漸衰微，印度教躍居統治地位。13世紀，隨著突厥人入侵印度，開始出現印度伊斯蘭美術。14世紀，各地穆斯林王國紛紛獨立，伊斯蘭美術隨之普及。16世紀，北印度蒙兀兒王朝興起，伊斯蘭美術在印度盛極一時。印度淪為英國殖民地後，西方美術開始影響印度美術。

　　史前時期（西元前23—前6世紀）

　　發生在約西元前2300至西元前1700年印度河流域的印度文明，據推測是印度土著居民達羅毗荼人創造的農耕文化。最著名的工藝品也許是一些圖章，通常以塊滑石製成，種類有別而獨具特色。圖案包括各式各樣的動物，既有像、虎、犀牛和羚羊這類真實的動物，亦有幻想或拼合而成的動物，有

時也雕刻人形，也有通常很小且為人像或神像的石雕品，以及動物、人物的小型赤陶雕像。陶器為紅底黑紋，描繪著各種動植物花紋和幾何形圖，多是祈願土地豐產、生命繁衍、生殖崇拜的形象化或抽象化符號。約西元前1700年至西元前600年，伴隨著雅利安人的入侵和東進，印度文明逐漸轉移到恆河流域，史稱吠陀時代文化或恆河文化。吠陀後期和後吠陀時代相繼產生的婆羅門教、耆那教和佛教，是各歷史時代印度美術的主題。

印度音樂一般認為是源自吠陀，由濕婆神所創，可分為南印度音樂與北印度音樂兩派。印度文學為印度古典梵語文學和10世紀前後發展起來的各地方語言文學的總稱，以豐富多彩著稱於世。古代文學主要是梵語文學，分為吠陀時期、史詩往世書時期和古典梵語時期三個時期，成就最高的有詩歌總集、史詩、寓言故事、戲劇和文論等。《吠陀》是印度最古的詩歌總集，大約形成於西元前1000年前後。梵語古典文學中出現了長篇小說。

早期王朝時期（西元前4—西元7世紀）

早期王朝的美術處於佛教美術的草創階段，古風風格占主導地位。建於西元前4世紀的孔雀王朝是印度歷史上第一個統一的大帝國。在第3代皇帝阿育王統治時期，是印度文化與伊朗、希臘文化最初交流的時代。印度的建築、雕刻受到了伊朗阿契美尼德王朝和希臘塞琉古王朝的影響，出現了印度美術史上的第一個高峰。華氏城百柱廳可能受到波斯波利斯王宮的影響。阿育王征服羯陵伽後皈依佛教，在印度各地樹立了30餘根獨石紀念圓柱，柱身鐫刻誥文，柱頭雕飾獸類，銘記征略，弘揚佛法，是為有名的阿育王石柱。阿育王時代草創了窣堵波、支提、毗訶羅等佛教建築形制，比哈爾邦邦巴拉巴爾丘陵的7座石窟亦開鑿於此際。孔雀王朝的雕刻引進了伊朗、希臘的石雕技術，普遍採用砂石作為雕刻材料，以砂石表面高度磨光為特色。薩爾納特的阿育王獅子柱頭是象徵性、寫實性與裝飾性完美結合的雕刻傑作。蘭布瓦爾的瘤牛柱頭和印度河文明時代的瘤牛印章相似。迪大甘吉的持拂藥叉女雖屬於正面直立的古風式雕像，但造型渾樸溫雅，豐腴圓潤，已孕育著印度標準女性美的雛形。馬圖拉地區帕爾卡姆的藥叉雕像是貴霜時代馬圖拉佛像的範本。在巽伽王朝與安達羅王朝時代，印度政治和藝術活動的中心轉移到今中央邦一帶，早期佛教美術日臻繁榮。孔雀王朝草創的佛教建築形制漸趨完備。帕魯德窣堵波、菩提伽耶窣堵波和桑吉大塔成為印度早期佛教建築的三大範例。巴雅石窟、貝德薩石窟、阿旃陀石窟（第10窟）、納西克石窟、

加爾利石窟、根希裡石窟的支提和毗訶羅陸續開鑿。帕魯德圍欄浮雕、菩提伽耶圍欄浮雕和桑吉大塔塔門雕刻，是印度早期佛教雕刻的代表作。浮雕題材多取自本生經和佛傳故事，構圖密集緊湊，往往一圖數景。在佛傳故事浮雕中從不雕刻出人形的佛像，僅以菩提樹、臺座、法輪、足跡等象徵符號暗示佛陀的存在。這種表現佛陀的象徵主義手法已形成印度早期佛教雕刻的通例和程式。帕魯特浮雕的人物和藥叉、藥叉女等守護神雕像造型質樸粗拙，姿態僵直生硬，是典型的古風風格。桑吉大塔的人物雕刻則大有進步。桑吉東門的樹神藥叉女托架像，初創了表現印度標準女性人體美的三屈式，為後世所沿襲。

阿旃陀石窟壁畫Ajanta Cave Paintings

　　阿旃陀石窟，位於馬哈拉斯特拉邦境內，是著名的古印度佛教藝術遺址，始鑿於西元前 2 世紀，整個工程一直延續到 7 世紀中葉。阿旃陀石窟的壁畫，是印度古代壁畫藝術的重要代表。

桑吉東門的樹神藥叉女托架像 Yakshi on the Eastern Gateway of Sanchi

桑吉東門方柱與第 3 道橫樑末端交角處的托架像《樹神藥叉女》，約作於 1 世紀初葉，是桑吉最美的女性雕像。她雙臂攀著芒果樹枝，縱身向外傾斜，宛若懸掛在整個建築結構之外凌空飄蕩。她頭部向右傾側，胸部向左扭轉，臀部又向右聳出，全身構成了富有律動感的 S 形曲線。

1世紀，貴霜國王迦膩色迦統治時期，國勢極盛，促進了東西方文化的交流，發展了印度、希臘、羅馬、伊朗諸文化因素融合的貴霜文化。從早期上座部佛教向中期大乘佛教轉變，引起了佛教美術的變革。藝術處於佛教藝術的繁盛階段，總的風格趨向於從古風風格向古典主義風格過渡。迦膩色迦信奉波斯拜火教，也崇信佛教，在其治下印度西北部的犍陀羅和北印度的馬圖拉，打破了印度早期佛教雕刻只用象徵手法表現佛陀的慣例，創造了最初的佛像。南印度的阿默拉沃蒂的佛教雕刻自成一派，與犍陀羅、馬圖拉並為貴霜時代的三大藝術中心。犍陀羅地區是貴霜王朝的政治、貿易與藝術中

心，東西方文化薈萃之地。犍陀羅美術的外來文化色彩十分濃郁。都城布路沙布邏的迦膩色迦大塔和呾叉始羅的佛塔寺院多已傾圮，大量遺存的是裝飾佛塔的佛傳故事浮雕。犍陀羅雕刻主要吸收了希臘化美術的影響，仿照希臘、羅馬神像創造了希臘式的佛像——犍陀羅佛像。雕刻材料採用青灰色片岩，造型高貴冷峻，衣褶厚重，風格傾向於寫實主義，強調人體解剖學細節的精確。如片岩雕刻犍陀羅佛陀立像，頭部造型接近希臘太陽神阿波羅，通肩式袈裟類似古羅馬長袍托格，頂上肉髻覆蓋著波浪式卷髮，頭後光環是樸素的平板圓片，手勢作施無畏印。苦行的釋迦造型冷峻逼真又高度誇張，被推崇為犍陀羅藝術的最高傑作。北印度的馬圖拉地區，美術的印度本土文化傳統更為深厚。佛像最初是參照馬圖拉本地傳統的藥叉雕像創造的，雕刻材料採用黃斑紅砂石；造型雄渾偉岸，薄衣透體；風格傾向於理想主義，追求健壯裸露的肉體美和力量感。雕刻的貴霜王侯肖像，是遊牧民族王權神化的化身；肉感豐美的裸體藥叉女雕像，姿容妖冶，肉感豐美，則是印度農耕文化的產物。馬圖拉建築有馬德的貴霜王室神殿，布臺薩爾的佛教、耆那教窣堵波等。阿默拉沃蒂美術比馬圖拉美術的印度本土文化傳統更加純粹。阿默拉沃蒂大塔和那伽爾朱納康達、賈加雅佩特等地窣堵波的雕刻，都屬於阿默拉沃蒂風格。雕刻材料採用白綠色石灰石，風格介於古風與古典主義之間，並透露出巴洛克風格的徵兆。浮雕女性曲線柔美，動態活潑，肢體細長，被譽為「印度雕刻最嬌豔最纖秀的花朵」。

　　4世紀到6世紀的笈多王朝是孔雀王朝之後從摩揭陀崛起的又一個大帝國。美術在繼承貴霜時代具有強烈外來色彩的文化同時，更致力於高揚印度本土的文化傳統，把印度古典文化推向巔峰，被譽為印度古典主義的「黃金時代」。在無著、世親兄弟的大乘佛教唯識派哲學觀點影響下，佛教雕刻的兩大中心馬圖拉和薩爾納特，在繼承貴霜時代犍陀羅和馬圖拉雕刻傳統的基礎上，遵循古典主義審美理想，創造了純印度風格的笈多式佛像——馬圖拉式佛像和薩爾納特式佛像，代表著印度古典主義藝術的最高成就。它們的共同特徵是比犍陀羅佛像更加印度化，比貴霜馬圖拉佛像更加理想化。

犍陀羅佛陀立像 Gandhara Buddha

　　犍陀羅風格以卷髮、高鼻深目、披覆雙肩的連肩式披衣和圓形背光為主，呈現出希臘雕像「人神」風格。此佛像頭頂將卷髮綁成髮髻束於頭頂，臉部呈飽滿的橢圓形，神態端莊嚴肅，衣服如流水般地披覆下來，帶有明顯的希臘風格。背景簡單乾淨，僅以滿月光輪作裝飾。其樣貌是印度人，眼簾低垂，帶有冥想式的神情，螺髮整齊，身材頎長，背後圓光碩大精美，不同的是通肩式袈裟的處理，馬圖拉式是半透明的濕衣效果，代表作有紅砂石雕刻《馬圖拉佛陀立像》。薩爾納特式佛像則是顯露裸體的全透明衣紋效果，充滿了寧靜、內向、和諧的基調，代表作有砂石雕刻《鹿野苑說法的佛陀》。笈多式佛像對南亞、東南亞、中亞和遠東佛教美術的影響比犍陀羅佛像更為深遠。石窟的壁畫約作於後笈多時代，世俗化、程序化傾向的增加反映了佛教在印度本土的衰微。建築有薩爾納特的達邁克窣堵波，阿旃陀石窟第16、17、19諸窟，桑吉第17號祠堂、第51號精舍，菩提伽耶大菩提寺等。奧蘭加巴德石窟開鑿於後笈多時代，已偏離了古典主義的規範。壁畫的風格處於從古典主義的高貴單純向巴洛克的豪華絢麗過渡時期。印度雕刻傳統的表現標準女性美的三屈式，也被許多壁畫所採用，代表作有《須大拏本生》《持蓮花菩薩》等。阿旃陀石窟是佛教建築雕刻和繪畫的綜合體，尤以壁畫聞名於世，不少佳作都屬於印度傳統美學「味論」（審美情感基調）推崇的「味畫」（情感的描繪），並採用了印度傳統繪畫的兩種畫法「平面法」和「凹凸法」，畫面上出現大量的現實生活場景，已出現世俗化傾向。畫中所描繪的眾多婦女形象，體態豐滿，姿態優雅，形象高貴典雅，反映了印度古典藝術的美學思想。

馬圖拉佛陀立像Mathura Buddha

　　馬圖拉式佛像造型比犍陀羅佛像更加印度化，也更加理想化。上圖中的佛陀立像創作於約2世紀後半期，現藏於馬圖拉政府博物館。

鹿野苑說法的佛陀 Gautama Buddha

　　鹿野苑說法佛陀是薩爾納特式佛像中最著名的代表作。這尊雕像是笈多王朝最著名的雕塑作品之一，與馬圖拉佛陀立像並稱為印度古典主義藝術的雙璧。

阿旃陀石窟壁畫 Paintings in Ajanta Cave

阿旃陀石窟現存30窟（包括一個未完成窟），從東到西長550米，全部開鑿在離地面10米至30米的崖面上。上圖中的佛像整體線條流暢，姿態優雅，尤其是雙眼充滿悲憫之感，四周的裝飾圖案也生動精美。早期壁畫構圖多為橫幅長條形。9窟的佛傳和佛本生故事，線條柔和純樸；10窟有索姆、六牙白象本生和禮拜菩提樹等畫面，運筆大膽，風格豪放。中期壁畫正值笈多王朝文化藝術的鼎盛時期，畫面構圖壯闊繁密，佈局緊湊和諧，作風沉著老練，色彩典麗，富有抒情趣味，能注重人物的神情刻畫和意境的表達。人物描繪手法精細，注重姿態的變化，其中對婦女的描繪，均風姿綽約，豔麗動人，其代表作有17窟的獅子國登陸圖、佛說法圖及太子與嬪妃勸酒圖，16窟的佛傳故事等。另外，各窟的裝飾壁畫，如卷雲、蔓草、蓮花及小動物等，均設計巧妙，想像豐富，色彩鮮豔，對比強烈。到了晚期，壁畫創作在藝術上更臻完善，此時壁畫構圖宏大莊重，整體感強，線條穩健，色彩典麗，講求透視，畫面景物立體感有所加強，人物裝飾更加華美，為阿旃陀石窟壁畫藝術的最佳者。

這一時期的印度教建築有蒂哥瓦神廟、皮得爾岡神廟、代奧格爾十化身神廟、烏德耶吉里石窟等，是之後數世紀印度建築的雛形和範式。雕刻的代表作有馬圖拉的《毗濕奴立像》、烏德耶吉里的《毗濕奴的野豬化身》、代奧格爾的《毗濕奴臥像》等，風格已逐漸從古典主義向巴洛克風格演變。笈多印度教美術拉開了中世紀印度教美術全盛時期的壯麗序幕。

中世紀時期（8—12世紀）

中世紀是印度教美術的全盛時期。笈多王朝之後，佛教在印度本土日漸衰微，印度教躍居統治地位，興起了建造印度教神廟的熱潮。印度教神廟被看作是印度教諸神在人間的住所。外壁往往雕滿了男女眾神、人物、動物、花卉等裝飾浮雕，建築與雕刻渾然一體，密不可分。型式大體可分為3種：南方式（達羅毗荼式），悉卡羅呈角錐形；北方式（雅利安式或城市式），悉卡羅呈曲拱形；德干式（中間式），介乎南方式與北方式之間。印度教藝術追求動態、變化、力度，呈現動盪、繁複、誇張的巴洛克風格，被稱為「印度巴洛克藝術」。

德干地區諸王朝處於雅利安文化與達羅毗荼文化混雜的中間地帶，頻繁的戰爭導致南北方美術風格的交流。早期遮盧迦王朝（535—753年）在邁索爾的3座都城巴達米、阿胡爾和帕塔達卡爾的神廟群，最初的形制由佛教

支提堂演變而來，中世紀接受了南方式印度教神廟的影響，同時滲入了北方式神廟的成分。帕塔達卡爾的維盧巴克夏神廟是逮志補羅的凱拉薩納特神廟的仿製品。拉施特拉古德王朝（753—949年）繼續開鑿埃洛拉石窟。埃洛拉第16窟凱拉薩神廟，是仿照帕塔達卡爾的維盧巴克夏神廟設計的，象徵著濕婆居住的凱拉薩神山，整座神廟由一座火山雕鑿而成，被稱作「岩石的史詩」。它的雕刻，綜合了笈多時代的典麗、遮盧迦王朝的渾厚與帕拉瓦王朝的秀逸，動態強烈，變化豐富，活力充沛，代表著印度巴洛克美術的最高成就。約在同時期開鑿的象島石窟濕婆神廟，雕刻也富有印度巴洛克美術的特色，其中的巨岩雕刻《濕婆三面像》左側一面呈現女人的溫柔相，中間一面呈現中性的冥想相，右側一面呈現男性的恐怖相，集優美、崇高、獰厲於一身，寓創造、保存、毀滅之奧義，是世界雕刻名作之一。後期遮盧迦王朝（10—12世紀）的神廟群，外壁壁龕密集，裝飾漸趨繁瑣。曷薩拉王朝（1100—1300年）在德干西南的貝盧爾、赫萊比德、索姆納特普爾修建的神廟，平面設計呈星形，悉卡羅較低，外壁裝飾浮雕更加細密纖巧，亦流於洛可可風格。

　　北印度諸王朝奉為正統的雅利安文化，愈來愈多地吸收了達羅毗荼文化的因素。孟加拉、阿薩姆流行的坦多羅教，同時影響了印度教、佛教、耆那教及其美術。波羅王朝（約750—1150年）是佛教在印度本土的最後庇護所，當時佛教已經蛻變為金剛乘密教。雕塑出現了寶冠佛像、多臂觀音和女性菩薩多羅，造型與印度神像相似，受笈多古典雕刻與南印度銅像的雙重影響，感染了巴洛克的豪華、繁縟、怪誕，被稱作「火焰式的藝術」。波羅諸王擴建亦增修了那爛陀寺和菩提伽耶大菩提寺等寺院。菩提伽耶的金剛寶座塔分層立龕的角錐形高塔形制，可能與印度教神廟的悉卡羅有關。東恆伽王朝（8—13世紀）和金德拉王朝（950—1203年）分別創造了印度教北方式神廟的兩種形式——塔頂呈玉米狀的奧里薩斯神廟和塔頂呈竹筍狀的卡朱拉侯斯神廟。奧里薩神廟的代表作有巴布內斯瓦爾的林伽羅加神廟、布里的紮格納特神廟、科納拉克的太陽神廟等。奧里薩雕刻裝飾繁麗、動態誇張，屬於成熟期的印度巴洛克風格。科納拉克太陽神廟的巨大的浮雕車輪富麗堂皇，被視為印度文化的象徵。卡朱拉侯神廟的主塔周圍環峙多層小塔，代表作有根達利耶·摩訶提婆神廟等。卡朱拉侯雕刻以神廟外壁高浮雕嵌板帶上千姿百態的女性雕像和愛侶雕像著稱，亦屬於成熟期的印度巴洛克風格。卡朱拉侯出土的雕刻珍品《情書》是印度雕刻的壓卷之作。北印度西部拉賈斯

坦奧西亞的蘇利耶神廟和阿布山的毗摩羅塔樓，古吉拉特的蘇利耶神廟，也屬於北方式神廟，比例勻稱，裝飾華麗。喀什米爾地區仍然營造著犍陀羅傳統的寺廟，重要的有摩爾坦德和阿萬蒂普爾的廟宇。

埃洛拉石窟第 16 窟 Cave 16 in Ellora Caves

　　埃洛拉石窟第16號窟人稱「凱拉薩神廟」，這座雄偉奇妙的建築始建於8世紀，它不是鑿成的洞窟，而是把一座山鑿成了一座廟宇，沒有加其他任何建築材料，前後耗時一百多年，其規模之宏大、建築之精美居埃洛拉群窟之首。

　　南印度諸王朝保持著純正的達羅毗荼文化傳統，帕拉瓦王朝（約600—897年）的都城逮志補羅的凱拉薩納特神廟和海港城市馬哈巴厘普拉姆的五車神廟、石窟神廟和海岸神廟，幾乎提供了所有南方式神廟的原型。摩訶巴裏補羅神廟的巖壁浮雕《恆河降凡》是帕拉瓦雕刻的傑作，體現了初期印度

巴洛克風格的特徵。朱羅王朝（846—1279年）的都城坦焦爾的巴厘赫蒂希瓦爾神廟和伽貢達朱羅補羅神廟，沿用帕拉瓦神廟的平面設計，角錐形的塔頂更加巍峨。朱羅王朝的銅像，例如名作《舞王濕婆》，造型優雅，動態靈活，是南印度巴洛克風格盛期雕塑的典範。潘地亞王朝（1100—1331年）的都城馬杜賴的神廟群因襲朱羅樣式，門樓（瞿布羅）高於主殿，裝飾雕刻繁雜繚亂，屬晚期巴洛克風格。中世紀後期的維查耶那加爾王朝（1336—1565年）的神廟群以及納耶卡王朝（1564—1600年）在馬杜賴修建的神廟，柱廊（曼達波）的地位突出，裝飾雕刻繁瑣靡麗，流於洛可可風格。

舞王濕婆銅像 Bronze Sculpture of Nataraja

　　濕婆是印度教的主神之一，毀滅之神，兼具生殖與毀滅、創造與破壞雙重性格，並呈現出不同的相貌，是生殖、音樂、舞蹈之神，非常受崇拜。整尊雕像十分富於節奏的美感，舞蹈的濕婆被塑造得精美絕倫，顯得神采飛揚。

南印度音樂又稱卡那提克音樂，亦稱之廟堂或宗教音樂，不論是器樂、聲樂還是宗教頌讚慶典舞蹈，幾乎都和印度教有關。最偉大的音樂家是13世紀初的莎蘭咖提瓦。

印地語文學開始於中世紀的10世紀，代表作有伯勒達伊的《地王頌》、蘇爾達斯的《蘇爾詩海》、杜勒西達斯的《羅摩功行錄》等。烏爾都語文學興起於十一二世紀，孟加拉語文學產生於10世紀前後，錢迪達斯的《黑天頌》和維德亞伯迪（14世紀）的《維德亞伯迪詩集》對後世影響較大。

馬杜賴神廟群Madurai Temple Groups

馬杜賴是印度教七大聖城之一，也是達羅毗荼文化的中心。馬杜賴作為印度教聖地，以其宏偉的寺廟建築、精美的雕刻藝術而著稱於世。

伊斯蘭時期（13—17世紀）

13世紀，突厥人、阿富汗人入侵印度，德里蘇丹國建立以後，開始出現了印度伊斯蘭美術。北印度音樂就受到伊斯蘭教文化及波斯音樂的影響，屬宮廷音樂一類，西塔琴是北印度的代表樂器。印度伊斯蘭美術是伊斯蘭文化與印度文化兩種異質文化的不同特點的融合，融合的基因之一是對裝飾性的

共同愛好。德里蘇丹國諸王朝（13—16世紀）的建築以中亞傳入的伊斯蘭風格為主，同時也混合了某些印度因素。德里蘇丹國奴隸王朝（1206—1290年）在德里興修的庫巴特·烏勒·伊斯蘭清真寺和顧特卜尖塔，高華豐麗，是印度伊斯蘭建築的最早範例。卡爾吉王朝（1290—1320年）建造的賈馬阿特·哈納清真寺和阿來門，則屬伊斯蘭風格。圖格盧克王朝（1320—1413年）的建築簡樸而刻板。賽義德王朝（1414—1451年）和洛提王朝（1451—1526年）的建築試圖復興卡爾吉風格。地方穆斯林獨立的諸王國（14—16世紀）的建築更多地受到各地印度傳統建築的影響，呈現印度文化地方色彩強烈的多樣化混成風格。

江普爾王國（1400—1478年）的阿塔拉清真寺，明顯受到印度教神廟的影響。孟加拉王國（1336—1576年）的阿迪納清真寺、小黃金清真寺和大黃金清真寺，採用了印度教神廟的結構與裝飾。古吉拉特王國（1401—1537年）的都城艾哈默德巴德的大清真寺，以當地傳統方式砌成15個圓拱屋頂。瑪律瓦王國（1401—1531年）的都城曼杜的大清真寺，則謹守伊斯蘭傳統風格。德干的巴曼王國（1347—1527年）的建築混合了印度、突厥、埃及、伊朗的風格，吉爾伯加的大清真寺、道拉塔巴德的金德塔、比德爾的馬茂德·加萬學院，都是這種混成風格的範例。

16世紀，北印度蒙兀兒王朝興起，印度伊斯蘭美術盛極一時。第三代皇帝阿克巴開明的宗教融合政策，加速了伊斯蘭文化與印度傳統文化融合的進程，為印度伊斯蘭美術的充分發展開闢了道路。蒙兀兒建築集中分佈於蒙兀兒帝國的都城德裏、阿格拉與陪都拉合爾等地，主要受到了波斯伊斯蘭建築的影響，同時融合了印度傳統建築的因素，形成了一種既簡潔明快又裝飾富麗的蒙兀兒風格，代表著印度伊斯蘭美術的最大成就。16世紀後半葉阿克巴時代建築主要以紅砂石修築，風格從雄渾過渡到典雅。17世紀中葉沙賈汗時代是蒙兀兒建築的黃金時代，主要以白色大理石建造，風格典雅優美，被譽為印度伊斯蘭建築的「新古典主義」。代表作有阿格拉城堡珍珠清真寺、德里紅堡樞密殿和泰姬陵。泰姬陵被公認為世界建築藝術的奇蹟之一。蒙兀兒細密畫的成就僅次於建築，基本上屬於宮廷藝術，線條細膩，筆法純熟，設色富豔，注重寫實，擅長刻畫人物心理。第二代皇帝胡馬雍從伊朗引進了細密畫，阿克巴時代創立了蒙兀兒皇家皇室，從伊朗、印度延聘的宮廷畫家製作出大量描繪朝覲、宴樂、狩獵、戰爭場面、王室肖像和後宮生活的細密畫，波斯畫家和印度畫家合作完成了《哈姆紮傳奇》和《阿巴克本紀》。

1580年，葡萄牙人傳教將西方繪畫的寫實技巧傳入蒙兀兒。蒙兀兒時代印度本土諸邦的拉傑普特繪畫，與蒙兀兒細密畫並行發展，互相影響。拉傑普特繪畫主要分為拉賈斯坦尼派（平原派）和帕哈里派（山區派），帕哈里派的佼佼者為康格拉派。拉傑普特細密畫題材多取自印度史詩、神話，尤其是關於牧神黑天克利希那與牧女拉達戀愛的民間傳說。作品常有田園詩的色彩、牧歌式的情調和音樂旋律之美，線條粗獷，構圖生動，用色大膽，對比鮮明，人物造型樸實自然。

阿姆利則金廟 Golden Temple

阿姆利則金廟是印度錫克教的最大一個寺廟，位於印度邊境城市阿姆利則市中心，整座金廟的建造共耗費 750 公斤黃金。這座被譽為「錫克教聖冠上的寶石」的建築，風格典雅，造型優美，既有伊斯蘭教建築的肅穆莊重，又有印度教建築的絢麗璀璨。

泰姬陵 Taj Mahal

泰姬陵全稱為「泰姬•瑪哈爾陵」，是一座白色大理石建成的巨大陵墓清真寺，是蒙兀兒皇帝沙賈汗為紀念他心愛的妃子於 1631 年至 1648 年在 阿格拉而建的。由殿堂、鐘樓、尖塔、水池等構成，全部為純白色大理石建築，並用玻璃、瑪瑙鑲嵌，具有極高的藝術價值。

18世紀至今

17世紀後，西方資本主義勢力大舉入侵，孟加拉語新文學最早反映民族主義思想意識。1858年印度淪為英國的殖民地，印度的傳統文化藝術瀕臨滅絕，英國人在印度推行歐洲學院派寫實主義，被稱為「印歐學院派」。同時產了印度英語文學，即印度人用英語創作的文學。第一個詩人是亨利•代羅茲奧，其代表作是敘事詩《瓊基拉的托缽僧》，寫一個婆羅門寡婦的不幸遭遇。拉賓德拉納特•泰戈爾是印度最負盛名的詩人，是唯一獲得諾貝爾文學獎的印度作家，他的詩在印度享有史詩的地位，代表作有《吉檀迦利》、《飛鳥集》、《園丁集》和《新月集》等。20世紀初葉，英國畫家哈威爾和印度畫家泰戈爾發起了孟加拉文藝復興活動，被稱為「孟加拉派」，力圖恢復印度阿旃陀壁畫、蒙兀兒細密畫和拉傑普特細密畫的傳統。20世紀上半葉出現了印度現代藝術的先驅、女畫家阿姆利塔•謝吉爾，她塑造了印度農民特別是農村婦女的形象。20世紀初期印度民族運動高漲，印英文學也反映了這一時代潮流。重要的作家有奧羅賓多•高斯，主要作品有敘事詩《愛情與死亡》、《賭主》、詩劇《救星佩爾修斯》等。1947年印度宣佈獨立，印度開始對西方文化和印度傳統文化多元審視。此時表現主義繪畫興起，成為當代美術的主流。20世紀60年代超現實主義繪畫興起，代表畫家斯瓦米納創造了自然神秘主義的幻想風景。文學方面，獨立後許多印度作家繼承了現實主義傳統，部分受到浪漫主義和西方現代主義的影響。20世紀40年代阿蓋伊開始宣導實驗主義文學，50年代出現邊區文學，如帕尼希沃爾納特•雷努的《骯髒的邊區》。60年代初，又提出「新詩」和「新小說」。

拉賓德拉納特‧泰戈爾 Rabindranath Tagore 1861—1941

泰戈爾受過良好的教育，熱愛故土和自然，他的作品具有鮮明的愛國主義和民主主義精神，充滿了深刻的哲學和宗教見解，被尊為「詩聖」。泰高爾在世界文學界具有崇高的地位，其詩風對中國現代文學產生過重要影響。

娜莉妮‧瑪拉尼 Nalini Malani 1946—

瑪拉尼出生於今巴基斯坦境內，她的作品受到印度與巴基斯坦分治時流亡經驗的影響，不僅深入刻畫並譴責政治罪行，還將創作本身視為目擊當代的具體行動，她在視頻藝術領域具有重要的國際影響。

India

It was presumed that the Indus Valley Civilization that existed between approximately 2300 B.C. and 1700 B.C. was a farming culture created by the Dravidian people. The most famous arts and crafts at that time were seals, mostly made with steatite. Seal patterns included a wide variety of animals, and human shapes could also occasionally be found. Pottery was usually decorated with black stripes on a red background and depictions of various animals, plants, and geometric patterns. These were mostly figurative or pertained to abstract symbols relating to prayers concerning fertile land, reproduction of life, or worship of reproduction.

Early Dynastic art was the embryonic stage of Buddhist art, and was dominated by a classical style. The reign of Ashoka of the Maurya Empire witnessed exchanges between Indian culture and Iranian and Greek cultures. At that time, the architecture and sculptures of India assimilated the influences of the Achaemenid Empire in Iran and of the Seleucid Empire in Greece, and this created the first peak in the history of Indian art. The country was extremely powerful in the 1st century when Kanishka, the Kushan Emperor, was in power. This brought the emergence of the Kushan culture, which consolidated cultures from India, Greece, Rome, and Iran. In addition to inheriting the Kushan culture, which was heavily colored by foreign influences, the Gupta Empire (the 4th to the 6th centuries) endeavored to highlight local cultures and traditions. This period was considered the golden age of Indian classicism.

In the Middle Ages, Hindu art reached its prime. After the Gupta Dynasty, the influence of Buddhism began to decline and was gradually replaced by Hinduism, which led to a boom in the construction of Hindu temples. Hindu temples are regarded as the residences of the Hindu gods in human society. The outer walls featured carved, decorative reliefs of male and female gods, humans, animals, and flowers, forming a seamless whole with the building. Hindu art strives for dynamism, change, and intensity, in order to represent a turbulent, complex, and exaggerated Baroque style, also known as 「Indian Baroque.」

After the 17th century, western capitalist forces invaded India and new Bengali literature was the first to reflect nationalist ideology. In 1858, India became a British colony, and traditional culture and art faced the threat of extinction. The British promoted realism as part of European Academicism in India, which became known as Indo-European Academicism. At the same time, Indian English literature was produced. Rabindranath Tagore was the most famous poet in India, and the only Indian writer to receive the Nobel Prize for Literature. In India, his poems share the same status as epic poems, and his representative pieces include Gitanjali (Song Offerings), Stray Birds, The Gardener, and The Crescent Moon.

巴基斯坦伊斯蘭共和國 The Islamic Republic of Pakistan

國家概況

簡 稱：巴基斯坦

政 體：議會制共和制

首 都：伊斯蘭馬巴德

地理概況

位 置：亞洲西北部國土面積：79.6萬平方公里（不包括巴控喀什米爾地區）

氣 候：南部屬熱帶氣候，其餘屬亞熱帶季風氣候

社會概況

全國人口：約19700萬

主要民族：旁遮普族、信德族

官方語言：烏爾都語、英語

主要宗教：伊斯蘭教

經濟概況

支柱產業：服務業

貨 幣：巴基斯坦盧比

西元前3000年，古印度河文明產生在巴基斯坦境內。此後這一地區雖曾被波斯帝國、馬其頓帝國、阿拉伯帝國等侵入，但是，大部分時間與今印度地區同屬一個國家。8世紀，伊斯蘭教傳入後，巴基斯坦境內居民逐漸成為穆斯林。1858年隨印度淪為英國殖民地。1947年6月，英國公佈「蒙巴頓方案」，實行印巴分治。同年8月14日，巴基斯坦宣告獨立，成為英聯邦的一個自治領，包括巴基斯坦東、西兩部分。1956年3月23日，巴基斯坦伊斯蘭共和國成立。1971年3月，東部宣佈成立孟加拉人民共和國，同年12月孟正式獨立。

1951年5月21日，中國和巴基斯坦正式建立外交關係。中巴兩國從50年代初起就建立了貿易關係，開展了貿易業務。2009年2月，兩國簽署《中巴自貿區服務貿易協定》，當年中國成為巴第二大交易夥伴。兩國一直友好相

處，保持著密切的文化往來，經常互派文化團組訪問和舉辦展覽。隨著兩國友好關係的持續發展，中巴科技合作也不斷走向深入，從較為分散的單項交流發展到科技聯委會等規模性的政府間科技合作。

巴基斯坦傳統服飾 Traditional Costume of Pakistan

卡拉什節 Kalash Festival

對巴基斯坦人要稱呼姓，並加上對方的頭銜。見面時必須先說一句：真主保佑。男子一般以握手為禮，好友久別重逢時，則互相擁抱。

巴基斯坦的飲食習慣是以牛羊肉為主，蔬菜偏少，製作手法基本為烤、炸、燉，調料大量地使用洋蔥、咖哩、孜然、辣椒，比較有特色的是大量使用檸檬汁。巴基斯坦的稻米較為細長，口感稍硬，而且沒有黏性，吃起來鬆散乾爽，有一股特殊的香味。

　　巴基斯坦人著裝比較保守，在公共場所無論男女均避免穿著短袖或短褲。男性多穿傳統長袍，但正規場合則穿西裝。女性多穿巴袍，可不帶面紗，但12歲以上的女性外出要戴頭巾。

　　伊斯蘭國家對飲食有很多禁忌，如禁酒，在公共場合絕對不能飲酒，並且禁忌與豬有關的圖畫和食品。吃飯時不要用左手給巴基斯坦人遞東西，他們認為左手是髒的，只用右手。由於巴基斯坦人多信仰伊斯蘭教，所以他們嚴忌男女當眾擁抱或接吻。巴基斯坦人洗澡一般習慣用壺沖洗或淋浴，不洗盆浴。他們認為盆池澡是不潔淨的。巴基斯坦人忌郵寄手帕給親人，因為手帕是悲傷時擦眼淚用的東西。同巴基斯坦人交往時，忌諱用手拍打對方的肩背，因為這在巴基斯坦被認為是員警拘捕犯人的動作。男子不能主動與女子握手，更不能碰觸女子身體。

特色節日

國慶日　3月23日

獨立日　8月14日

　　巴基斯坦藝術可以分為前伊斯蘭時期、伊斯蘭時期和18世紀至今三個時期。西元前6世紀開始，波斯帝國和馬其頓帝國先後統治巴基斯坦，帶來了希臘化文明。西元前3世紀歸屬於孔雀王朝，受到佛教文化影響，形成犍陀羅美術。8世紀初，阿拉伯帝國征服巴基斯坦，建立伊斯蘭政權，並將伊斯

蘭教傳入。13世紀蒙古大軍入侵印度河流域，它後成為蒙古大汗國的一部分，因此，巴基斯坦文化中有不少中亞和東亞的文化因素。1757年後，巴基斯坦和印度成為英國殖民地，英國「分而治之」的政策使穆斯林與印度教徒之間衝突加劇，最終導致印巴分治，伊斯蘭文明逐漸取代古印度文明，成為巴基斯坦的文化主流。20世紀獨立後，伊斯蘭文化復興。

前伊斯蘭時期（西元前6—西元7世紀）

巴基斯坦在西元前6世紀曾為波斯帝國轄區，之後被馬其頓國王入侵，帶來了希臘文化。太陽崇拜與火祭壇是建築和雕塑的中心。

西元前3世紀歸屬印度孔雀王朝，佛教經阿育王遣使傳播至此，之後1世紀貴霜王朝迦膩色迦弘揚佛教，產生了持續數世紀的希臘式佛教藝術，即犍陀羅美術。犍陀羅美術混合著印度、波斯、希臘的多樣化因素。在建築上捨棄了印度窣堵波中的圍欄和塔門，覆缽部分增高而漸趨縮小，臺基增高且多至數重，傘頂也升高、伸長，增至7層或13層。在大型的窣堵波周圍，還由佛教徒增建了許多小塔，稱奉獻塔。代表作有白沙瓦近郊的迦膩色迦大塔。伊斯蘭馬巴德附近的歷史名城呾叉始羅，是犍陀羅美術的中心之一。雕刻以附屬於佛教建築的裝飾雕刻為主。題材選自佛傳和本生故事，有些敘事性浮雕為已失傳的佛經提供了圖解。材料多半採用從淺灰到青灰、綠灰、深灰顏色的片岩，也有時採用裝飾用灰泥塑造。風格在特殊的體型、風格化的裝束和戴桂冠的髮式、衣飾和肌肉的處理、面容的刻畫等方面顯然是希臘化的，而在敘事的細節、身體從臀部扭曲的姿勢（三曲式）、裸體的軀幹、富麗的珠寶飾物、象徵性的手勢等方面則繼承了印度本土藝術的傳統。

伊斯蘭時期（8—17世紀）

8世紀初阿拉伯帝國軍隊開始佔領巴基斯坦，巴基斯坦藝術進入伊斯蘭時期。

拉合爾古堡 Lahore Fort

　　拉合爾古堡的前身是泥築的堡壘，始建於 1021 年。城垣全用巨大的紅褐色岩石築成。堡內有亭臺樓閣、噴泉池塘和園林花圃。古堡中最負盛名的景點是東北角上的「鏡宮」。這是沙賈汗國王為王后所建。內牆則用白色軟玉打造，拱型穹頂上鑲著無數寶石和玻璃珠。一時期的主要建築成就是清真寺。17世紀蒙兀兒王朝時期，建築在巴基斯坦地區的最佳範例為蒙兀兒陪都拉合爾城堡，城堡中建有兩側是附屬圓頂的鱗莖狀圓頂清真寺，刻有印度銘文的涼亭和受印度石雕、木雕影響的拱門。馬圖拉的紅砂石被廣泛使用，通常與白色或黑色大理石混合，並加灰色或黃色石頭鑲嵌細工，風格富麗堂皇。拉合爾城堡的鏡宮牆壁上鑲嵌著玻璃鏡子碎片，燦若繁星，奇幻迷人。繪畫則源於波斯的細密畫，後吸收了中國繪畫的內涵，如細密的線條、含蓄的立意、濃淡相宜的著色。

　　18世紀至今

　　18世紀，巴基斯坦被英國統治，在這段時期，中世紀藝術幾乎滅亡，增

建了哥德式、維多利亞式的建築。一些較大的清真寺也融入了羅馬和哥德式建築風格，雖屋頂穹隆，但屋角卻又常配以高聳的光塔，細長且高，上有尖頂。

沙阿•費薩爾清真寺 Faisal Mosque

費薩爾清真寺位於巴基斯坦首都伊斯蘭馬巴德，是巴基斯坦的國家清真寺。它是巴基斯坦乃至南亞地區最大的清真寺。傳統的清真寺為圓頂，費薩爾清真則呈八角形，就像一座巨大的沙漠帳篷。它的外體是白色大理石，內部用馬賽克裝飾。

1947年巴基斯坦獨立，伊斯蘭文化復興，巴基斯坦為其國父穆罕默德•阿里•真納修建了白色大理石圓頂的真納陵墓，墓室正中懸掛著一盞由周恩來贈送的中國上海製作的華美吊燈。卡拉奇的守護清真寺是現代伊斯蘭建築的代表作之一。建於1986年的沙阿•費薩爾清真寺，設計獨特，莊嚴凝重，並帶有濃厚伊斯蘭文化特色，是巴基斯坦規模最大的清真寺。

巴基斯坦的傳統音樂可分為古典音樂、宗教音樂和民間音樂三大類。古典音樂主要是印度斯坦音樂，宗教音樂中最重要的種類是「恰瓦里」，民間音樂按旁遮普、信德、俾路支、西部和北部邊境四個地區民族，分為四種不同的風格。所用的樂器有印度西塔爾、薩林達、薩朗基、坦布拉、塔不拉鼓

和笛子等，和北印度完全一樣。有關古典音樂的理論、「拉格」的風格和「塔拉」的節拍、節奏形式也都和北印度相同。

Pakistan

The development of Pakistani art is divided into the pre-Islamic era, the Islamic era, and the modern and contemporary era. Beginning from the 6th century B.C., Pakistan had been ruled by other countries, first the Persian Empire, and then the Macedonian Empire, which brought about Hellenistic civilization. Sun worship and fire altars were the focus of architecture and sculpture. In the 3rd century B.C., Pakistan was affiliated with the Maurya Empire, receiving the influence of Buddhist culture and creating Gandhara art. In the early 8th century, the Arab Empire conquered Pakistan, established an Islamic state, and introduced Islam to the country. The main achievement in regard to the architecture of this period was the mosques. Mongol armies invaded the Indus Valley in the 13th century and made Pakistan a part of the Mongol Empire. This resulted in Pakistani culture adopting many cultural factors from Central and East Asia. In the 18th century, Pakistan was ruled by Britain. Many gothic and Victorian buildings were constructed during this period. After 1757, Pakistan and India became British colonies. The 「Divide and Rule」 policy used by Britain eventually led to the partition of Pakistan and India. Consequently, the Islamic civilization gradually replaced the ancient Indian civilization and became the mainstream culture in Pakistan. Islamic culture was further revived when the country acquired independence in the 20th century.

孟加拉人民共和國 The People's Republic of Bangladesh

國家概況

簡 稱：孟加拉

政 體：議會制共和制

首 都：達卡

地理概況

位 置：亞洲南部

國土面積：14.75萬平方公里

氣 候：亞熱帶季風氣候

社會概況

全國人口：約16,000萬

主要民族：孟加拉族
官方語言：孟加拉語、英語

主要宗教：伊斯蘭教

經濟概況

支柱產業：農業

貨　幣：塔卡

　　孟加拉族是南亞次大陸古老民族之一。孟加拉地區曾數次建立過獨立國家，版圖一度包括現印度西孟加拉、比哈爾邦等邦。16世紀孟已發展成次大陸上人口稠密、經濟發達、文化昌盛的地區。18世紀中葉成為英國對印度進行殖民統治的中心。19世紀後半葉成為英屬印度的一個省。1947年印巴分治，孟劃歸巴基斯坦（稱東巴）。1971年3月東巴宣佈獨立，1972年1月正式成立孟加拉人民共和國。

　　1975年10月4日中國和孟加拉建交，此後兩國關係發展迅速，雙方領導人互訪頻繁。2010年中孟建交35週年之際，兩國領導人成功互訪，宣佈建立和發展中孟更加緊密的全面合作夥伴關係。

孟加拉民族服飾 Traditional Costume of Bangladesh

孟加拉傳統婚禮 Traditional Wedding of Bangladesh

　　在孟加拉，人們互相交往時，往往彬彬有禮地搖頭，他們的表達習慣是：向左搖頭則表示贊同、尊重或認可，點頭則表示不同意。被介紹給一位男子時，按照習俗規矩應該與他握手，男子被介紹給一位女子時，不得與她握手，但應祝她「阿巴多」或「薩拉姆・阿里克姆」，當地人一般在俱樂部或飯店裡招待客人，孟加拉人很少帶妻子參加招待會。

　　孟加拉人以米飯為主食，也喜歡各種各樣的甜食。他們非常喜歡中餐。當地人除了在高級飯館或正式社交場合使用刀叉外，平時一般用右手抓食取飯。男子和婦女通常是分開就餐，婦女在男子吃過飯之後才用餐。在吃飯時，切不可把食物從一個人的盤子中轉移到另一個人的盤子中，即便是夫婦也不行，因為已在別人盤子中的東西被認為是不乾淨的。

　　孟加拉的服飾和印度、巴基斯坦的服飾都很相近。女士為三件套：一件長上衣，一條肥大的褲子，和一條長圍巾。男子的衣服一般為一件接近膝蓋處的上衣，加上很大的褲子，有的是一個很大的布筒，頭頂一個傳統帽子。

孟加拉人大多信奉伊斯蘭教，禁酒，禁豬肉，忌諱談論有關豬的話題。孟加拉人忌諱別人拍打其後背，認為那是一種極不禮貌和不尊重人的表現。忌諱用左手傳遞東西或物品。不喜歡數字「13」，認為這是倒楣和消極的數字。在孟加拉，女士一般不與男士握手，但如女方主動伸手，男士亦不必迴避。

特色節日

烈士日　　2月21日

獨立日和國慶日　　3月26日

國民團結日　　11月7日

勝利日　　12月16日

　　孟加拉藝術可以分為佛教時期、伊斯蘭時期和18世紀至今三個時期。4世紀孟加拉成為笈多王朝的領土後，佛教進入該地區，佛教雕像成為當時最為主要的藝術形式。7世紀，坦多羅教進入孟加拉。11世紀至13世紀，受到印度教統治者統治，印度教文化流入孟加拉。13世紀，伊斯蘭教傳入孟加拉，開啟了伊斯蘭教藝術時代，建築是這一時期最傑出的成就。18世紀末，孟加拉成為英國殖民地，歐洲文化傳入孟加拉，影響了孟加拉的現當代藝術。在20世紀初出現了復興印度古文化的孟加拉畫派。

佛教文化時期（4—12世紀）

　　4世紀，孟加拉成為笈多王朝的領土，佛教進入孟加拉，佛教雕像成為當時最為主要的藝術形式。其特徵為印度人的樣貌，嘴唇寬厚，眼簾低垂，帶有沈思冥想的神情，頂上肉髻覆蓋著整齊的螺髮，頭後光環碩大華麗，身材頎長勻稱。7世紀開始，坦多羅教出於印度教，流入孟加拉地區。坦多羅教崇拜生殖，在洞穴神壇中留有描繪宰殺聖牛儀式之石雕，具有古伊朗風格，可能與求取新生命及祈求豐年有關。洞穴神壇中亦有獅頭怪神雕像。碑銘中載有佛教的神話故事、教義、禮儀和制度等，其中有不少與後來的基督

教有相似之處。波羅王朝時期出現了如寶冠佛、多臂觀音、密教女神多羅菩薩等雕像。這些雕像受笈多古典雕刻與南印度銅像的雙重影響，感染了巴洛克的豪華、繁縟、怪誕風格，被稱作「火焰式的藝術」。11世紀至13世紀，孟加拉地區受信仰印度教的統治者管轄。這一時期，印度教神廟不再模彷彿教建築，確立了印度教自身特有的神廟建築體系，延續了笈多時代注重細部裝飾的特點，建築內外裝飾著各種幾何花紋圖案和神靈雕像，題材多樣，造型多變，體現了印度教藝術繁複、動態、怪異的風格特點。建築佈局方式不再侷限於單體式，出現了群體式和院落式的建築佈局方式，它們規模宏大，裝飾精美，空間豐富多樣，建築造型動態誇張，並與印度教的宇宙觀和生命觀結合。

伊斯蘭時期（13—17世紀）

從13世紀開始，伊斯蘭教逐漸在這一地區生根發芽。這一時期的伊斯蘭藝術主要表現在建築領域，大量構思獨特、造型精美的清真寺、神龕開始出現。最大的造型特點是廣泛使用尖拱和尖頂穹窿，建築群的主體取集中式平面。建築上裝飾高度發達的幾何紋樣圖案，並採用彩色琉璃石磚，裝飾性極強。

六十圓頂清真寺 Sixty Dome Mosque

六十圓頂清真寺位於孟加拉巴凱爾哈特，1442年至1459年間動工興

建。在整個南亞大陸，這座清真寺被公認為是最令人印象深刻的伊斯蘭建築之一。16世紀至17世紀，在蒙兀兒王朝的統治下，阿克巴大帝執政時期鼓勵民眾宗教信仰自由，宗教題材很快就被世俗題材取代，繪畫生動、真實，與當時的細密畫完美地融合為一。畫面構圖多採用「之」字形或三角形，人物動態誇張，頗似後來興起於17世紀的歐洲巴洛克藝術。賈漢吉爾時代的建築材料逐漸從紅砂石轉變成為白色大理石，建築風格逐漸趨於優美、高貴、典雅。

18世紀至今

18世紀末，孟加拉被英國殖民，給孟加拉美術帶來了巨大衝擊，傳統藝術受到抑制。不過，油畫藝術在此地蓬勃發展起來，產生了一批具有重要影響的藝術家，其中包括「孟加拉現代藝術之父」賽努爾·阿貝丁。歐洲元素如古典柱式、柱子、山牆融合在建築外觀上。1972年，孟加拉獨立，現代藝術受西方思潮影響很大，當代女畫家羅卡亞·蘇丹娜的藝術創作著重於形象與色彩方面的發展，其繪畫主題大多來源於最普通、最平凡的經歷。如作品《聖母瑪麗亞》，在表現神聖與平凡差別的同時，更多地融入了她自己的經歷與情感，使崇高的精神世界讓位於人類最

原始、最平凡的母子關係。

孟加拉民間音樂十分豐富，人民常稱自己的國家為「音樂之邦」，其中以江河為主題的船歌「巴提阿里」最為著名。巴提阿里的節奏鮮明，樂句較有序，大多採用一領眾和的演唱形式。最常見的民間樂器有一絃琴埃克塔拉、薩林達、古布古比鼓（亦稱卡馬格鼓）和銅鈴等。

孟加拉語文學歷史悠久，10世紀至12世紀之間成書的《恰利耶歌集》是孟加拉語文學中最早的書面作品，它宣揚和諧的宗教精神。那塔宗教文學的基本形式是吟唱的敘事詩，取材於民間傳說。它反對追求死後的解脫，注重瑜伽修身，強調寡慾和清淨。12世紀出現了一位著名梵文詩人勝天，創作了以黑天和羅陀的愛情故事為內容的《牧童歌》。在英國殖民時期，為宣傳反帝反封建的思想，小說、戲劇、新詩、散文等文體也應運而生，它們大多擺脫了神話和宗教內容，直接反映社會生活，塑造富有人性的形象。

Bangladesh

In the 4th century, Bangladesh became the territory of the Gupta

Empire. As a result, Buddhism was introduced to Bangladesh and Buddha statues became the predominant form of art. In the 7th century, Tantra spread to Bangladesh. Tantrism involves the worship of reproduction. Stone statues depicting rituals involving slaughtering sacred cows were found in cave altars, and were similar to ancient Iranian style. From the 11th to the 13th centuries, the Bengal region was controlled by rulers who believed in Hinduism. Hindu temples began to establish their own distinctive architecture style rather than imitating Buddhist architecture. In the 13th century, Islam gradually took root in the region. A large number of mosques and shrines emerged, with distinctive designs and exquisite styles. Between the 16th and 17th centuries, the Mughal Emperor Akbar encouraged freedom of religion and consequently religious themes were quickly replaced by secular subjects. The picture compositions of that time mainly adopted 「Z」 or triangle shapes, and the characters were dynamic and exaggerated, quite similar to the Baroque art that was later developed in Europe in the 17th century. At the end of the 18th century, Bangladesh became a British colony, which caused a severe negative impact on Bengal art, as traditional art was suppressed.

阿富汗伊斯蘭共和國 The Islamic Republic of Afghanistan

國家概況

簡 稱：阿富汗

政 體：總統制共和制

首 都：喀布爾

地理概況

位 置：亞洲中西部

國土面積：64.75萬平方公里

氣 候：大陸性氣候

社會概況

全國人口：約3270萬

主要民族：普什圖族、塔吉克族、烏孜別克族官方語言：普什圖語、達

裡語

主要宗教：伊斯蘭教

經濟概況

支柱產業：農牧業貨 幣：阿富汗尼

　　西元前6世紀古阿富汗併入波斯。西元前329年亞歷山大侵略後將其併入亞歷山大帝國，亞歷山大死後帝國三分，阿富汗地區又轉屬於東部的塞琉古王朝。約西元前250年建立了希臘化的巴克特里亞王朝（中國史籍稱大夏、吐火羅等）。8世紀初，阿拉伯人的勢力進入，控制了吐火羅，此後中亞地區逐漸伊斯蘭化。9世紀至17世紀初阿富汗朝代更迭、外族侵略頻繁。直到1747年，阿富汗普什圖族阿布達里人酋長艾哈邁德乘波斯衰落之際獨立，建立了杜蘭尼王朝，使得統一的阿富汗國家正式形成，歷經了杜蘭尼王朝、巴拉克扎伊王朝兩個王朝。1919年擺脫英國殖民統治，獲得獨立。經過蘇聯入侵和長期內戰，2004年確定國名為阿富汗伊斯蘭共和國。

　　1955年1月20日，中國和阿富汗建交。作為傳統友好鄰邦，中阿兩國經貿交流源遠流長，合作潛力巨大、前景廣闊。近年來中阿兩國高層交往頻繁，政治互信不斷加深，為兩國經貿關係發展奠定了堅實的基礎。

阿富汗傳統活動「叼羊」Traditional Activity of Afghanistan
「Buzkashi」

阿富汗新娘服飾 Bride's Costume of Afghanistan

　　阿富汗人打招呼一般是握手或者把手放在胸口表示敬意，朋友之間行貼面禮。阿富汗人經常用牛奶當飲料，也喜歡喝茶，茶的種類有奶茶、磚茶等。請人喝茶往往要連續喝三杯，第一杯止渴，第二杯表示友誼，第三杯是禮節性的，如果確實不想再喝，可用雙手在杯子上蓋一下，以示謝絕。

　　由於地理、自然環境和天氣的緣故，阿富汗人喜歡吃烤羊肉串及手抓羊肉飯、湯、米飯、乳酪以及玉米餅，還有牛奶以及其他乳製品。阿富汗人的主食是饢和抓飯，饢是用小麥、大麥、玉米、曬乾的桑葚及豌豆磨成面烘烤而成。阿富汗人在夏季經常飲用一種在水中加入適量的優酪乳、鹽和黃瓜片並燒開的優酪乳湯。他們喜歡酸、辣、香濃口味，基於宗教原因，他們不喝酒。

　　衣著方面，男士不著短褲，女士不穿緊身及暴露的服裝且最好著頭巾。

　　所有伊斯蘭教禁忌都適用於阿富汗，如禁酒、禁食豬肉等。在阿富汗工

作和生活應特別尊重當地宗教信仰，切忌有任何侮辱《古蘭經》及相關圖案的言行。阿富汗人信仰伊斯蘭教，男女不同席，男女客人不能同室而食。飯前一定要洗手，客人先洗，主人後洗。吃飯時用左手託盤，右手抓食，用餐順序是先上菜，中間上抓飯，最後再上菜和水果。

特色節日

新年　3月21日

獨立紀念日　8月19日

巴米揚大佛 Buddhas of Bamiyan

巴米揚大佛位於阿富汗巴米揚市，深藏在巴米揚山谷的巴米揚石窟中。最突出的兩尊巨大立佛像，分別高55米、38米，約鑿於4世紀或5世紀，為世上最大的雕刻立佛像。巴米揚大佛是阿富汗佛教藝術的傑作，不幸於2001年遭到破壞。

阿富汗被稱為亞洲的十字路口，它是古絲綢之路和人類遷徙的熱點地區，是各種不同文化的交會點，在人類文明史上具有特殊的地位，古代造型藝術遺存極為豐富。

前伊斯蘭時期的阿富汗先後受到波斯、希臘、印度藝術的影響。貴霜時代阿富汗盛行的希臘式佛教美術被看作犍陀羅美術的分支，亦被稱為印度—阿富汗派美術。這一時期的藝術遺存主要是城市建築和雕像，像貝格拉姆城東出土的2世紀片岩雕刻，風格接近犍陀羅雕刻，但佛像的雙肩上和背光周圍雕有火焰，明顯受波斯拜火教影響。巴米揚大佛是阿富汗古代建築的代表，距今已有1500多年的歷史。它位於阿富汗巴米揚省巴米揚市境內，深藏在興都庫什山脈裡。位於首都喀布爾西北約230千米、海拔約2500米處，屹立在巴米揚石窟群中的兩座大佛，分別高55米、38米，約鑿於4世紀或5世紀。兩尊大佛相距400米，佛像臉部和雙手均塗有金色。

查姆清真寺尖塔Minaret of Jam

查姆清真寺位於哈里河南岸，在兩條河水交會的陡峭峽谷之中，精美的建築和宏偉的宣禮塔，使整座清真寺顯得莊嚴而美麗。65米高的尖塔頂部覆蓋著琉璃瓦，在陽光下呈現出金色的光澤。

阿富汗手工羊毛地毯的製作現場 Scene of Afghans make the hand-made Woolen Carpet

阿富汗手工地毯享譽全球，歷史悠久，且至今仍採用古老的編織技術，並採用天然原料染色。它和波斯地毯一樣，打結編織方法獨特，藝術價值很高。

10世紀中葉，信奉伊斯蘭教的突厥人在阿富汗的加茲尼建立公國，阿富汗進入伊斯蘭時代。加茲納維王朝（976—1174年）與古爾王朝（1174年—13世紀）時代，是阿富汗伊斯蘭建築藝術的黃金時代，代表作有巴米揚河谷的沙赫爾—伊—古爾柯拉要塞、拉什卡利·巴紮爾的3座設防的城堡（11世紀初）、加茲尼的白色大理石的馬茂德陵（11世紀）、加茲尼的尖塔（12世紀）等。這些建築多為磚砌，庭院寬闊，通道帶有半圓形梁托的拱門，以庫菲克字體與灰泥浮塑和藍釉陶板裝飾，一系列刻畫人和動物的白色大理石浮雕，風格受伊朗藝術影響。

編織毛毯是阿富汗重要的傳統產業，精美的毛毯也是阿富汗工藝美術的代表。阿富汗有很多人從事毛毯編織或者相關行業，毛毯編織技藝在阿富汗人們心中占有重要地位。阿富汗各民族之間音樂相互交融，卻又各具特色，其音樂通常為民間音樂，和各種民俗節慶相關聯。而阿富汗的古典音樂則與北印度同祖同宗，且內容多為蘇菲派。在中世紀，阿富汗出現過繁榮的波斯語文學，但對於阿富汗來說，貫穿古今的則是普什圖語文學。活躍於18世紀上半葉的阿卜杜勒‧拉赫曼被稱為普什圖文學的先驅，此後普什圖文學不斷發展，20世紀著名的普什圖作家有詩人阿卜杜勒‧烏夫‧拜納沃，他的詩集《憂思》在阿富汗影響較大。

Afghanistan

Afghanistan is known as the crossroads of Asia, a focal point of the Silk Road and human migration as well as an assembly point for various cultures. After the sea route between Europe and India was opened in the late 15th century Afghanistan gradually lost its position as a transport hub and its culture became more uniform. In 1747，the Afghans evicted foreign invaders and established the Afghan empire, where Islamic culture prevailed. Blanket weaving is an important traditional industry in Afghanistan, and the exquisite blankets are representative of Afghan arts and crafts. The Buddhas of Bamiyan are a classic example of Afghan architecture, which has a history of over 1,500 years and are located deep in the Hindu Kush Mountains of the Bamyan Province in Afghanistan.

尼泊爾聯邦民主共和國 Federal Democratic Republic of Nepal

國家概況

簡　稱：尼泊爾

政　體：議會制共和制

首 都：加德滿都

地理概況

位 置：亞洲南部喜馬拉雅山南麓

國土面積：14.72萬平方公里

氣 候：北部屬高山氣候，中部屬溫帶氣候，南部屬亞熱帶氣候

社會概況

全國人口：約2850萬

主要民族：多民族國家

官方語言：尼泊爾語、英語

主要宗教：印度教、佛教

經濟概況

支柱產業：農業

貨 幣：尼泊爾盧比

13世紀初，馬拉王朝興起，大力推行印度教。1768年，興起於中西部

地區的沙阿王朝統一全國。1814年英國入侵後迫使尼將南部大片領土割讓給印度，並在尼享有多種特權。1846年至1950年，拉納家族依靠英國支持奪取軍政大權，並獲世襲首相地位，使國王成為傀儡。1923年英承認尼獨立。1950年，尼人民掀起聲勢浩大的反對拉納家族專政的群眾運動和武裝鬥爭。特里布文國王恢復王權，結束拉納家族統治，實行君主立憲制。2008年，尼舉行制憲會議選舉，選後產生的制憲會議宣佈成立尼泊爾聯邦民主共和國。

　　1955年8月1日，中國和尼泊爾建交，兩國一直互為友好鄰邦，雙方在經貿、文化等領域的合作與交流日益深入。

尼泊爾傳統服飾 Traditional Costume of Nepal

德賽節 Dashain

　　尼泊爾人最常見的表示致意和歡迎的方式是雙手合十然後說「那馬斯特」或者「那馬斯卡」。對尼泊爾人的尊稱最好在其姓名後加一個「吉」的音。尼泊爾還有一種傳統的合十伸舌禮，當賓主相遇時，雙方首先各自雙手合十，並極有禮貌地相互問好，然後各自伸出舌頭，以表真誠。在重大的節日裡，尼泊爾人往往還要行傳統的吻腳禮。尼泊爾人有點燃酥油燈或紅燭來接待貴賓的傳統儀式，象徵著吉祥和對客人的美好敬意。

　　尼泊爾人的飲食習慣較為獨特，通常每日習慣兩餐，早餐大多是奶茶和餅乾；晚餐為正餐，一般較為重視。慣以米飯或麵食配上些菜餚。他們習慣吃西餐，對中餐也很喜愛。用餐不習慣使用刀叉或筷子，而是用手抓飯。

　　尼泊爾女性的傳統服飾包括色彩鮮豔的沙麗和旁遮比兩大類。尼泊爾男子頭帶彩色或黑色禮帽，這種禮帽也被稱為尼泊爾帽，一般穿著寬鬆的襯衫長褲。正式服裝的上裝為白色禮服，下裝為舒適的長褲，褲襠大而褲腿小。

　　進入印度教寺廟前務必徵得同意，因為寺廟一般是不向非教徒開放的。進入寺廟、住宅（尤其是廚房和飯廳）之前要脫掉鞋子。不要爬騎在神像上面玩耍或拍照。圍繞寺廟或佛塔行走應依順時針方向。尼泊爾婦女比較保守，問候時不要有任何身體上的接觸。不要用腳去碰尼泊爾人或物品，這被認為是一種不嚴肅的冒犯行為。傳遞東西要雙手，不能單手，尤其不能用左手，因為尼泊爾人認為左手是不潔的。

　　特色節日

　　共和日　　5月28日

　　國慶日　　9月20日

尼泊爾藝術可以分為李查維王朝時期、馬拉王朝時期和18世紀至今三個時期。尼泊爾古典文化始於西元前5世紀，4世紀至13世紀李查維時期是尼泊爾古典文化的第一個黃金時代。藝術受到犍陀羅文明的影響，內容主要是宗教題材。13世紀到18世紀的馬拉王朝，受到印度、中國西藏文化的影響，同時中原、蒙古、中亞以及緬甸的文化也流入尼泊爾。在拉納家族統治的沙阿王朝時期尼泊爾被英國侵入，藝術受到歐洲西方藝術的影響。1950年沙阿王朝恢復統治，尼泊爾文化復興，同時出現了傳統和新派藝術家。

李查維王朝時代（4—13世紀）

1世紀起，印度李查維人開始移民到尼泊爾，並建立了李查維王朝，因此，在尼泊爾民族藝術發展的初期，受到印度犍陀羅藝術風格的影響。早期的建築和雕塑大多以木頭為材料。雕塑人物造型堅實、勻稱，具有一定的模式。刻於1世紀的獸王廟中的法拉斯像被認為是尼泊爾最重要的石雕作品。建築藝術與雕刻藝術融為一體，在造型上運用拱形、圓形、錐形與局部結構對稱的建築方法。4世紀至9世紀是尼泊爾古典文化的第一個黃金時代，雕刻藝術的內容大都以宗教為題材，包括神話故事、神明偶像宗教教義等，以印度風格為靈感，在加德滿都河谷地區分佈著數百座簡潔樸素的小型雕塑。5世紀之後，理想主義的創作方法逐步發展，雕像的裝飾也逐步增多。建築藝術精華基本體現在宗教建築方面，「帕拘大」風格被尼泊爾人稱為「尼泊爾風格」，建築為重檐金頂多層木結構，門、窗、梁、脊裝飾之多為世界少有。摩納提婆當政期間還建造了著名的多層樓宮殿——摩納格里哈宮殿，成為當時的奇蹟。在濕婆提婆和阿姆蘇統治時期修建了一座古今聞名的輝煌的王宮——凱拉斯庫特宮。

繪畫大多是關於宗教崇拜的記載，與佛像、神像有關。在10世紀之前，紙張從中國傳入尼泊爾，從那時起尼泊爾畫家開始運用素描繪畫法，創作的素描作品基本是與佛教有關的。最早的圖書彩色封面圖，是《般若波羅蜜多經》的封面畫。《五衛書》中的插畫「五佛」和《般若波羅蜜多經》裡的18位元神像圖是中世紀彩色書頁畫的代表作，有的色彩濃重，有的色彩明快，給人生動新鮮的美感。

尼泊爾早期文學作品都用梵文寫成，大多是歌頌神靈的作品。

巴克塔普爾金門 Golden Gate of Bhaktapur

　　金門也被稱為「太陽門」，是巴克塔普爾著名的古蹟 55 扇窗宮的入口。金門的上方刻有四頭十臂的塔萊珠（Taleju Bhawani）女神像，周圍飾以精美的花紋，使整個金門成為加德滿都谷地最重要的藝術品之一。

　　馬拉王朝時代（13—18世紀）

　　12世紀至13世紀進入馬拉王朝初期石刻、金屬工藝、繪畫和木刻的「文藝復興」時期。借助尼瓦爾商人和藝匠的交流，印度、中國、中亞以及緬甸的文化傳入尼泊爾。馬拉王朝時期的藝術風格仍然以宗教象徵主義為

主，包括印度教和佛教的題材，主要歌頌已成為「神」的國王的美德與善行。工藝以精巧和複雜為特徵，取代了李查維時期簡潔樸素的風格。

杜巴廣場 World Peace Pogoda

　　杜巴廣場意為皇宮廣場，在加德滿都河谷的三個古城加德滿都、帕坦和巴克塔普爾中各有一個杜巴廣場。加德滿都的杜巴廣場周圍有很多 16 世紀至 19 世紀間的古典寺廟和宮殿建築，富於尼泊爾民族特色。

　　保特寺是尼泊爾最大的佛教寺院，保特寺和斯瓦揚布寺的主體建築在形式上大體相同。1754年修建的玉石般的巴克塔普爾金門被譽為「加德滿都河谷唯一的藝術傑作」，它融合了西藏和尼瓦爾兩種文化，龍和鳳都出現在這部藝術作品中。在加德滿都和巴克塔普爾的老王宮中也可見到伊斯蘭風格對馬拉王朝後期建築的影響。城市巴克塔普爾卻依舊堅持木雕和木頭建築，並在石雕方面繼承和發揚了雄渾的傳統風格。在馬拉王朝鼎盛時期，金屬雕像取代石雕成為主要的雕塑藝術形式。像加德滿都、帕坦和巴克塔普爾高大雄偉的金身國王塑像，帕坦老王宮中雄偉的甘加和賈姆納女神像，斯瓦揚布寺的兩個優美的度母等，都是金屬雕塑的代表作。這一時期重要的寺廟都加了金汞合金的屋頂。金、銀、銅和其他金屬工匠的工藝達到了相當高的程度，諸如木刻、象牙雕刻、赤陶和燒磚等手工藝也同樣非常繁榮。尼泊爾中世紀繪畫藝術體現出注重形式、色彩和規則的美學風格。在12世紀至13世

紀，出現了有關印度教的素描，大多以描繪濕婆神和雪山神女為主題。從15世紀開始，尼泊爾唐卡畫的畫家發明了在畫像服飾上點綴真金的技法，其題材全部是宗教內容。壁畫在中世紀後期從薄彩發展為丹色重重，色彩斑斕。如15世紀的作品《殉節》、17世紀的壁畫《拜拉布》和《生物》等。

世界和平白塔Durbar Square

尼泊爾世界和平白塔由日本、泰國、斯里蘭卡、尼泊爾佛教人士於2000年興建。在該塔的四面牆壁上，塑著佛祖釋迦牟尼四個階段的雕像。白塔規模宏偉，造型精美，成為尼泊爾新建築的代表。

在馬拉王朝時期，17世紀加德滿都的著名國王普拉塔普·馬拉以「詩人國王」而著稱。18世紀以後，文人們採用谷地的語言和廓爾喀征服者推行的王國混合語——尼泊爾語創作。詩人莫提拉姆·巴塔是傑出的代表，他以優雅的愛情詩而著稱。

18世紀至今

隨著馬拉王朝在18世紀覆滅，尼泊爾進入持續104年的拉納家族統治時期，產生了一批很有代表性的作家。這個時代的作品都有一個共同的特點，那就是由於受鎮壓威脅，作家們的寫作常用極具誇張和象徵手法。隨著英國入侵，尼泊爾繪畫藝術受到歐洲藝術的影響，出現了抽象派、印象派和自由派。創作題材除描繪自然風光、動物、人物、人物生平與場景外，還有令人

思索的新式繪畫，屬於抽象內容。在形式上以紙畫和布畫為多，既有素描和彩畫，也有現代油畫。獅子宮建於拉納家族統治時代，是百年來加德滿都出現的一些模仿西方古典主義建築中最突出的，是當時的政府大廈和拉納家族的官邸。漢白玉大殿，四周有廊柱環繞，殿前有數點噴泉，還裝飾著古典風格的雕像，是模仿法國著名的凡爾賽宮之作。1950年沙阿王朝恢復統治以後，尼泊爾藝術開始得到恢復。20世紀，尼泊爾既有繼承傳統繪畫藝術的畫家，也有新派藝術家。著名的傳統藝術畫家是馬尼格·拉爾。現代畫最著名的畫家是拉茲曼·辛哈和皮姆·納拉揚，二人於1950年分別創作的《生物》和《辛哈福舍》是尼泊爾現代繪畫藝術的傑作。20世紀後期的文學作品則傾向於採用新風格和反映新主題。

直到18世紀以後，人們逐漸用尼泊爾語進行文學創作，被稱為「最早詩人」的帕努帕格德·阿加里亞開始描寫社會實際生活，將尼泊爾語文學引向了新階段。20世紀上半葉的許多文學作品都把矛頭指向拉納家族的專制統治。1950年，拉納家族的統治被推翻，尼泊爾文學得到了新的發展。

和世界上大多數山地人民的音樂一樣，尼泊爾的音樂也是輕鬆、愉快的。各地都有民間舞蹈，在類似巴克塔普爾和帕坦這樣的城鎮，有以神話史詩為根據的古典化裝舞，另有由戴假面具和飾以繡花帶的男人扮演的代維舞。

Nepal

The Licchavi era between the 4th and 13th centuries was the first golden age of classical culture in Nepal. Influenced by the Gandhara civilization, arts at that time mainly concerned religious subjects. As Nepal entered the Malla Dynasty era (the 13th to the 18th centuries), it was influenced by Indian and Chinese Tibetan cultures. Concurrently, cultures from the Central Plain of China, Mongolia, Central Asia, and even Myanmar began to penetrate Nepal. During the Shah Dynasty, when Nepal was ruled by the Rana family, the country was invaded by Great Britain and its art began to be influenced by that of Western Europe.

In the 1st century A.D., the Licchavis emigrated from India to Nepal and established the Licchavi Kingdom. Hence, the initial development of Nepal's national art showed traces of Indian Gandhara art. The period from the 4th century to the 9th century was the first golden age of Nepalese classical culture. The carvings of this time were mostly related to religious subjects, including mythology, idols of deities, and other religious teachings. In the 10th century, paper was imported from China to Nepal. With this development, Nepalese artists began to utilize sketching skills and techniques. The earliest colored book cover was for the Mahāprajñāpāramitā Sūtra (Large Perfection of Wisdom Sutra).

The period between the 12th and 13th centuries marked the 「artistic renaissance」of the early Malla Dynasty, during which stone carvings, metalcrafts, paintings, and woodcuts were developed. As a result of exchanges between Newar merchants and craftsmen, the cultures of India, Chinese Tibet and mainland China, Mongolia, Central Asia,and Myanmar spread to Nepal. The artistic style of the Malla Dynasty remained focused on religious symbolism. The craftsmanship became intricate, replacing the simple and plain style that was popular in the Licchavi era. From the beginning of the 15th century, the artists of Nepali Thangka (Tibetan Buddhist paintings on cotton or silk) created a method of embellishing pure gold onto the costumes of portraits; the themes were purely religious. In the late Middle Ages, Nepalese murals developed from simple, light colors to complex, heavy colors.

After the Malla Dynasty fell in the 18th century, Nepal came under the control of the Rana family for 104 years. This period produced a group of distinguished writers. Due to the threat of oppression, their writing style was laced with exaggeration and symbolism. After the British invasion, Nepalese paintings were influenced by western European art, and schools of abstract art, impressionism, and liberalism began to emerge. In addition to landscapes, animals, portraits, and real-life scenes, new painting styles with abstract content appeared.

不丹王國 The Kingdom of Bhutan

國家概況

簡　稱：不丹

政　體：君主立憲制

首　都：辛布

地理概況

位　置：亞洲南部喜馬拉雅山南麓

國土面積：3.84萬平方公里

氣　候：亞熱帶氣候

社會概況

全國人口：約78.4萬

主要民族：不丹族、尼泊爾族

官方語言：宗卡語、英語

主要宗教：藏傳佛教、印度教

經濟概況

支柱產業：農業

貨　幣：努紮姆

古代不丹自7世紀起為吐蕃王朝屬地，9世紀成為獨立部落。12世紀後，藏傳佛教竹巴噶舉派逐漸成為執掌世俗權力的教派。18世紀後期起遭英國入侵。1907年建立不丹王國。1971年，不丹加入聯合國。1973年，不丹成為不結盟運動成員。2008年3月24日，不丹迎來其歷史上的首次民主選舉，產生了首個民選政府。

中國和不丹迄今未建交，但保持友好交往。1971年，不丹投票贊成恢復中國在聯合國的合法席位。1974年，不丹邀請中國駐印度使館臨時代辦馬牧鳴出席第四世國王吉格梅‧辛格‧旺楚克的加冕典禮。1979年起，兩國領導人每年均互致國慶賀電。1994年至今，中國歷任駐印度大使均對不丹進行了工作訪問，同不丹國王、外交大臣等就兩國關係交換意見。近年來，中國和不丹在文化、教育等其他領域的交往均取得較大發展。

戒楚節Tsechus

不丹傳統服飾Traditional Costume of Bhutan

　　由於受到藏族文化的影響，不丹人通常在歡迎貴賓時敬獻哈達，以示敬意和良好祝願。不丹人極為重視禮節，每講一句話後都要加敬語尾碼「拉」，表示尊敬和禮貌。

　　不丹人以稻米、小麥、玉米、馬鈴薯為主食，也食用牛、豬、雞、魚肉，普遍愛喝茶、食辛辣，辣椒炒乳酪是不丹的國菜。

　　不丹男子傳統服飾為斜開襟的挽襟半長外套，稱為「果」，女子為緊身長袍，多為黑色，稱為「幾拉」。男女在正式場合均著披肩，但披肩顏色、樣式根據地位元不同有嚴格區別。

　　不丹人認為頭是人體最神聖的部分，請勿觸摸不丹人頭部；而腳是最低賤的，請勿將腳伸到別人面前，更不能蹺二郎腿。

　　特色節日

國王生日 2月21日加冕日 11月6日國慶日 12月17日

虎穴寺 Taktshang Goemba

虎穴寺建於1692年，是不丹國內最神聖的佛教寺廟，被譽為世界十大超級寺廟之一。寺廟坐落於山谷中的懸崖峭壁上。從遠處看，聳立於山谷之上的石砌寺院與山岩渾然一體。

不丹自8世紀即為吐蕃的一個部落，至清朝時方從西藏獨立出來。不丹的文化藝術深受中國和印度的影響，且宗教色彩濃厚。不丹的建築具有鮮明的特色，像著名的虎穴寺，坐落在陡峭的懸崖上。傳說中蓮花生大師騎虎飛過此地，曾在一處山洞中冥想，其走後便形成了現在的虎穴寺，成為佛教教化之地。不丹人的原始生殖崇拜和佛教信仰，在這裡互相結合，成為一種奇特的藝術景觀。辛布大佛像高達五十多米，也是不丹建築藝術的代表。

不丹國家繪畫藝術學院向全國各地資質較高的學生提供4至6年的不丹傳統藝術課程。學生們將在這裡接受全面系統的教學，從最基礎的素描，漸進到繪畫、木雕、刺繡和雕塑。不丹藝術和手工藝品都是深深植根於佛教哲學，它們不僅有很高的吸引力和裝飾性，同時還具有主題性和象徵性。不丹13種傳統藝術和手工藝品包括：木工、石雕、雕刻、繪畫、雕塑、鑄造、木

材車削、鍛工、飾品製作、竹器、造紙、裁縫、刺繡、貼花和編織。

辛布大佛 Thimphu Buddha

　　辛布大佛建於 2010 年，是南亞最大的釋迦摩尼造像。佛祖高坐蓮臺，俯瞰辛布河谷，慈眉善目，護佑眾生，已經成為不丹的國寶。

Bhutan

Since the 7th century, Bhutan has been a Tibetan tribe. The country is greatly influenced by Tibetan culture, and exudes a mysterious, religious and cultural aura. Bhutanese architecture has distinctive features. The famous Taktsang Palphug Monastery, which is located on a steep cliff, is one such example. Native worship of reproduction and Buddhist faith have integrated in this land, creating a peculiar art scene. The 50-meter tall Great Buddha Dordenma statue is a representative of Bhutan architecture. Bhutanese arts and crafts are deeply rooted in Buddhist philosophy. In addition to being appealing and decorative，they tend to be thematic and symbolic.

斯里蘭卡民主社會主義共和國
The Democratic Socialist Republic of Sri Lanka

國家概況

簡 稱：斯里蘭卡

政 體：總統制共和制

首 都：可倫坡

地理概況

位 置：亞洲南部印度洋島國

國土面積：6.56萬平方公里

氣 候：熱帶季風氣候

社會概況

全國人口：約2048萬

主要民族：僧伽羅族、泰米爾族

官方語言：僧伽羅語、泰米爾語、英語

主要宗教：佛教、印度教

經濟概況

支柱產業：種植園經濟

貨幣：盧比

2500年前，來自北印度的雅利安人移民至錫蘭島建立僧伽羅王朝。西元前247年，印度孔雀王朝的阿育王派其子來島弘揚佛教，受到當地國王的歡迎，從此僧伽羅人摒棄婆羅門教而改信佛教。西元前2世紀前後，南印度的泰米爾人也開始遷徙並定居錫蘭島。從5世紀至16世紀，島內僧伽羅王國和泰米爾王國之間征戰不斷。該島16世紀起先後被葡萄牙人和荷蘭人統治，18世紀末成為英國殖民地，1948年2月獲得獨立，定國名錫蘭。1972年5月22日改稱斯里蘭卡共和國。1978年8月16日改國名為斯里蘭卡民主社會主義共和國。

1950年斯里蘭卡政府承認新中國。1957年2月7日兩國建交，關係一直友好。近年來，中國與斯里蘭卡雙邊貿易保持增長勢頭，文化方面的合作交流也不斷加深。

斯里蘭卡傳統服飾 Traditional Costume of Sri Lanka

泰米爾收穫節Thai Pongal

　　斯里蘭卡是一個大多數人口都信仰佛教的國家，許多的習俗都與佛教有
關。斯里蘭卡居民和佛教僧侶對話時，要設法略低於僧侶的頭部，更不能用
左手拿東西遞給佛教僧侶和信徒。斯里蘭卡的居民與人初次見面多採用握
手、雙手合十的方法來打招呼，雙手在面部合十是最為規範的做法。

斯里蘭卡人大多以大米、椰肉、玉米、木薯等為主要食物，尤以偏愛椰汁和紅辣椒，這兩樣是他們幾乎所有菜餚中都離不開的調料。他們有嚼醬葉的嗜好，習慣在醬葉上抹些石灰，再加上幾片檳榔，然後把它們卷在一起嚼。飲用紅茶時，一般喜歡放糖、牛奶。農民一般多喜歡飲用一種用椰花釀造的淡酒。他們一般是用手抓食，通常用餐時每人面前擺兩碗水，清水供淨手用，冷開水供飲用。

斯里蘭卡男性穿長袖緊口短褂，下身著沙籠，一般為白色；女性上身穿短袖緊身短褂，下身裹以彩色沙麗。男女一般均穿拖鞋，不穿襪子。

日常生活中，人們對僧侶特別尊敬。乘公共汽車，普通人均從後門上車，而僧人則從前門上車，車內還有僧人專座，他人不得擅坐。他們忌諱使用左手傳遞東西或食物，視左手為骯髒、卑賤之手。斯里蘭卡人信奉佛教「不殺生」的教義，不可隨意殺死動物。烏鴉在斯里蘭卡被視為神鳥和吉祥物，不可傷害。在斯里蘭卡公眾場合裸體是非法的，未經批准在傢俬自釀酒也屬違法行為。

特色節日

獨立日　2月4日

斯里蘭卡文化可以分為古典文化時期、中世紀時期和19世紀至今三個階段。西元前5世紀僧伽羅人從印度遷移到斯里蘭卡，將吠陀文化帶到斯里蘭卡。西元前3世紀，印度孔雀王朝的阿育王派其子來島，將佛教文化傳入斯里蘭卡。此後，佛教文化成為斯里蘭卡藝術的主要靈感。5世紀，斯里蘭卡開始受到泰米爾人的侵入，印度教文化又一次流入斯里蘭卡北部。中世紀時期，斯里蘭卡一直是大乘密教的天下，並出現了藝術發展的大時代——康提王朝。16世紀開始，斯里蘭卡遭受殖民統治，西方文化開始影響斯里蘭卡藝術。

古典文化時期（西元前5—西元7世紀）

　　西元前5世紀僧伽羅人從印度遷移到斯里蘭卡，並將吠陀文化帶入。西元前3世紀，佛教傳入斯里蘭卡。此時的佛教藝術還沒有直接塑造佛祖，而多以不同的符號來像徵佛陀釋迦牟尼的形象，所出現的少數人像雕刻則是以民間守護神——男女藥叉為主。浮雕題材多取自本生經和佛傳故事，構圖密集緊湊，往往一圖數景。浮雕不雕刻出人形的佛像，僅以菩提樹、臺座、法輪、足跡等象徵符號暗示佛陀的存在。這種表現佛陀的象徵主義手法是早期佛教雕刻的通例和程式。1世紀，早期上座部佛教向中期大乘佛教轉變，引起了佛教美術的變革，打破了印度早期佛教雕刻只用象徵手法表現佛陀的慣例，創造了最初的佛像。3世紀之後，浮雕有風格化的傾向，形式更趨華麗，這時的佛像身材修長而體型圓渾，立體感強，開創了佛像製作的南方樣式。石柱是建築的特點之一，上邊用梵文鐫刻釋迦生平與佛法銘言，頂端多雕刻有主體石獅。佛塔只有雛形，尚未形成今日之塔形，塔形為半圓土塚，由基臺、半球形覆缽、方形平頭（祭壇）、竿、傘五部分組成。斯里蘭卡的繪畫藝術，幾乎清一色是佛教題材。從現存的繪畫作品可以溯源到5世紀的錫吉里亞壁畫。8世紀或者更早期的畫作中，壁畫內容大多為天人正在對所崇敬的佛陀禮拜、散花、飛翔。5世紀，斯里蘭卡開始受到泰米爾人的侵入，印度教文化再次流入斯里蘭卡北部，印度教美術強調誇張的動態、奇特的造型、豪華的裝飾、爆發式的力度和戲劇性衝突，被稱作「東方巴洛克風格」。雕像往往呈現多臂多面，半人半獸的形象。

　　僧伽囉音樂受印度影響很大，樂譜的七個音階由七個僧伽羅字母表示。民間音樂主要是歌舞曲和勞動歌曲。

錫吉里亞古城 Ancient City of Sigiriya

錫吉里亞古城是斯里蘭卡著名的古蹟，是一座構築在橘紅色巨巖上的空中宮殿，宮殿建造於5世紀，被譽為「世界第八大奇蹟」。整座錫吉里亞古城有五百幅壁畫，色彩豔麗，造型生動，是斯里蘭卡古代藝術的奇珍。

斯里蘭卡文學包括僧伽羅文學和泰米爾文學，在古代和中世紀，佛教詩歌和佛教散文空前繁榮，著名作品有《馬哈文沙》《趣事河》《皈佛》等。

中世紀時期（8—19世紀）

從7世紀到11世紀的約500年中，斯里蘭卡一直是大乘密教的天下。雕塑出現了大量寶冠佛像，多面多臂的觀音和女性菩薩多羅，造型與印度教神像趨同。寺院通常以神堂為主體，還有僧舍、旅驛、浴室、馬廄等。周圍是長方形圍牆，神堂頂上、每邊圍牆中央的大門頂上都有高聳的方錐形塔，造型挺拔、簡潔，雖滿佈雕刻，仍保持單純幾何體的輪廓。

11世紀至13世紀的婆羅那如瓦時代，是佛教繪畫藝術創作的活躍和全面發展的時代，在人像畫方面最為傑出。藝術風格或多或少受到以往左拉族佔領時期的影響，在噶維哈拉的壁畫中，佛陀臉部精湛的描繪就是最好的實例。迪因部拉噶拉的繪畫作品中所描繪的一群天人和瑪西衍噶那室內壁畫所描繪的覺悟者的風格較為老練和成熟，在線條運用方面較為粗獷和猶豫。在用色方面，迪因部拉噶拉的畫作中喜歡採用鮮明的黃色和紅色，而瑪西衍噶那則較偏向於啞暗的紅色。提宛卡聖蹟室內壁畫，繼承了古老繪畫的民俗風格，整堵牆將整個故事連續以水準方式分割。聖地紀念性的壁畫──侷限於狹隘室內的敘事性繪畫作品，呈現了各種不同的美學技法。

14世紀開始的康提王朝的繪畫藝術代表了斯里蘭卡佛教繪畫藝術史上的一個大時代。康迪安畫派有兩個分支──宮廷畫派和平民畫派，無論在風格上或美學品味上都與古典的錫吉里亞壁畫和婆羅那如瓦迥然不同，而是繼承了姆基里噶拉壁畫的創作泉源，著重於熱烈多變的色彩。宮廷畫派創作動機是為了替王室建築提供室內裝飾，通常以飽滿的鮮紅色為背景，黃色和綠色為主要色調，以黑色和白色的線條貫穿整個畫面，是裝飾畫的風格。康提建築具有自己的鮮明特色，形式單純簡樸，但裝飾極為豐富華麗，地方風格濃郁。

佛牙寺 Dalada Maligawa

　　佛牙寺是斯里蘭卡著名的佛寺，位於古城康提，以供奉佛祖釋迦牟尼的佛牙而聞名。裝飾著99朵黃金蓮花的天花板，隨處可見的精美石雕、木雕和精彩壁畫，使這裡成為佛教藝術的寶庫。佛牙寺是佛教徒的朝聖之地，成為著名的歷史建築物，建於16世紀，建築群中最重要的是存放佛祖釋迦牟尼牙骨的佛殿。佛牙寺緊鄰王宮，建在一長方形花崗石基上。寺有兩層，奶白色的牆體，紅瓦大簷頂。寺廟的外觀雖不豪華，但內部建築卻非常講究。木柱、木樑、四周牆壁及天花板上均繪有反映佛祖一生活動的圖畫，色彩鮮豔，形象栩栩如生。

　　16世紀至19世紀的康提王朝時代，專業音樂有了較大的發展。專業音樂傳統來自印度古典音樂，採用印度的拉格和塔拉體系。舞蹈主要以鼓樂伴奏，節奏感強，舞蹈者隨鼓樂四肢和身體做各種旋轉變化，同時伴以抒情、柔軟的手部動作。

　　19世紀至今

畫家薩爾利和喬治·科雅提所創作的壁畫，索瑪班都聖蹟內的壁畫，都明顯地受到歐洲畫風的影響。建築多為西歐古典式，大都採用對稱佈局及淡色的粉刷裝飾。而與殖民相對的建築即「瓦雷瓦」式建築，這些建築建在中部山區的一些地方。從特徵上看，這種房舍的建築頗像中國的崗樓，每幢房屋同時也就是一座碉堡，是當年人們利用房舍建築與殖民主義者進行鬥爭的產物。1978年獨立後，斯里蘭卡重拾佛教文化。

　　從16世紀開始，斯里蘭卡遭受西方殖民主義的控制和基督教西方文化的衝擊，一種新型的「僧伽羅現代文學」開始誕生，反映人民渴望自由，反對全盤歐化，堅決捍衛民族傳統文化的精神。

　　斯里蘭卡近現代音樂也受到歐洲音樂的影響。

　　近年來，中國與斯里蘭卡之間的藝術活動逐漸頻繁，例如由中國文化傳媒集團與斯里蘭卡中國文化中心主辦，《藝術市場》雜誌社、中傳藝術品（北京）有限公司承辦，斯里蘭卡國家美術館協辦的「視覺中國•洲際行——斯里蘭卡中國水墨藝術大展」於當地時間2015 年11月18日在斯里蘭卡國家美術館開幕。展覽透過中斯雙方的文化藝術交流，加深兩國人民的友誼。

Sri Lanka

In the 5th century B.C., the Sinhalese migrated from India to Sri Lanka, bringing with them the Vedic civilization. In the 3rd century B.C., Buddhist culture became the main source of inspiration for Sri Lankan art. Then, in the 5th century, Hindu culture was reintroduced into northern Sri Lanka. Throughout the Middle Ages, Mahayana Tantra had been the dominant religion in Sri Lanka. It was also during this period that Sri Lankan art entered a major era—the Kandyan era.

In the 247 B.C., Ashoka, ruler of the Mauryan Empire, sent his son to the island, thus spreading Buddhism from India to Sri Lanka. The Mauryan Empire represented an era when initial exchanges between cultures from India, Iran, and Greece occurred. Therefore, Sri Lankan architecture and sculpture from this period integrated elements from the Achaemenid Empire from Iran and the Seleucid Empire from

Greece. In the 5th century, Sri Lanka was invaded by the Tamils, and Hindu culture was once again reintroduced into northern Sri Lanka. Hindu art stresses exaggerated dynamism, peculiar styles, luxurious decoration, explosive strength, and dramatic conflict; therefore, it has been referred to as 「Oriental Baroque.」

During approximately 500 years between the 7th and 11th centuries, Sri Lanka was dominated by Mahayana Tantra. A large number of sculptures of the crowned Buddha, multifaceted and multi-armed Avalokiteśvara (Guanyin), and female Bodhisattva Tara appeared, the styles of which were quite similar to the statues of Hindu gods. The Polonnaruwa period (the 11th to the 13th century) was an era of active and holistic development for the creation of Buddhist paintings and an overall development of art. Portraits were the most distinguished achievement at the time, with an artistic style somewhat influenced by the period under the Chola rule. The best example of this period is the exquisite portrayal of Buddha on the murals of the Gal Vihara. During the Kandyan period (the 16th to the 19th centuries), the professional music of Sri Lanka made great progress. The tradition of professional music originated from Indian classical music · which adopted the Indian Raga and Tala system.

During modern times, the murals of Maligawage Sarlis and George Keyt, as well as those painted on shrine walls by Somabandu Vidyapathi, were significantly influenced by western style. The architecture at the time mostly adopted western classicism, with symmetrical layouts and stucco pastel decorations. Since the 16th century, Sri Lanka suffered under the control of western colonialism and from the impact of Christian culture. A new type of literature known as Sinhalese Modern Literature was born, which expressed the people's desire for freedom and overall opposition to Europeanization, alongside the spirit of defending national traditions and culture.

馬爾地夫共和國 The Republic of Maldives

國家概況

簡 稱：馬爾地夫

政 體：總統制共和制

首 都：馬利

地理概況

位 置：亞洲國土面積：總面積9萬平方公里（含領海面積），陸地面積298平方公里

氣 候：熱帶氣候

社會概況

全國人口：約35萬

主要民族：馬爾地夫族

官方語言：迪維希語、英語

主要宗教：伊斯蘭教

經濟概況

支柱產業：旅遊業、漁業、船運業

貨　幣：拉菲亞

1116年馬爾地夫建立了蘇丹國。馬爾地夫先後遭受葡萄牙和荷蘭殖民主義者的侵略和統治，1887年淪為英國保護國，1965年7月26日宣佈獨立，1968年11月11日建立共和國。

1972年10月14日，中國與馬爾地夫建交。兩國高層交往頻繁，雙邊關係邁向新的高度，在文化、經貿等方面的交流加深。

馬爾地夫人講禮貌、重禮節，他們相見時互相拉住對方的手問好。馬爾地夫人純樸、好客，朋友到家，主人會拿出家裡最好的食物款待客人。該國以伊斯蘭教為國教，有許多宗教習俗，如禁酒、禁食豬肉、每天禱告五次等。

馬爾地夫飲食帶有典型的熱帶地區特色。由於宗教習慣，馬爾地夫人不吃豬肉，他們常吃的肉類是家禽和羊肉，也常吃蛋類，魚則是吃得最多的食品，煎魚、咖哩魚及魚湯，餐餐有魚為伴。他們喜歡吃加有刺激性芳香調味品的肉、魚和蔬菜，以及紅薯、芋頭等澱粉食物。熱帶水果如麵包果、椰子、鳳梨等則終年不斷。

馬爾地夫人的穿著比較簡單,男子通常會穿白襯衣,在出席隆重儀式的時侯,公務人員通常會穿西服,而女性的服裝則色彩鮮豔,平時不戴面紗。

馬爾地夫以伊斯蘭教為國教,居民島上不食豬肉,不飲酒,嚴禁偶像崇拜,婦女出行必須穿遮體長裙,男士不能穿短褲。外國遊客在渡假酒店內不用遵守此規定,但到了馬利等當地居民島,就必須入鄉隨俗。

特色節日

獨立日　7月26日

馬爾地夫傳統服飾Traditional Costume of Maldives

馬利星期五大清真寺 Grand Friday Mosque

　　馬利星期五大清真寺是馬爾地夫最古老的清真寺，也是馬利的標誌性建築。清真寺位於伊斯蘭中心，於1984年開放，由白色大理石建造，禱告大廳可容納5000人祈禱。

　　1116年馬爾地夫建立了以伊斯蘭教為國教的蘇丹國，藝術大多數在形式上受到伊斯蘭文化影響。視覺藝術和建築的技巧來自米尼科伊島的水手。馬爾地夫沒有繪畫的歷史傳統，傳統藝術主要為工藝美術。蘆葦墊子被染成各種鮮豔的顏色，常被用作祈禱墊。木漆器是將一塊被挖空的原木製作成碗、籃框和盒子，木器上的裝飾物雕刻精美，工藝複雜，技術要求高。它和石雕上面刻有的精美書法以及錯綜纏繞的圖案，成為許多古老清真寺和墓碑的特色。這些藝術圖案具有強烈的伊斯蘭特色，以花草圖形為主。每種圖案講究對稱，也很有序。有些花葉被誇張變形，如圓形、橢圓形、菱形、波紋形、多邊形等幾何圖形。它們或單一使用，或幾種套用，構成獨特風格。馬利的議會大樓正立面就是以纏繞的雕刻為裝飾。

建築是馬爾地夫的另一個重要藝術形式。傳統的馬爾地夫房屋由水泥磚或珊瑚石建成，以泥漿澆築，圍牆排列在街道兩側。

馬爾地夫多尼船 Boat Building of Maldives

馬爾地夫多尼船從船體、帆桁、釘、纜繩到掛帆都是取材自椰子樹，是兩千年來先民與大海相處的過程中，孕育出的絕佳造船技術。

船樓是馬爾地夫特有的建築藝術，已有幾千年的歷史。工匠不設計任何計畫或方案，而依靠木材類型和柔韌性來製造。傳統的船樓，被稱為多尼，最初是用椰木製成，現代多尼多採用進口硬木製造。從15世紀末開始，馬爾地夫先後被葡萄牙、荷蘭和英國殖民，但是文化並沒有太大變化。清真寺是馬爾地夫建築的最大成就，可以追溯到16世紀，展現了精湛的技藝，不僅有珊瑚雕刻的外表，還有柚木和漆器工藝的內飾。馬利老星期五清真寺是馬爾地夫最古老的清真寺，也是現存的哈里發時期最早的建築遺址，在1656年蘇丹伊布拉欣伊斯甘達統治期間建造。清真寺建材取自大海珊瑚，其曲線造型和工藝技術獨具一格。牆面裝飾由珊瑚石削集成塊，並鑲以金銀絲細工而成。聖殿有著厚重的木門，裡面懸掛著各種木製燈籠，橫樑上雕刻著複雜的阿拉伯書法。圍繞著古清真寺的是一塊墓地，裡面有大量雕刻複雜的珊瑚墓

碑。

馬爾地夫大鼓表演

Boduberu Performance of Maldives

「大鼓」是馬爾地夫最著名的傳統音樂和舞蹈形式，是一種用空心椰木製作而成的樂器。它起源於非洲東部，伴隨有熱情的舞蹈，具有部落特色，節奏由緩慢穩步上升到高潮。

馬利星期五大清真寺建於1984年，位於獨立廣場南面，是馬爾地夫最大的清真寺，是馬爾地夫的標誌性建築。大清真寺是在阿拉伯海灣國家、巴基斯坦、汶萊和馬來西亞的幫助下修建完成，其中的宣禮塔曾是馬利最高的建築。

馬爾地夫的書面文學作品可以追溯至17世紀。但多數的馬爾地夫神話故事都是口口相傳，許多是魔法與巫術的故事，其他則是關於虛榮、淫慾和貪婪邪惡的告誡故事，以提醒人們如若違反則不得善終。

Maldives

In 1116, the Maldives established an Islamic Sultanate, and its art has been affected by Islamic cultures. The Maldives has no painting tradition, and its traditional art mainly focuses on the creation of artifacts. Traditional Maldivian houses are made of cement brick or coral, and are held together with mud. There is a shaded courtyard in front of the houses, surrounded by chest-high walls facing the street. Boat building is a unique architectural art in the Maldives, with a history of a few thousand years. The artisans relied on the type of wood and its flexibility, rather than drawing up a design or plan before construction. Mosques are the greatest architectural achievement in Maldives,the history of which can be traced back to the 16th century. The mosques are a fine display of the superb skills of the artists, with coral carvings on the facades of the mosques, and teak and lacquer crafted interiors.

西亞北非十六國

　　西亞北非16國是「絲綢之路」和「海上絲綢之路」的交會地帶，這裡是最早孕育出人類文明的地方，「古巴比倫」「古埃及」的燦爛文化就是在這裡開花結果。西亞北非地區位於亞、歐、非三洲的結合部，處於東西方交通的要衝，自古以來便是不同文明的博奕場。今天的西亞北非以阿拉伯國家為主體，阿拉伯國家之間在藝術上有較多相通之處。伊朗、土耳其、以色列則保持著自身的民族特色。

　　西亞兩河流域古巴比倫文明是人類最早的文明，西元前4700年左右，今伊拉克境內就出現了烏魯克。巴比倫古城是著名的文化遺址。地中海東岸也是世界文化的重要走廊，今敘利亞境內的大馬士革古城、今黎巴嫩境內的提爾古城等，因其優越的交通地位，都曾是古代的藝術中心。北非尼羅河下游的古埃及是古代的另一個文明中心，以雄偉的金字塔、獅身人面像為其建築藝術的代表，古埃及的雕刻藝術亦極具特色。

　　阿拉伯半島上的國家，在藝術上均可分為前伊斯蘭時期和伊斯蘭時期。伊斯蘭時期的文化遺存主要分佈在紅海和阿拉伯海沿岸，7世紀，伊斯蘭教興起之後，西亞北非的絕大部分地區在藝術上開始伊斯蘭化，湧現出一大批建築藝術高超的清真寺，細密畫則成為阿拉伯風格繪畫的典型。今沙烏地阿拉伯境內的麥加大清真寺既是世界伊斯蘭教的中心，也是伊斯蘭藝術的寶庫。

　　小亞細亞半島和波斯高原也很早進入文明時代，伊朗和土耳其均有著悠久的歷史。像今伊朗境內的波斯波利斯石柱群、伊斯法罕的費恩花園，都是古波斯輝煌文化的見證。古波斯的文學藝術對中亞、西亞有著深遠影響。土耳其地跨歐亞兩洲，其歐洲部分的伊斯坦堡在相當長時期內是東羅馬帝國的首都，因此保存了大量拜占庭文化的遺蹟，如托普卡匹皇宮和聖索菲亞大教堂，均是中世紀建築藝術的傑作。被鄂圖曼帝國占領後，伊斯坦堡興建了蘇萊曼清真寺、藍色清真寺等伊斯蘭代表性建築。以色列人曾在地中海沿岸繁衍生息，創造了繁榮的文化。20世紀中葉，以色列復國，其文化與周邊各國的文化差異極大，由於該國經濟、文化發達，現當代藝術也較為活躍。

伊朗伊斯蘭共和國 The Islamic Republic of Iran

國家概況

簡 稱：伊朗

政 體：總統制共和制

首 都：德黑蘭

地理概況

位 置：亞洲西南部

國土面積：164.5萬平方公里

氣 候：大陸性亞熱帶草原和沙漠氣候

社會概況

全國人口：約8000萬

主要民族：波斯人、阿塞拜疆人、庫爾德人

官方語言：波斯語

主要宗教：伊斯蘭教

經濟概況

支柱產業：石油產業

貨 幣：伊朗里亞爾

伊朗是具有四五千年歷史的文明古國，史稱波斯。西元前6世紀，古波斯帝國盛極一時。7世紀以後，阿拉伯人、突厥人、蒙古人、阿富汗人先後入侵併統治伊朗。1925年，巴列維王朝建立。1978年至1979年，何梅尼領導伊斯蘭革命，推翻巴列維王朝，1979年4月1日建立伊斯蘭共和國。

中國與伊朗建交後，兩國文化交流深入發展。2015 年1月，中國駐伊朗使館舉辦第三屆「歡樂春節走進伊朗」活動。4月，伊朗曙光旬國際電影節舉辦「中國單元」，中伊雙方簽署《中伊合拍電影備忘錄》。7月，伊朗電影組織主席阿尤比訪華。8月，中國愛樂樂團訪伊並舉辦「絲綢之路」巡演。

中東最古老的集市──伊斯法罕巴扎 The Oldest Market in the Middle East - Isfahan Bazaar

跳火節 Chaharshanbe Suri

伊朗人注重禮節，與人說話時必須**雙手平放**，他們認為雙手交叉的姿態是驕傲的表現，在有些情況下具有挑釁意味。伊朗人的微笑或點頭，只表示一種禮貌，沒有表示贊同或同意的含義。

伊朗人有獨具特色的飲食風格，他們的主食以米、麵為最多，很喜歡吃中國的大餅。畜牧業地區的人多吃牛奶、黃油，農業地區的人吃米飯、米粥、麵條、麵餅最為普遍。

伊朗是多民族國家，每個民族都有自己獨特的服飾打扮，但式樣都簡單大方。一般情況下，伊朗的男性多穿長衫，下穿圍褲，頭裹圍巾。女性的服飾以伊斯蘭的傳統標準服飾為最多，即用一大塊黑色的布料從頭到身子、腿、腳裹得嚴嚴實實，人們只能看見她們的眼睛和鼻子。

服裝方面，伊朗女性（學前兒童除外）須戴頭巾，穿長袖、蓋過臀部、寬鬆、不透明的上衣或風衣，官方場合須穿顏色較深的長風衣，不得顯露腿及腳腕部位；男士不得穿背心或短褲外出。飲食方面，伊朗禁酒，忌食豬肉、狗肉。禮儀方面，男士不可主動與伊朗女士握手，女士一般也不主動與伊朗男士握手，如女士主動握手，男士亦應禮貌回應。伊朗人不喜歡與外國人有身體上的密切接觸，勿與伊朗人勾手臂（如照相時）。在伊朗乘坐公車，男女必須分開，女士乘坐公共汽車的後部，地鐵有女士專用車廂，男士不得入內，但女士可乘坐男士車廂，而乘計程車可混坐。

特色節日

伊斯蘭革命勝利日　2月11日

伊朗曆新年　3月21日

伊朗是具有四五千年歷史的文明古國，西元前6世紀，古波斯帝國曾盛極一時，為人類文明的發展做出了重大貢獻。西元前334年，馬其頓國王亞歷山大東侵，征服波斯全境，並在波斯積極推行「希臘化」的殖民統治，伊朗文化因此受到了希臘文化的影響。薩珊王朝曾一度成為古代伊朗最輝煌的時期，隨著阿拉伯人入侵而逐漸衰落，之後，伊朗進入了阿拉伯人統治的時期，伊斯蘭文明就此成為伊朗文化的主流。從19世紀下半葉至20世紀初，隨著歐洲列強的侵入，伊朗逐漸淪為半殖民地國家，但伊斯蘭文明卻流傳至今。

伊朗藝術的歷史可追溯到8000年以前。聰慧的波斯人在石塊、木材、陶土、金屬、骨頭上繪出栩栩如生的動物形象和複雜的花卉圖案。古代波斯繪畫（細密畫）在世界享有盛名，以其精緻和細膩著稱於世，15世紀至16世紀曾盛極一時。古代波斯美術的建築藝術代表是費恩花園。費恩花園為具有500多年歷史的王室園林，是伊朗同類庭園中保存最為完好的一座古代園林，堪稱古代波斯的天堂美景。卡扎爾王朝是古代波斯文化的最後階段，在此之後藝術進入了現代，現代主義被引進並影響了伊朗的藝術圈。現代伊朗美術史屬於伊斯蘭美術領域。因為宗教信仰反對偶像崇拜，伊朗藝術中很少出現具體的人物形象，但裝飾性圖樣非常發達。這些裝飾性圖樣並不是完全

的工藝美術，大多具有宗教、文化內涵，並且包含著對等級制度的敘事。此外，也有少量的壁畫、插圖、雕刻、陶瓷。伊瑪目清真寺是伊朗清真寺建築藝術中的精品，整個清真寺建築以深藍色為基調，以三個跨度極大的渾圓穹頂為主體結構，正門外形是典型的伊朗式壁龕結構，兩側是高聳的宣禮塔，整體建築都面向聖城麥加的方向。

在中世紀，伊朗文學創作已高度發展，有許多用波斯語寫成的著作聞名於世，特別是11世紀初問世的波斯民族史詩《列王紀》，在當時被廣為傳抄。作者菲爾多西，是伊朗文學史上最偉大的詩人。其後，還有被譽為古代波斯民族英雄史詩的祆教聖經《阿維斯陀》、《貝希斯敦銘文》、《納克希‧魯斯塔姆銘文》等。詩歌是波斯文學中最有價值的部分，伊朗曾湧現出眾多著名的詩人，創作了許多膾炙人口的詩篇，不僅為伊朗人民所鍾愛，在世界範圍內也廣為流傳。哲里詩人海亞姆、熱愛大自然的詩人薩迪、追求世俗幸福的詩人哈菲茲，均是波斯古代文學的巨匠，對伊朗周邊國家的波斯語文學也有深刻影響。菲爾多西、海亞姆、薩迪、哈菲茲被稱為波斯文學的「四大柱石」。

費恩花園Fin Garden

費恩花園是坐落於伊斯法罕省卡尚的一個典型的波斯式花園，建造於薩法維王朝統治時期的1590年，為伊朗現存最古老的花園。花園內青蔥的樹木、碧綠的草地、藍色的浴池、具有歷史韻味的建築和高高的圍牆使其成為伊朗最值得觀賞的花園之一。

　　當代伊朗的電影藝術富有特色，阿巴斯‧基阿魯斯達米是世界著名的導演，他的作品《櫻桃的滋味》、《何處是我朋友的家》等屢獲世界大獎。此外伊朗導演馬吉德‧馬基迪也以《小鞋子》、《天堂的顏色》等影片享譽全球。

菲爾多西 Ferdowsi 940—1020

　　菲爾多西受過良好教育，熟悉波斯民間文學，他於980年開創始作《列王紀》，1009年完成初稿，臨終前作了最後一次修改。該書確定了波斯語的文學地位，並對阿拉伯文學、土耳其文學、格魯吉亞和亞美尼亞文學等產生了重要影響。

阿巴斯‧基阿魯斯達米 Abbas Kiarostami 1940—2016

阿巴斯是伊朗電影導演、劇作家、製片人、剪輯師。他在國際影壇具有巨大的聲望，執導的《櫻桃的滋味》於1997年在法國坎城電影節上獲得金棕櫚獎，還有《何處是我朋友的家》、《橄欖樹下的情人》等充滿伊朗風情的佳作。

Iran

Iranian art history can be traced back 8,000 years. At that time, the Persians drew lifelike animal images and intricate floral patterns on stones, wood, pottery, metals, and bones. In 334 B.C., Alexander III of Macedon conquered eastward. As a result, Iran was influenced by Greek culture. In the Islamic era, Iranian miniatures were renowned worldwide for their fineness and exquisiteness, particularly from the 15th to the 16th centuries. A typical piece of ancient Persian architecture is the 500-year-old royal Fin Garden, which is the best preserved ancient garden in Iran, and is regarded as a revealing glimpse of classical Persian paradise. Contemporary Iranian art belongs to the field of Islamic art, where depictions of human characters are rare, whereas decorative patterns are extremely advanced. The Imam Mosque (or the Shah Mosque) is a great piece of such architecture. Iranian literature was already highly developed in the Middle Ages, with many world-renowned works written in Persian. Ferdowsi was the greatest known poet in Iranian literary history. Contemporary Iranian films have their own distinctive features, and the film director Abbas Kiarostami is widely celebrated around the world.

伊拉克共和國 The Republic of Iraq

國家概況

簡 稱：伊拉克

政 體：議會制共和制

首 都：巴格達

地理概況

位 置：亞洲西南部阿拉伯半島東北部

國土面積：43.83萬平方公里

氣 候：熱帶沙漠氣候

社會概況

全國人口：約3600萬

主要民族：阿拉伯人、庫德人

官方語言：阿拉伯語、庫德語

主要宗教：伊斯蘭教

經濟概況

支柱產業：石油工業

貨　幣：新伊拉克第納爾

伊拉克有著悠久的歷史，西元前4700年就出現了世界上最早的城市烏魯克。西元前2006年建立了巴比倫王國，被譽為「四大文明古國」之一。西元前6世紀起，該地區先後被波斯帝國、阿拉伯帝國和鄂圖曼土耳其帝國統治。1920年淪為英國「委任統治區」。1921年8月建立費薩爾王朝，1932年獲得完全獨立。1958年7月，費薩爾王朝被推翻，伊拉克共和國成立。伊拉克獨立後，先後經歷兩伊戰爭、波斯灣戰爭、伊拉克戰爭等戰亂。

1958年8月25日，中國和伊拉克建交，之後兩國關係發展順利，雙方在經貿、文化等領域的合作進一步加深。2015年，伊拉克成為中國在阿拉伯國家的第三大交易夥伴。

伊拉克人在與親朋好友見面時，男子習慣相互擁抱，把臉貼一貼，然後各自捫胸俯首，嘴裡說著祝福的話。他們在與客人告別時，一般都要施貼臉吻別禮。婦女之間施貼臉吻別禮時，其感情表現得極為豐富，她們「吻」得真摯、熱烈。他們認為這樣的「吻」才顯出互相間的尊重和愛戴。在伊拉克，人們不喜歡別人雙手交叉著與自己說話，認為這是不禮貌的行為。

伊拉克人以麵（烤餅）為主，愛吃甜點心。副食愛吃牛肉、羊肉、魚、雞、鴨等，也喜歡馬鈴薯、甜菜、捲心菜、黃瓜、番茄、洋蔥等蔬菜。調味料愛用糖、胡椒粉、蔥、橄欖油等。

伊拉克各地的婦女幾乎都戴黑色面紗，在什葉派的聖地，女伊斯蘭教徒

不准穿戴西歐服飾。在巴格達市及鄰近地區，女性穿寬鬆的長袖束腰連衣裙，人稱「哈夏米」，其主要顏色是黑色和綠色。男子穿一種很長的白襯衫，褲子是白色棉布做的「謝奧爾」，腳穿敞口鞋或皮涼鞋。伊拉克中部和南部地區的女性常在束腰衣裙袖邊上進行裝飾。

伊拉克人認為左手骯髒，因此忌諱左手遞物。他們忌諱黑色，認為黑色是喪葬的顏色，並給人以不幸的印象。他們更討厭藍色，把藍色視為魔鬼的代表，在商業上禁止使用。禁忌以豬、熊貓、六角星做圖案。「13」為禁忌數字。飲食上禁食豬肉、死物、血液及非念阿拉之名而宰殺的動物。

特色節日

建軍節　1月6日

人民起義紀念日　3月2日

共和國日　7月14日

伊拉克民族服裝 Traditional Costume of Iraq

伊拉克烤餅Iraqi Naan

　　伊拉克文化可以分為古文明時期、伊斯蘭時期和19世紀至今三個階段。發源於幼發拉底河和底格里斯河的兩河文明是最早的西亞文明。在古文明時期，伊拉克先後被古巴比倫國、亞述帝國、新巴比倫國和波斯帝國統治。宮廷建築成就巨大。7世紀伊拉克被阿拉伯帝國占領，伊斯蘭文明流入，之後又先後被帖木兒王朝和鄂圖曼帝國征服。在伊斯蘭時代，清真寺是最傑出的建築成就，繪畫方面的細密畫優美動人。之後，伊拉克被西方侵占，藝術受到同時代西方藝術的影響。從19世紀開始，阿拉伯文化進入了復興時期。

　　古文明時期（西元前20—西元6世紀）

　　伊拉克古文明可以分為古巴比倫國時期、亞述帝國時期、新巴比倫國和波斯帝國時期。古巴比倫文明和亞述文明屬於四大古文明之一的兩河文明。

　　西元前2006年，阿莫裏特人建立巴比倫王國，巴比倫王國的文明基本上繼承蘇美—阿卡德文化傳統，曾出現宮廷建築的黃金時代。每個統治者都要建築一個宮殿來顯示他們的威嚴和權力。埃什努納城的宮殿、拉爾薩城的努爾—阿達德宮殿、馬里城宮殿和藏於柏林帕加馬博物館的伊什塔爾門（複製品），都是宮廷建築的代表。這些建築的特點是：宮殿與神廟組為一體，以中軸線為設計基礎，中間一個露天庭院，四周圍繞著住房。最優美的是雄偉的馬里城宮殿。西元前1800年，馬里城的皇帝把它建成宮殿和檔案室。東邊是皇帝的謁見大廳和庫房，大廳的牆壁上繪有宗教內容的壁畫。西邊是一個完整的綜合建築群，還有供祭祀用的廟堂，廟堂裡樹立著許多皇家祖先雕像。

伊什塔爾城門 Ishtar Gate

　　伊什塔爾大門是新巴比倫王國在美術建築方面的最大成就。各個城門都
以巴比倫的神名命名，其中最著名的就是伊什塔爾門。其遺址在今伊拉克首
都巴格達以南數十千米。北門所稱的伊什塔爾，是世界上最早的史詩——巴
比倫英雄敘事詩《吉爾伽美什》中司掌愛情的女神。圖為柏林帕加馬博物館
的複製品。

漢摩拉比法典（局部）Code of Hammurabi (Local)

《漢摩拉比法典》刻在一根高2.25米，頂部周長1.65米，底部周長1.90米的黑色玄武岩柱上，共3500行，正文有282條內容，以楔形文字和阿卡德語寫成。它是世界上最古老、最完整的法典，是漢摩拉比為了向神明顯示自己的功績而纂集的。現藏於巴黎羅浮宮博物館。擺放著許多皇家祖先的雕像。馬里城宮殿中發現的壁畫具有明顯的東方藝術特點。接見大廳裡有一幅描繪馬里皇帝和他們的守護神月神在一起的繪畫，還有一幅是戰神伊什塔爾正在給皇帝授權。這是唯一保存下來的古巴比倫時期的繪畫作品。漢摩拉比法典碑是古巴比倫迄今保存下來最重要的雕刻作品，它雕刻在一塊玄武岩石柱上，石柱上佈滿了楔形文字，用嚴格精確的字體書寫。法典碑上部雕刻著太陽神夏瑪什和接受法典的漢摩拉比，整個畫面莊嚴、穩重。石碑雕刻精細，表面高度磨光，是一件體現君權神授觀念的政治性很強的作品。

　　西元前9世紀，亞述帝國成為西亞霸主，攻占了伊拉克地區。亞述的都城定於尼尼微（今伊拉克摩蘇爾）。前期的阿蘇爾那希帕二世根據傳統觀念把宮殿分為兩部分，公開的殿堂和私密的內室寢宮，這是亞述帝國原始宮廷建築範例，以後的亞述皇宮建築都在這一基礎上進行發展。宮殿裝飾令人驚歎。亞述繼承西臺人的傳統，以巨大神獸雕刻守護大門，並有所發展；人頭、獅身、類似於公牛的神獸有5條腿，頭戴雙層寶冠，留有長鬚，無論從正面還是側面看都顯得威武雄壯，其雛型可以回溯到早王朝時期無翼的人頭公牛造型；宮殿內牆上佈滿了淺浮雕，主要內容是戰爭功績、狩獵活動、宮廷宴會和祭祀活動；很多畫面是借用宗教觀念來美化帝王。在大殿的寶座後面牆上有一幅重要的祭祀場面：亞述王站在聖樹旁邊，背後有長飛翼的神靈向他灑水，聖樹上空有一個代表天國的展翅飛翔的圓盤，圖案來源於西臺人的皇家紋樣。為了頌揚帝王功績和威嚴，亞述人的敘述性藝術特別繁榮，他們把皇帝的顯赫經歷編成連續畫面，又用銘文來分段，把各個不同情節隔開。如有威風凜凜的亞述王站在戰車上獵取猛獸，也有表現勇敢的皇帝隻身與獅子搏鬥的場面。這些狩獵和激戰場面大多來源於一些歷史事實，而且雕刻精細，形象逼真。提革拉—帕拉薩三世期間，浮雕裝飾開始採用寫實手法，空間感加強，內容上變化不大。盛期的薩爾貢二世和他的繼承人把亞述美術帶向巔峰，到阿樹爾巴尼帕爾統治時期達到極盛階段。薩爾貢二世完成了卡拉赫城內獻給那勃神的埃齊達神廟，它是一個複雜的建築群，整個大殿就像堡壘一樣，基礎結實，牆壁厚重。豪爾薩巴德宮殿外牆上裝飾著淺浮雕，面積達6000平方公尺。牆面上雕有比真人稍大的進貢者、奴婢、諸

侯、臣僕，他們排著長隊，手捧貢物，列隊走向大門。門的兩旁守衛著人頭、獅身、帶翼、牛蹄怪獸和施惠於人類的諸神，規模宏偉。宮殿內牆上集中了薩爾貢二世統治時期大事件紀要演變成的插圖，成為一部豐富的編年史。此時的浮雕也開始出現風景畫面。

受傷的母獅 The Dying Lioness

《受傷的母獅》是亞述帝國時期最精彩的浮雕，是描繪亞述國王巴尼帕爾狩獵場面的一部分。身中三箭的母獅，滿身鮮血淋漓，後半身已經癱瘓在地，似乎已經到了死亡的邊緣，但它仍撐起結實的前腳，昂首吼叫，既痛苦，又不甘心就此倒下去，形像極其悲壯。它突出地體現了亞述帝國的藝術家善於細緻入微地刻畫形象的高度藝術才能。

辛那赫里布期間建築形式開始重視立面的平衡感，注意建築的宏偉造型。兩個對稱的尖頂樹立在宮殿正面，兩側是無數個套間圍繞的庭院和天

井。辛那赫里布的孫子阿樹爾巴尼帕爾統治期間，亞述宮廷建築達到頂峰。浮雕內容變化不大，全是歌頌國王功績，並用統治者超凡的意志來解釋生活現象，還有戰爭畫面，但更多的是狩獵場面，用各種不同構圖使單調內容得以豐富。這時亞述藝術家們開始注意畫面的節奏和韻律，表現內在的情感變化。例如《受傷的母獅》、《抬著擊斃的獅子的獵手》、《流血的獅子》、《獵野驢》等都是聞名於世的作品。亞述王在埃蘭古國的戰役也被雕刻成大型壁畫浮雕，《梯爾·吐巴戰爭中的肉搏》、《驅逐俘虜》都是著名的作品。

西元前626年，新巴比倫王國建立。巴比倫人在亞述帝國的統治下始終保持著自己古老的傳統。他們所樹立的邊界石碑上的圖案與人物造型仍然繼承著蘇美爾—阿卡德時期藝術風格，古樸、渾厚。新巴比倫王國的都城建設，特別是納波帕拉薩和尼布甲尼撒二世在位期間，發展規模驚人。巴比倫城有雙重城牆保護，全長達18公里，幼發拉底河從城中穿過，北邊有非常堅固的要塞。宮殿按照統一規畫設計，經歷長時間的精心建造而成。巴比倫建築師喜歡互相毗連的建築群，有套間、天井、庭院彼此相連，與尼尼微的套間很相似，甚至連設有寶座的殿堂也由套間來代替，周圍佈置了很多服務性組合式房間，分成無數個小庭院。著名的「空中花園」是一座石結構房屋，室內建有一排排狹窄的走廊。新巴比倫建築的另一特點是裝飾豪華，色彩絢麗。設有寶座的殿堂內鑲嵌著彩色琉璃瓦，中楣下部是一排獅子圖案。伊什塔爾城門表面也全覆蓋著彩色琉璃磚，在藍色底色上鑲嵌著獅子、公牛和鰻魚式的鮫龍。獅子是伊什塔爾神的象徵，公牛是阿達德神的象徵，鮫龍是瑪杜克神和他的兒子那勃神的象徵。神廟是新巴比倫時期的另一個建築成就，最重要的是獻給瑪杜克神的一個神廟。整個神廟是一個複雜的建築群，一邊是小神廟，稱為埃沙傑拉，是神的住所，有很多殿堂圍繞著一個大庭院，專門用於祭祀瑪杜克神；另一邊是有圍牆連接的兩個大庫房和祭司住處，中間有一個大天井，天井裡樹立一座塔廟，也被稱為「巴比大塔」。大塔明顯受亞述建築風格影響，頂部有一座小神廟用藍色琉璃磚鑲嵌。

波斯帝國時期的建築樣式明顯受到埃及卡爾納克神廟樣式的影響。宮殿的裝飾糅雜了被征服的各民族的藝術風格，有埃及皇家的帶翼太陽神圓盤形標記、埃及式棕櫚紋、蓮花紋裝飾的柱基、亞述人的守護神獸，還有希臘愛奧尼亞柱式。雕像繼承了典型的亞述風格，宮殿裝飾中最有特色的是上釉彩的浮雕，它描繪了波斯王室的風采神韻。浮雕的製作沿襲了巴比倫手法，是

把浮雕預先分段做在小塊琉璃磚上，砌牆貼面時再加以拼合。人物形象都具有相同程序化的姿勢，雖然莊重肅穆、華麗精緻，卻缺少內在的生機。波斯帝國時期的金屬工藝堪稱完美，黃金角杯是其代表作。角杯的前半部分是獅、鷹、羊等動物形象，後半部分為身側帶雙翼的雄獅，雙爪安靜伏地，雙目炯炯，張口微露舌頭。這種刻意借助線條裝飾表現華麗形體的手法是波斯藝術的一大特色。

《哈利里瑪卡梅集》抄本插圖 / 葉哈雅・本・馬哈茂德・瓦西提
Illustration of the Manuscript Maqam of al-Hariri / Y ahya ibn Mahmud al-Wasiti

《哈利里瑪卡梅集》是阿拉伯文學中「瑪卡梅」文體著作，在11世紀由哈利里而著。作者為伊拉克著名畫家葉哈雅‧本‧馬哈茂德‧瓦西提，現收藏於法國國家圖書館。

伊斯蘭時期（7—19世紀）

7世紀時伊拉克被阿拉伯帝國吞併，伊斯蘭文明傳入。伊斯蘭書法是此時主要的藝術成就之一，多將文字組合為幾何形圖案。建築是伊斯蘭藝術的最大成就，而清真寺是伊斯蘭建築的代表，建築上的飾紋多為花草圖案，或為阿拉伯數字作為花邊裝飾。8世紀起，巴格達已成為阿拉伯帝國政治和文化的中心，當時的伊拉克音樂受到波斯音樂的影響。帖木兒王朝統治時期建築受到中國的影響，牆壁之上多倣傚中國鑲砌金碧色琉璃。優美的拱形門和高尖塔則是伊斯蘭建築的另一個特點。美術上，細密畫將巴格達傳統和中國畫風進一步融合，運用阿拉伯幾何和植物紋飾，並結合中國的傳統山水畫技法，極具裝飾性。在空間表現上，細密畫不囿於焦點透視，突出平面的超自然構圖，藝術家的想像力充分得以施展。鄂圖曼帝國統治時期，伊拉克音樂又受到了土耳其音樂文化的影響，並在伊拉克建立了土耳其式的軍樂隊。此時，繪畫藝術的特徵在於色彩的平衡、幾何圖案和線條的和諧。建築受到了波斯、拜占庭及伊斯蘭阿拉伯式建築影響，是前伊斯蘭時代薩珊建築的延續，方形建築上的圓穹是鄂圖曼建築的核心，建築內部裝飾有華麗的彩色瓷磚。

19世紀至今

19世紀中葉，阿拉伯文化復興。1921年伊拉克獨立，20世紀30年代初大批美術家去歐洲學習，伊拉克美術受西方現代主義的影響較深，很多作品僅僅是歐洲美術的影子或翻版。第二次世界大戰以後，伊拉克成立了第一個藝術團體——藝術家聯誼協會。藝術家們開始研究東方文明和阿拉伯文化特色，把美索不達米亞的藝術傳統融合於美術創作之中，使伊拉克藝術逐漸繁榮起來。伊拉克現當代畫家基本上可以分為兩大類型。一種類型是受西方影響較深的畫家，如阿里‧奈傑爾、海珊‧達巴格和拉菲阿‧納斯里屬於立體主義、冷抽像風格範疇，追求不同幾何形體之間的拼合和諧調關係，講究線條之間節奏配合。而卡茲姆‧海達爾、伊斯梅爾‧謝赫裡善於表達作者的內在情緒，近似於梵谷的藝術風格。另一種類型的畫家是富有民族氣質和特徵的藝術家。例如阿米爾‧奧拜迪的作品《駿馬》，馬匹形體的曲線、隨風飄

揚的鬃毛和背景上的大幅度弧線，造型和色彩均體現了民族特色，有明顯的西亞趣味。蘇萊曼、阿巴斯、哈桑、阿卜杜和阿勒萬的作品有強烈民族風格的圖案裝飾和象徵物，畫上常常出現神祕的伊斯蘭宮殿和清真寺、阿拉伯人月牙紋樣和阿拉伯文字，還有蘇美陶紋裝飾等。

在20世紀，伊拉克詩人也開始對詩歌形式進行革新。宰哈威主張摒棄韻腳，首先創作無韻詩，魯薩菲則主張多韻詩。他們所代表的伊拉克復興派詩歌風行近半個世紀之久。穆罕默德‧麥赫迪‧賈瓦黑里是宰哈威等人之後最負盛名的詩人，他的創作繼承和發展了復興派詩歌的進步性和埃及詩人邵基的藝術特點，反映了伊拉克反帝愛國鬥爭的進程。

Iraq

The history of Iraqi Art can be divided into the ancient civilization period, the Islamic period, and the contemporary period. Ancient Babylonian and Assyrian civilizations were one of the four great ancient civilizations in Mesopotamia. In 2006 B.C., the Amorites established Babylon, and this Babylonian civilization inherited Sumerian and Akkadian cultures and traditions. The Code of Hammurabi is the most significant Babylonian sculpture still in existence today.

In the 9th century B.C., the Assyrian Empire conquered Iraq. The palace of Ashurnasirpal II is a fine example of court buildings from that region. During that period, narrative art was particularly prosperous. Decorative reliefs began to adopt a realistic approach and landscapes also began to appear. During the reign of Ashurbanipal, artists began to pay attention to painting techniques and the expression of emotional changes. In 626 B.C., the Neo-Babylonian Empire was established, and the most famous architectural work from this period was the 「Hanging Gardens of Babylon.」 During the reign of the Persian Empire, decorations used for the palaces featured the artistic styles of nations they had conquered, whilst the use of glazed reliefs further extended the techniques of the Babylonian era.

In the 7th century, Islamic civilization was introduced to Iraq and in the 8th century, Baghdad became the political and cultural center of the Arab Empire. Iraqi music at the time was influenced by Persian music as well as by Turkish music. Mosques were the greatest achievement in local Islamic art. During the Abbasid Caliphate, the Shrine of Imam Hussain ibn Ali in Karbala became the most famous mosque and a holy Shia burial site. During the reign of the Timurid Empire, the buildings showed the impact of Chinese architecture, whilst the country's miniatures integrated Baghdad traditions with Chinese styles.

The mid-19th century marked the renaissance of Arabian culture. In 1921, Iraq declared its independence. In the early 1930's, a large number of artists went to study in Europe and the art of that period was deeply affected by Western modernism. After World War II, Iraq established its first art group: "the Art Friends Society." By then, artists had begun to study the characteristics of oriental civilizations and Arabian culture and blended Mesopotamian artistic traditions into their artistic creations. As a result, Iraqi art began to flourish. In the 20th century, Iraqi poets began to reform and innovate poetry in Iraq. Jamil Sidqi al-Zahawi advocated the abandonment of rhymes in poems and promoted blank verses, whereas Maarouf Al Rasafi advocated poems with multisyllabic rhymes. The Iraqi revival school of poetry, represented by Zahawi and Rasafi, has prevailed in Iraq for almost half a century.

科威特國 The State of Kuwait

國家概況

簡 稱：科威特

政 體：君主制

首 都：科威特城

地理概況

位 置：亞洲西部波斯灣西北岸

國土面積：1.78萬平方公里

氣 候：熱帶沙漠氣候

社會概況

全國人口：約396.5萬

主要民族：阿拉伯人

官方語言：阿拉伯語

主要宗教：伊斯蘭教

經濟概況

支柱產業：石油

貨　幣：科威特第納爾

7世紀時科威特為阿拉伯帝國的一部分，1581年起哈立德家族統治科威特。1710年居住在阿拉伯半島內志的阿奈扎部落中的薩巴赫家族遷移到科威特，1756年取得統治權，建立了科威特酋長國。1871年科威特成為鄂圖曼帝國巴士拉省的一個縣。1899年英國強迫科威特簽署了英科秘密協定，英國成為科威特的宗主國。1939年科威特正式淪為英國的保護國。1961年科威特宣佈獨立。1990年被伊拉克出兵侵吞，並由此而引發了波斯灣戰爭。1991年波斯灣戰爭結束，科威特埃米爾賈比爾等政府官員返回科威特本土。

1971年3月22日中國和科威特建交。建交以來，兩國關係穩步發展。中科兩國友好交往頻繁，已經簽署了多個年度文化交流與合作執行計畫。

科威特人與客人相見時習慣首先對客人問好，說「撒拉姆·阿拉庫姆」（你好），然後施握手禮並同時說「凱伊夫·哈拉克」（身體好）。為了表示更加尊敬，除握手外，有時還要吻鼻子和額頭。與親朋好友相見時，一般習慣施擁抱禮和親吻禮（即擁抱的同時相互親吻對方的雙頰），但這種禮節僅限於男性之間。

魚是科威特人的重要生活食用品，祖貝德魚（銀鯧）最受他們的歡迎，並被認為是世界上味道最美的魚種之一。在科威特，許多家的牆上都掛有祖貝德魚的圖片，他們常以此為驕傲。他們很喜歡吃中餐，把中餐視為世界上

最好吃的飯菜之一。他們用餐習慣席地而坐，用手抓飯吃。但近年來受外界的影響，很多人也用起飯桌和椅子來。

科威特人大多信奉伊斯蘭教，其女性的服裝也具有濃郁的伊斯蘭文化特點。人們認為裸露身體的任何一個部位，都將為人所恥笑，因此常用寬大的長袍罩住全身，黑色的紗巾掩罩面部。

科威特人大多數信奉伊斯蘭教，並嚴格遵從伊斯蘭教的教規。他們忌諱左手遞送東西或食物。他們認為右手潔淨，左手為骯髒、卑賤之手，所以使用左手是令人不能接受的舉動。他們忌諱初次相見就送禮，尤其是以酒或女人照片為禮物，這是他們所不能接受的，因為他們認為這是違犯教規的，同時也是極不禮貌的。他們忌諱有人把腳掌朝向他們。科威特人禁食豬肉及動物內臟，他們也不吃怪形食物，並且忌諱談論豬，也忌諱用豬製品。

特色節日

國慶日　2月25日

祖貝德魚 Zubaidi

196

科威特民族服裝 Traditional Costume of Kuwait

崇拜 / 薩米‧穆罕默德 Worship / Sami Mohammad

薩米‧穆罕默德（1943— ）是海灣地區和阿拉伯世界的文化和藝術運動的傑出代表之一，曾在2013年代表科威特參加第55屆威尼斯雙年展，也是科威特首次參加這一藝術盛會。他的雕塑作品大多表現人性的主題和反映阿拉伯社會變革歷程。

　　科威特因獨特的地理位置，在古代成為陸海交通樞紐，長久以來是很多種文明交匯和傳播的中心。先後經歷了兩河流域文明、古希臘文明、波斯文明和阿拉伯伊斯蘭文明。古代科威特地區的藝術受到多種文化的影響。

　　科威特的雕刻藝術始於1963年，較為著名的現代美術家有：雕塑家薩米‧穆罕默德和賈法爾‧伊斯拉赫，造型藝術家有阿卜杜勒‧哈米德‧伊斯梅爾，女雕塑家有那瓦里‧古林。

　　科威特的文學藝術特別是詩歌、戲劇、造型藝術等，在政府的大力支持和提倡下不斷發展進步，在海灣地區占有一定的地位，並湧現出一批有名的藝術家和代表人物。科威特政府每年向各種文藝團體和組織提供慷慨的資助，為文學藝術創作活動提供舒適的環境和必要的條件，如「自由畫室」。詩歌在科威特的文學發展中占有突出的位置，20世紀前，詩歌是科威特主要的創作形式。

科威特國家博物館 Kuwait National Museum

　　科威特國家博物館於1986年對公眾開放，曾在1990年伊拉克入侵和占領期間遭到嚴重破壞，其中大部分珍貴展品被伊軍掠走。1991年波斯灣戰爭結束後，在聯合國干預下，伊拉克歸還了部分科威特被掠文物。目前經修繕整理後，科威特國家博物館中的「科威特民間遺產」展館已重新對外開放。

Kuwait

Kuwait is an ancient hub for land and sea transport, as well as the center of exchange and communication among a wide variety of civilizations over a long period of time. The country has experienced the Mesopotamia civilization, the ancient Greek civilization, the Persian civilization, and the Arab Islamic civilization. The art of ancient Kuwait was influenced by many cultures. Before the 20th century, poetry was the only literary genre and the main form of creation in Kuwait. Sculpted art became mainstream in 1963. Literature, poetry, theater, and plastic arts in particular have gained a certain position in the Persian Gulf region. The government provides generous annual funding to support a variety of cultural groups and organizations, such as「Free Art Atelier.」

巴林王國 The Kingdom of Bahrain

國家概況

簡 稱：巴林

政 體：君主世襲制

首 都：麥納瑪

地理概況

位　置：亞洲西部波斯灣沿岸

國土面積：767平方公里

氣　候：熱帶沙漠氣候

社會概況

全國人口：約131.4萬

主要民族：阿拉伯人

官方語言：阿拉伯語

主要宗教：伊斯蘭教

經濟概況

支柱產業：煉油、石化及鋁製品工業，金融業

貨　幣：巴林第納爾

　　西元前3000年時巴林這一地區就建有城市。西元前1000年腓尼基人定居於此。7世紀時，此處成為阿拉伯帝國的一部分，隸屬巴士拉省。1507年至1602年遭葡萄牙人占領。1602年至1782年處於波斯帝國的統治之下，1783年宣告獨立。1820年英國入侵巴林，強迫其簽訂波斯灣和平條約，1880年淪為英國保護國。1971年8月15日巴林宣告獨立。2002年更改國名為巴林王國。

　　1989年4月18日，中國和巴林建立外交關係。建交後，兩國關係發展順利，雙方在政治、經濟、文化、新聞等領域的合作穩步發展。2014年9月，巴林新聞文化大臣率團出席在北京舉行的第三屆阿拉伯藝術節。

　　2014年4月，巴林孔子學院揭牌授課。2014年4月10日，中國文化周系列活動在巴林國家藝術中心拉開帷幕。

巴林人以待客誠摯熱情而聞名天下。他們在迎送賓客時，總樂於同客人並肩而行，為了表達親密的情感，他們往往還要同來訪客人拉著手一起走路。這是阿拉伯人的一種表達熱情、友好、禮貌的特殊風俗習慣。他們為人實在，講究義氣，慷慨大方，喜歡交友。客人一旦誇獎或讚賞他們的某種東西時，他們一定會把受其讚美的東西送給客人。若客人不接受，他們會生氣和產生反感。在巴林人家中做客，客人在飯桌上吃得越多，主人會越高興。因為這樣才真正表達出客人喜歡主人做的飯菜，並滿意主人的盛情歡迎之意。巴林人時間觀念較強，他們一般對約會都習慣遵守時間，有按時赴約的傳統。他們特別喜歡以獵鷹或馬為閒聊談論的話題，因為這是他們非常喜愛的兩種動物。

　　巴林人一般口味不喜太鹹，愛微辣味道。主食以麵食為主，也愛吃甜點心。愛吃牛肉、羊肉、雞、鴨、雞蛋等，也喜歡番茄、馬鈴薯、茄子、菜花、黃瓜、青椒等蔬菜。調料主要用桂花、鬱金粉、丁香、生薑、橄欖油、黃油、糖等。對煎、炸、烤等烹調方法製作的菜餚尤為偏愛。

　　巴林作為伊斯蘭教國家，男性著白色的阿拉伯長袍，女性外出穿裹住全身的長袍，戴面紗。

　　巴林為穆斯林國家，遵循伊斯蘭教風俗。巴林社會相對開放，女性可工作和駕車。對外籍人員無特殊著裝要求，但女性著裝不宜過於暴露。

巴林人獵鷹 A Bahraini and His Falcon

巴林民族服裝 National Costume of Bahrain

特色節日

國慶日　12月16日

巴林貿易港考古遺址Qal'at al-Bahrain

　　巴林貿易港考古遺址是這一地區最重要的古代文明之一迪爾蒙文明的首都。這一古老文化至今只見於蘇美文獻記載中，但遺址卻保存了豐富的遺蹟。巴林貿易港考古遺址以其重要的考古價值於 2005 年被聯合國教科文組織列入了《世界遺產名錄》。

　　巴林王國雖然建國時間並不長，但由於地處東西方交會的西亞，在文化藝術方面受到了東方世界和西方世界的共同影響。巴林有著豐富的古建築遺址，從四千多年前的廟宇到一千多年前的清真寺，都能說明巴林歷史上建築藝術的輝煌。

　　巴林的現代藝術運動正式出現於20世紀50年代，最終形成了一個藝術社會群體。表現主義和超現實主義在此非常流行，抽象表現主義在最近幾十年裡已經得到普及。製陶、紡織織造是在巴林廣受歡迎的工藝品。巴林的傳統文學有著深厚的基礎，大多數傳統的作家和詩人延續著古典的阿拉伯寫作風格。近年來，受西方文學影響的年輕詩人數量正在上升，他們大多數寫自由詩。巴林的音樂風格和其鄰國很相似，民間音樂流行於全國。

巴林國家博物館 Bahrain National Museum

　　巴林國家博物館是巴林最大的博物館，坐落於巴林首都麥納瑪的費薩爾國王公路附近，於1988年12月開放。博物館群占地27800平方公尺，由兩座建築物組成。巴林國家博物館陳列了一系列石器時代至現代的歷史收藏品。

Bahrain

　　Although the Kingdom of Bahrain does not have a long history, its location in Asia, at the intersection between the East and West, has allowed its arts and culture to receive recognition from both hemispheres. From the arrival of the Phoenicians in 1000 B.C. to its inclusion in the Arabian Empire in the 7th century, from Portuguese occupation in the 16th century to being ruled by the Persian Empire in the 17th and 18th centuries, and the British invasion of the 19th century, Bahraini national spirit and culture has experienced changes alongside historical events. Bahrain has a rich collection of ancient architectural relics, from 4000-year-old temples to 1000-year-old mosques, presenting a glorious architectural history.

卡達 The State of Qatar

國家概況

簡 稱：卡達

政 體：君主制

首 都：杜哈

地理概況

位 置：亞洲西部波斯灣沿岸

國土面積：1.15萬平方公里

氣 候：熱帶沙漠氣候

社會概況

全國人口：約234萬

主要民族：阿拉伯人

官方語言：阿拉伯語

主要宗教：伊斯蘭教

經濟概況

支柱產業：石油、天然氣

貨　幣：卡達里亞爾

今卡達地區在7世紀時是阿拉伯帝國的一部分。1517年葡萄牙人入侵，1846年薩尼‧本‧穆罕默德建立了卡達酋長國，1872年被併入鄂圖曼帝國版圖。1882年英國入侵，並宣佈該地區為英國的「保護地」。1971年9月3日卡達宣佈獨立。

1988年7月9日，中國和卡達建交。建交後，兩國關係發展順利。特別是近年來，兩國高層交往密切，各領域務實合作深入開展，在國際和地區事務中保持了良好的溝通與協調。2014年11月，兩國建立戰略夥伴關係。

兩國經貿合作發展順利，在文化、金融、航空等領域合作成果豐碩。2014年雙方簽署本幣互換協定，杜哈人民幣清算中心正式啟動，中方還給予卡達「人民幣合格境外機構投資者」資格。2016中卡文化年開幕。

卡達人在與客人攀談時有個特別的習慣，他們總願意用目光直視著對方，認為只有這樣才能算作尊敬客人的舉止。他們待客十分熱情，每逢賓客臨門，總要為客人煮濃郁香醇的咖啡。有時還要在咖啡中拌些芳香的桂花、荳蔻或滴些玫瑰水，以使味道更加甘美可口。他們嚴格遵從伊斯蘭教規，婦女地位低下，平時要遮體，不得在公共場所拋頭露面，也不能會見客人。他們在社交活動中，特別喜歡以金色的鋼筆為互贈的禮品。

卡達人的早餐十分講究色味結合。他們在吃早餐的乾酪或酸乳酪時，一般都要滴上些金黃透綠的橄欖油，還要配上綠色或黑色的小橄欖作點綴。他們早餐還喜歡吃「燜蠶豆」。卡達人中、晚餐一般都是以蔬菜、水果為主，製作菜餚喜用大量的香味調料相配。

　　卡達作為伊斯蘭教國家，男性的民族服裝為白色的阿拉伯長袍，女性不能裸露身體的任何部分，穿裹住全身的長袍，戴面紗。

　　禁酒、禁豬肉，忌諱談論有關豬的話題。拍照時不要拍當地人，尤其是婦女兒童，如需拍照，要事先徵得其同意。如需飲酒，須在指定賓館飯店、酒吧或辦理酒證的家中飲酒，否則會被視為違法，酒後駕車者亦可被判重刑。

特色節日

國慶日　12月18日

卡達燜蠶豆 Braised Horsebeans of Qatar

卡達民族服裝 National Costume of Qatar

　　卡達建國時間不長，該國的現代建築博採眾長，具有獨特的風格。卡達首都杜哈的伊斯蘭藝術博物館由華裔設計師貝聿銘設計，是中東地區最大最現代化的藝術博物館。據說，貝聿銘從開羅的一座13世紀清真寺的洗禮噴泉裡得到靈感，設計出這座具有幾何和數學美的博物館。博物館所用的建築材料都是最好的也是最昂貴的，石灰岩來自法國，花崗岩來自美國，不銹鋼來自德國，人行道兩側種植的椰棗樹是從埃及和約旦進口的。

　　2016年3月14日，卡達博物館管理局委託當代藝術家蔡國強作為策展人，歷時三年構思、策劃的大型群展「藝術怎麼樣？來自中國的當代藝術」在卡達杜哈的阿爾里瓦克（Al Riwaq）展覽館開幕。透過展示15位/組中國大陸出生的在世藝術家作品——陳星漢、胡向前、胡志軍、黃永砯、李燎、梁紹基、劉韡、劉小東、馬文、孫原&彭禹、汪建偉、徐冰、徐震、楊福東、周春芽，面對藝術家自身的藝術態度、創作觀念、方法論、表現手法的創造力及探索。

杜哈伊斯蘭藝術博物館 Museum of Islamic Art，Doha

　　2008年底開放的伊斯蘭藝術博物館是迄今為止最全面的以伊斯蘭藝術
為主題的博物館，位於卡達首都杜哈海岸線之外的人工島上。該館由華裔建
築大師貝聿銘設計，博物館外牆為白色石灰石材質，映襯著蔚藍的海面，顯
得典雅而莊重。

「藝術怎麼樣？來自中國的當代藝術」展覽 The Art Exhibition What About Art? Contemporary Art from China

本次展覽集中了數十位中國當代藝術家的優秀作品，包括繪畫、雕塑、裝置、影像、表演、影片、遊戲等形式，藝術家們在各自獨立的空間裡展現了自身對於藝術創造力的探索。該展覽有力地促進了中國與卡達乃至整個阿拉伯世界的藝術交流。

Qatar

Qatar was founded relatively recently. Its modern architecture has adopted many of the advantages of other countries and consequently it has formed a unique style. The Museum of Islamic Art in the capital, Doha, was designed by an architect of Chinese origin, Ieoh Ming Pei, and is the largest and most modern art museum in the Middle East. It is said that Pei was inspired by the baptismal font of a 13th century mosque in Cairo and consequently designed the museum, which is rich in geometric and mathematical beauty. In addition， the best and most expensive building materials in the world were used to construct this museum: the limestone was imported from France, the granite from the United States, the stainless steel from Germany, and the dates and palm trees planted on the sidewalks from Egypt and Jordan.

阿拉伯聯合大公國 The United Arab Emirates

國家概況

簡 稱：阿聯酋

政 體：貴族共和制

首 都：阿布達比

地理概況

位 置：亞洲阿拉伯半島東部

國土面積：8.36萬平方公里（包括沿海島嶼）

氣 候：熱帶沙漠氣候

社會概況

全國人口：約930萬

主要民族：阿拉伯人

官方語言：阿拉伯語

主要宗教：伊斯蘭教

經濟概況

支柱產業：石油化工工業

貨 幣：阿聯酋迪拉姆

這一地區在7世紀開始隸屬阿拉伯帝國。自16世紀開始，葡萄牙、荷蘭、法國等殖民主義者相繼入侵。19世紀初，英國入侵波斯灣地區，1820年淪為英國的保護國。1971年，英國宣佈終止保護條約，同年12月2日，阿拉伯聯合大公國宣告成立，聯邦國家由阿布達比、杜拜、夏爾迦、富吉拉、烏姆蓋萬和阿吉曼6個酋長國組成。1972年2月10日，拉斯海瑪加入聯邦。

中國與阿聯酋自1984年建交以來，兩國友好合作關係發展順利。阿聯酋是中國在阿拉伯世界的最大出口市場和第二大交易夥伴。兩國在金融、教育、人文等領域的合作富有成果。阿布達比中文學校教學工作進展順利，北京外國語大學和寧夏大學分別與阿聯酋扎耶德大學和杜拜大學合作建立了孔子學院。

下班以後，當地商人喜歡到咖啡店聚坐。在迪拜市內，迪拜海溝以西的區域有一些夜總會，各大酒店也有輕吧，供年輕人晚上和朋友聊天、消遣。熟人之間或者商務晚宴總是在對方家中進行，與中國「在餐廳酒桌上談生意」的情況不同。

飲食按照古蘭經中規定的穆斯林飲食範圍和習慣。一般阿拉伯家庭是席地用餐，並用右手抓食。

　　阿聯酋男性的白色大袍、頭巾及黑色頭圈是阿拉伯民族標誌性服飾之一。這是多少年來不曾改變的傳統「國服」，無論是國家總統出國訪問，還是普通百姓新婚之際，都穿這樣的傳統服飾。阿聯酋男性在公共場合基本上都穿寬鬆的白色棉布大袍；女性的服裝除人們皆知的黑色長袍之外，還有五彩繽紛的居家服和華麗的禮服等。

　　阿聯酋是伊斯蘭國家，禁止吃豬肉和飲酒，外國人可在指定的賓館、商店購酒自飲。每個穆斯林每天須做5次禮拜。阿拉伯人視左手為不乾淨，因此應當用右手向對方接送東西，當然大件物品可以雙手遞送。

阿聯酋民族服裝 National Costume of Emirates

特色節日

國慶日　12月2日

扎依德大清真寺 Sheikh Zayed Mosque

　　扎依德大清真寺是阿布達比酋長國最大的清真寺。該清真寺是為紀念阿聯酋開國總統扎依德‧本‧蘇爾坦‧阿勒納哈揚而建，於2007年齋月期間對公眾開放。此外，扎依德清真寺也是唯一一座允許女性從正門進入的清真寺，在男女地位懸殊的阿拉伯地區，意義非比尋常。

　　阿聯酋藝術具有典型的伊斯蘭風格。20世紀90年代，阿聯酋組織了一批本國藝術家舉辦展覽，展出了泥塑、紙工等造型藝術作品。選印了57幅造型藝術、繪畫出版，包括人物畫、風景畫、抽象藝術、印象繪畫、塗鴉似的彩潑等。阿聯酋建築中的伊斯蘭風格也非常明顯，最為著名的扎依德大清真寺潔白、雄偉、壯觀，是世界第三大清真寺。

　　阿拉伯傳統音樂分為五個音階，樂器有皮、竹、木製的笛、簫、琴、胡、鼓等。阿聯酋的音樂以阿拉伯民族音樂為主，多具有阿拉伯半島和阿聯酋特色的形式和內涵。有一種阿聯酋特有的傳統民間舞蹈稱為「甩髮舞」，只有在重大喜慶場合才進行表演：年輕女子站成一排，甩動頭髮，腳下並無動作，周圍伴舞的男子身穿阿拉伯白袍，手持細長木桿，隨女子的節奏舞動。

　　文學方面，阿聯酋文學中詩歌占主要部分，起源於阿拉伯半島古代遊牧

民族部落的詩歌文化。此外，專業文學和女性文學也十分具有當地特色。

　　經過多年的開放與發展，阿聯酋社會已經能夠接納外來文化對本土文化的衝擊，越來越多的藝術形式得到接受和包容，許多本地人成為專門的藝術家，社會上的藝術活動也日益增多。許多高等藝術展覽會，例如杜拜藝術展、夏爾迦雙年展、阿布達比藝術展，還有阿聯酋社會美術展覽會等不斷舉行。成立於1980年的阿聯酋藝術協會是一家非盈利的藝術機構，協會組織各種藝術方案和活動，支持藝術家和社會上的藝術教育。

第十屆杜拜藝術博覽會 The 10th Art Exposition of Dubai

　　第十屆杜拜藝術博覽會有來自 40 個國家和地區的 94 家知名畫廊參展，超過 500 位元藝術家的精彩作品齊聚一堂，是該博覽會有史以來規模最大，參加國家和地區最多的一次。

United Arab Emirates (UAE)

UAE art has a typical Islamic style. In the 1990's, the UAE put together a group of national artists to organize an exhibition, presenting their works in plastic arts such as clay sculptures and paper crafts. Furthermore, 57 plastic art paintings were selected for printing, including portraits, landscapes, abstract art, impressionism, and graffiti-like drip painting. The buildings in the UAE are characterized with a distinct Islamic style. The most famous, Sheikh Zayed Mosque, is white, conveying majesty and magnificence. Traditional UAE music is pentatonic, with forms and content that are typical of music from the Arabian Peninsula, while also possessing its own unique features. Poetry and lyrics are predominant in its literature, originating from the poetic cultures of the ancient nomadic tribes of the Arabian Peninsula. In addition，its professional and feminine literature is rich in local characteristics.

阿曼蘇丹國 The Sultanate of Oman

國家概況

簡 稱：阿曼

政 體：世襲君主制

首 都：馬斯喀特

地理概況

位　置：亞洲西部阿拉伯半島東南部

國土面積：30.95萬平方公里

氣　候：熱帶沙漠氣候

社會概況

全國人口：約409.2萬

主要民族：阿拉伯人

官方語言：阿拉伯語

主要宗教：伊斯蘭教

經濟概況

支柱產業：石油天然氣

貨　幣：阿曼里亞爾

　　阿曼是阿拉伯半島最古老的國家之一。西元前2000年已廣泛進行海上和陸路貿易活動，並成為阿拉伯半島的造船中心。7世紀該國成為阿拉伯帝國的一部分，11世紀末獨立。1429年，伊巴德教派確立在阿曼的統治。1507年，阿曼遭葡萄牙入侵並長期被其殖民統治。1649年，阿曼當地人推翻葡萄牙統治，建立雅魯卜王朝。1742年，阿曼被波斯入侵。18世紀中葉，趕走波斯人，建立賽義德王朝，取國名為「馬斯喀特蘇丹國」。1871年成為英國保護國。1913年，阿曼山區部落舉行反英起義，建立「阿曼教長國」。1920 年，英國承認「教長國」獨立，阿曼分為「馬斯喀特蘇丹國」和「阿曼伊斯蘭教長國」兩部分。1967年全境統一。1970年改國名為「阿曼蘇丹國」。

　　1978年5月25日中國與阿曼建交。2008年4月，馬斯喀特成為北京奧運火炬境外傳遞中唯一的阿拉伯國家城市。兩國經貿合作發展順利，文化交流

也十分活躍。2007年，中阿友協成立。2010年，阿中友協成立。

　　阿曼人待人真誠無與倫比，他們視款待好賓客為無上的光榮。因此，他們遇到陌生人總是主動打招呼，並熱情問候，甚至還邀請客人去家中作客。阿曼有以咖啡招待客人的習慣，一般在落座後，侍者手執精緻銅壺為客人斟一小杯咖啡，其中含有荳蔻等香料，味酸苦且香料味濃郁。客人喝完後，若將杯子在空中左右晃動，則表示不再喝，若不晃，則侍者將繼續為客人斟咖啡。

　　阿曼人在飲食嗜好上有如下特點：注重菜餚酥香鮮嫩，注重菜品質高量小。口味不喜太鹹，偏愛辣味。主食以麵食為主，尤以餅類為最好，也愛吃甜點心。副食愛吃魚、駝肉、羊肉、牛肉、鴿、雞、鴨、蛋品等，喜歡黃瓜、豌豆、番茄、茄子、馬鈴薯等蔬菜。

　　阿曼人的服飾與其他海灣國家略有不同，有獨特的民族風格。男人身著無領長袍，領口左邊有一個小穗，用來蘸香水。男人頭上戴的頭巾以條紋圖案居多，緊緊地盤繞在頭上，留一個巾角垂在腦後，這種纏頭方式是受巴基斯坦、印度和波斯人影響。在非正式場合，阿曼人喜歡戴一種線織的圓帽，上有金絲線編織的漂亮圖案，具有伊斯蘭和非洲服飾的特色。在正式場合，阿曼男子要在長袍外面佩戴「汗吉爾」，即阿曼腰刀。阿曼婦女中既有穿黑袍的傳統女性，也有打扮時髦的現代青年。

　　阿曼為伊斯蘭國家，社會風氣較為保守，但無特殊禁忌，到阿曼一定要尊重當地伊斯蘭文化。阿曼週末為週四、週五；齋月期間，白天不能在公共場合吃東西、喝水、抽煙等；阿曼人視左手不潔，忌諱用左手接觸食物及他人。

特色節日

國慶日　11月18日

阿曼咖啡 Oman Coffee

阿曼民族服裝 National Costume of Oman

巴赫萊要塞 Bahla Fort

　　巴赫萊要塞是阿曼古代王都之一，阿拉伯人在阿曼修建了許多要塞堡壘和塔防，用以抵禦來自海上的波斯人的偷襲，抗擊沙漠遊牧民族貝都因人的掠奪，體現了前伊斯蘭時期的建築風格。這個遺址在1987年被列入《世界遺產名錄》。

　　阿曼是阿拉伯半島上歷史最悠久的國家之一，扼守著控制波斯灣進出航道的荷莫茲海峽，使這裡成為文明的交會地。在伊斯蘭時代之前，阿曼就有發達的藝術，像著名巴赫萊要塞，坐落在距離阿曼首都馬斯喀特西南部約200千米處。它主要是由土磚、棕櫚樹幹和石塊建造而成，是阿曼規模空前的要塞，也是阿曼伊斯蘭文化時代到來之前那段歷史時期的主要歷史遺蹟。阿曼歷史上曾遭受葡萄牙入侵，首都馬斯喀特保留有葡萄牙人建築的堡壘。阿曼現代建築的代表是蘇丹卡布斯大清真寺，也稱為「大清真寺」，是世界最大的清真寺之一，為阿曼最主要的大清真寺，是每一位來馬斯喀特遊客的必到之地。大清真寺是一座現代化風格的建築，通體為白色，是阿曼給人印象最深刻的宗教性建築。

蘇丹卡布斯大清真寺 Sultan Qaboos Grand Mosque

蘇丹卡布斯大清真寺是伊斯蘭教建築群體型制之一，位於首都馬斯喀特，落成於2001年5月4日。它是一個極具吸引力的建築奇蹟，象徵著馬斯喀特的宗教裏程碑。

Oman

Oman is one of the most historical countries on the Arabian Peninsula. Omani art was quite developed even before the Islamic era. The famous Bahla Fort, which is built of adobe, palm trunks, and stones, is the main Omani historical site from the pre-Islamic era. Oman was invaded by Portugal, and its capital, Muscat, still retains the fortresses built by the Portuguese. An indicative example of its modern architecture is the Sultan Qaboos Grand Mosque, a modern-style building with a white exterior. Established in 1998, the Muscat Festival is an annual celebratory cultural and artistic event.

葉門共和國 The Republic of Yemen

國家概況

簡 稱：葉門

政 體：共和制

首 都：沙那

地理概況

位 置：亞洲西部阿拉伯半島南部

國土面積：55.5萬平方公里

氣 候：熱帶氣候

社會概況

全國人口：約2360萬

主要民族：阿拉伯人

官方語言：阿拉伯語

主要宗教：伊斯蘭教

經濟概況

支柱產業：工業、農業

貨　幣：葉門里亞爾

葉門有3,000多年文字記載的歷史，是阿拉伯世界古代文明搖籃之一。西元前14世紀起先後建立麥因、薩巴、希木葉爾等王朝，575年併入波斯帝國，7世紀成為阿拉伯帝國的一部分，9世紀建立拉希德王朝，16世紀後曾先後遭葡萄牙、鄂圖曼帝國和英國入侵與占領。1918年建立獨立王國。1934年，英國迫使王國承認英對葉門南部的占領，葉門被正式分割為南北兩方。1962年9月，阿卜杜拉·薩拉勒為首的「自由軍官」組織發動革命，推翻北部的巴德爾王朝，成立阿拉伯葉門共和國。1967年，南部葉門擺脫英殖民統治獲得獨立並成立南葉門人民共和國。1990年5月22日，北、南也門宣佈統一，成立葉門共和國。1994 年5月，葉門北南方領導人在統一等問題上矛盾激化，爆發內戰。7月內戰結束，葉門社會黨領導的南方軍隊失敗。

中國和北葉門、南葉門分別於1956年9月24日和1968年1月31日建交。

葉門人相見時，一般先互相致意問候，然後擁抱親吻面頰1—3次，或者握手後互吻手背一兩次，或者握手後吻自己的手背一次，以表示對客人的尊敬。葉門還有個傳統禮節就是吻足禮，晚輩拜望長輩，或即將出遠門與長輩告別時，先以雙手擁抱住對方，吻長輩的臉部，然後跪下再吻長輩的大腿、小腿，以至腳背。認為這樣表示晚輩對長輩的尊敬和祝福。

葉門人最愛吃的佳餚為烤全羊，其最為珍貴的部分是羊頭。主食是阿拉伯大餅，用餐慣以右手取食，他們習慣喝茶，也樂於喝咖啡，在喝茶時總在茶水裡加入咖啡豆殼，而喝咖啡要放大量的香料和薑。

男穿裙子女穿褲，是阿拉伯葉門人服飾的一大特點。一年四季，男子不分老幼均穿裙子。男子一般到15歲左右就要腰束一條寬皮帶，佩帶一把腰刀。從前，佩刀用於自衛，現在只為了裝飾。

葉門絕大部分人信奉伊斯蘭教，禁酒，禁豬肉，禁止對婦女拍照，忌諱談論有關豬的話題，禁止銷售和飲用各類酒。葉門人忌諱別人拍打其後背，認為那是一種極不禮貌和不尊重人的表現。忌諱用左手傳遞物品或食物。女士一般不與男士握手，但如女方主動伸手，男士亦不必迴避。教眾對西曆星期五（伊斯蘭教曆禮拜天）的禮拜活動非常重視，不論男女老少都前往附近的清真寺禱告。

特色節日

國慶日　5月22日

葉門民族服飾 National Costume of Yemen

葉門特色餐飲 Signature Food of Yemen

　　葉門是阿拉伯世界古代文明搖籃之一，也為伊斯蘭教在全世界的傳播發揮過重要作用。葉門文化是阿拉伯民族文化的重要組成部分，其文化藝術可分為古代文化藝術、伊斯蘭教時期文化藝術、20世紀文化藝術。

　　在葉門哈達拉毛地區發現了亞述時期的岩石畫，其中有彩色畫，有些動物畫看上去非常精細，具有高超的藝術水準。葉門古代的篆刻文字主要刻在石頭、樹枝、泥土或銅器上，**透過這些文字及圖案，可以瞭解葉門薩巴王朝**及其以後時期的宮廷生活、社會生活及對外交往的情況。

　　葉門多山、多石頭、多石洞，古時候石雕藝術非常盛行，具有高超水準和自己的特色。在石雕藝術中，有些作品表達了宗教信仰和對大自然的崇拜，尤其是人物和動物雕刻。葉門古代石雕人物藝術手法逼真、細膩，人物面部是雕刻的重點，這些石雕人物特徵是：眼睛大，兩眼注視前方；嘴巴小，雙唇閉合，略帶微笑；耳朵小，鼻子尖且挺直，手小腳大，軀體刻畫為粗線條。葉門古老的手工藝主要有金屬製品、珠寶製品和紡織品。這些古老的手工藝製品既實用又美觀，一直流傳至今。

　　3世紀，葉門地區修建了著名的古丹宮，各種各樣的建築材料——石頭、磚、土坯、大理石、彩色玻璃——將不同的材料縫隙、顏色、紋理和諧地同時顯現出來。塔樓式的住宅、悅目的褐色牆面以及粉刷其上的耀眼白

色，與清真寺的尖塔和圓形穹頂相映生輝。沙那古城是葉門伊斯蘭時期建築藝術的代表。在殘缺的城牆內沙那提供了一種建築風格總體一致的典範，其設計和各個細節反映了具有伊斯蘭早期空間特色的一種有序結構。

　　葉門古代文學中最突出的是詩歌，詩歌多以歌頌部落酋長或國王的功德、軍隊勇敢作戰、官兵建功立業、社會功德等題材為主。在遠古歷史中，詩人在部落的地位僅次於酋長，詩人透過有煽動性極強的詩句激起士兵的怒火，激勵士兵奮勇作戰。有些詩人也寫針砭時弊的詩歌，來揭露黑暗的社會和不人道的傳統。伊斯蘭時期許多葉門文學工作者把精力放在伊斯蘭經文、阿拉伯書籍的編輯和分類方面，並從事一些散文創作。

希巴姆古城 Shibam · Old Town

希巴姆在歷史上曾是繁榮的商貿中心。希巴姆的建築，大多可追溯到16世紀，古城被軍事防禦牆環繞，它是基於垂直建築規則的最古老、最傑出的城市規畫經典範例之一。這個時期出版了兩本有價值的書籍，分別是《國王與過去的資訊》和《格言諺語》。進入20世紀後，葉門的文學藝術有了一定的發展。北葉門實現共和，南葉門獨立和葉門統一，更為文學藝術的發展創造了條件。葉門現代文學藝術的發展首先從詩歌開始。在阿拉伯世界，詩歌被譽為「阿拉伯人的舌頭」，備受重視。葉門的詩歌打破了以往的傳統，從內容到形式都有新發展，葉門詩人發表了大量反映政治鬥爭、社會變革和人民群眾現實生活的詩歌，有些詩歌充滿愛國激情，強烈要求變革，反映了廣大人民群眾的心聲，在社會上引起了強烈的共鳴。一些詩人寫了不少自由體詩歌和浪漫主義詩歌，這在長期處於封建統治下的葉門引起了很大轟動，在葉門文學藝術領域中也是一種創新和變革。

沙那古城 Sana'a，Old Town

沙那古城位於葉門首都沙那的東部，坐落在葉門西部海拔2200米的高原盆地中。沙那古城地處穿越葉門山脈的主要交通線上，與非洲之角遙相呼

應。城中保存著不同時期的古典建築。1986年，沙那古城被列入《世界遺
產名錄》。

Yemen

Yemen is one of the cradles of ancient civilization in the Arab
world. Its arts can be divided into three periods: the ancient era, the
Islamic era and the 20th century. During the reign of Assyrian Empire,
cave paintings were already in color, and stone carvings were also very
popular, the most distinctive of which were those of human and animal
figures. Its ancient crafts included metalwork, jewelry, and textiles,
which continue to be created today. In the 3rd century, the famous
Ghumdan Palace was built. The old city of Sana'a in Yemen is
representative of architecture of the Islamic era.

Yemen's most prominent form of ancient literature is poetry, most
of which was composed to praise tribal chiefs, the merits of kings, the
bravery of armies, officers' contributions, and social achievements.
Entering the 20th century, some poets wrote free verse poems and
romantic poems, which were innovative and revolutionary in the field
of literature.

沙烏地阿拉伯王國 Kingdom of Saudi Arabia

國家概況

簡 稱：沙烏地阿拉伯

政 體：君主制

首 都：利雅德

地理概況

位 置：亞洲西部阿拉伯半島

國土面積：225萬平方公里

氣 候：熱帶沙漠氣候

社會概況

全國人口：約3152萬

主要民族：阿拉伯人

官方語言：阿拉伯語

宗教：伊斯蘭教

經濟概況

支柱產業：石油

貨 幣：沙烏地阿拉伯里亞爾

7世紀開始，沙烏地阿拉伯一直是阿拉伯帝國的一部分，伊斯蘭教的聖地麥加和麥地那都在今沙烏地阿拉伯境內。16世紀為鄂圖曼帝國所統治。19世紀英國侵入，當時分漢志和內志兩部分。1924年內志酋長阿卜杜勒阿齊茲‧阿勒沙烏地阿拉伯兼併漢志，次年自稱為國王。經過多年征戰，阿卜杜勒阿齊茲‧阿勒沙烏地阿拉伯終於統一了阿拉伯半島，於1932年9月23日宣告建立沙烏地阿拉伯王國。

1990年7月21日，中國與沙烏地阿拉伯建交。雙方在經貿、能源、文化等領域的合作進一步加深，建立了戰略性友好關係。

沙烏地阿拉伯服飾 Arabian Costume

沙烏地阿拉伯手抓飯 Arabian Plov

　　一般人在外多以握手問候為禮。如果雙方（指男子）信仰一致或比較友好，雙方左右貼面三次。有時候主人為表示親切，會用左手拉著對方右手邊走邊說。交換物品時用右手或用雙手，忌用左手。

　　按穆斯林的習俗，該國以牛、羊肉為上品，忌食豬肉，忌食有貝殼的海鮮和無鱗魚，肉食不帶血。以前阿拉伯人多用右手抓飯，現在招待客人多用西餐具。阿拉伯國家的飯菜主食是大餅和手抓飯，大餅由特製的爐子烘烤而成，外脆內嫩，鮮美可口，價格便宜。

　　沙烏地阿拉伯人衣著樸素。男性穿白色長袍，頭戴白頭巾，用黑色繩圈壓著。許多人喜歡戴紅色格子的頭巾。社會地位高的人士，在白袍外邊穿一件黑色或金黃色鑲金邊的紗袍，王室成員和大酋長們都穿這種紗袍。女性必須穿黑袍。伊斯蘭教徒一天必須禱告五次，禱告時當地人都必須要去清真寺做禮拜。

沙烏地阿拉伯嚴禁崇拜偶像。不允許商店出售小孩玩的洋娃娃，不得攜帶人物雕塑進入公共場所，在他們的心目中真主只有一個。忌諱男女間的接觸。嚴禁飲酒，飲酒和私自釀酒都會受到嚴刑懲罰，輕者一般要受6個月徒刑或鞭笞之刑。不可隨意照相，嚴禁對女人、宗教設施和皇室建築等拍照。在沙烏地阿拉伯，旅遊者最好向周圍人詢問，獲得肯定答覆再拍照。忌諱左手遞送東西或食物，沙烏地阿拉伯人認為這種舉動有汙辱人的含義。

特色節日

國慶日　　9月23日

開齋節　　　伊曆10月第一天

宰牲節　　　伊曆12月10日

瑪甸沙勒 Mada'in Saleh

　　瑪甸沙勒考古遺址是沙烏地阿拉伯第一個列入《世界遺產名錄》的遺產。這座遺址以前被稱為黑格拉（Hegra），是約旦南部的納巴泰文明保留下來的最大的一處遺址。遺址上有保存完好的巨大墳墓，墳墓正面有紋飾，可以追溯到西元前1世紀到西元1世紀。

阿拉伯民族是一個歷史悠久、文化古老的民族，阿拉伯半島是阿拉伯人的故鄉，是阿拉伯古老文明的發源地。1932年建立的沙烏地阿拉伯王國，是阿拉伯半島最大的國家，疆域內有伊斯蘭教的聖城麥加和麥地那，因此成為伊斯蘭世界藝術的中心之一。

　　麥加大清真寺是伊斯蘭教第一大聖寺，每年吸引著來自世界各地不計其數的穆斯林前來朝覲。這座清真寺在歷史上經多次擴建，能夠體現沙烏地阿拉伯建築的藝術水準。

　　阿拉伯地區有著悠久的口傳文學傳統。中世紀，阿拉伯阿拔斯王朝處在本民族文化史上的「黃金時代」。這一時期的詩歌內容豐富多彩，題材多種多樣，藝術表現完美，無論是抒情詩人、草莽詩人或部落詩人，都有許多佳作傳世，形成了阿拉伯文化的第一個高潮。沙烏地阿拉伯建國後，民族文學取得了一定的發展。

Saudi Arabia

The Kingdom of Saudi Arabia, which was founded in 1932, is the largest country in the Arabian Peninsula. The Islamic holy cities of Mecca and Medina are located within its territory; therefore, it is the world's center of Islamic art. Masjid al-Haram (or the Great Mosque of Mecca) is the largest mosque in the world, attracting countless Muslims on pilgrimage from all over the world every year. This mosque was expanded several times and best reflects the artistic level of Saudi Arabian architecture. The Abbasid period in the Middle Ages was the "golden age" of national culture. The poems of this period were rich in content, diversified in themes, and highly expressive. After the founding of the Kingdom of Saudi Arabia, national literature also began to make good progress.

麥加大清真寺 Great Mosque of Mecca

圖為麥加大清真寺廣場中央的克爾白天房。

約旦哈希姆王國 The Hashemite Kingdom of Jordan

國家概況

簡　稱：約旦

政　體：世襲君主立憲制

首　都：安曼

地理概況

位　置：亞洲西部阿拉伯半島西北部

國土面積：8.9萬平方公里

氣　候：西部高地屬地中海氣候，東部、南部屬熱帶沙漠氣候

社會概況

全國人口：約950萬

主要民族：阿拉伯人

官方語言：阿拉伯語

主要宗教：伊斯蘭教

經濟概況

支柱產業：僑匯、旅遊業、外援

貨 幣：約旦第納爾

　　約旦原是巴勒斯坦的一部分，7世紀初屬阿拉伯帝國版圖，1517年歸屬鄂圖曼帝國，第一次世界大戰後淪為英國委任統治地。1921年，英國以約旦河為界，把巴勒斯坦一分為二，西部仍稱巴勒斯坦，東部建立外約旦酋長國。1946年3月22日，英國承認外約旦獨立，5月25日改國名為「外約旦哈希姆王國」。1950年4月，外約旦同約旦河西岸合併，改稱「約旦哈希姆王國」。1967年，第三次以阿戰爭中，以色列占領西岸。1988 年7月，侯賽因國王宣佈中斷同約旦河西岸地區的「法律和行政聯繫」。1994年10月，約旦同以色列簽署和平條約。

　　中國和約旦於1977年4月7日建交。建交以來，兩國在政治、經濟、軍事、文化等各方面的關係穩步發展，友好往來不斷增加。近年來，中國已成為約旦第二大交易夥伴和第二大進口來源國。

約旦傳統服飾 Traditional costume of Jordan

約旦是一個注重禮儀的國家，並且禮儀較為傳統和繁多。在約旦女士一般可同男士一起參加各種社交活動，但男士與女士見面問好，只進行握手寒暄，而女士之間互行握手或貼面禮。

　　約旦大部分居民信仰伊斯蘭教，因此飲食多為清真餐飲。約旦人的食品以牛肉、羊肉、雞肉、穀物、蔬菜為主。在約旦，正式的宴請並不上酒，私人宴請不勸酒，但飯店有酒供應。

　　居住在約旦城鎮中的老年人愛穿阿拉伯長袍，按當地習俗，婦女一般不穿袒胸露背和緊身的服裝。另外，不論男女都不佩戴有宗教意義的珠寶首飾。

　　約旦人在談話時喜歡注視對方，雙方距離很近，約旦人認為，目光旁視或東張西望都是輕視人的行為。他們還討厭別人把腳掌朝向自己，禁止用左手遞送東西。

特色節日
獨立日　5月25日

佩特拉古城 Petra

佩特拉古城（西元前9年─西元40年），是約旦南部沙漠中的神秘古城之一，也是約旦最負盛名的古蹟之一。2007年7月8日被評選為世界新七大奇蹟之一。

約旦是一塊人類文明的沃土，古代迦南人、埃及人、波斯人、希臘人、羅馬人、拜占庭人、土耳其人等都在不同時期居住或占領、統治過這一地區。因此，約旦的文化彙集了東西方文明的特色。近代歷史學者把這一地區稱為「世界歷史的博物館」。

約旦美術可以追溯至西元前3000年至前331年，出現於西亞底格里斯河和幼發拉底河流域一帶。其藝術風格特點是：各種藝術風格互相滲雜，多種淵源彙集，造型藝術絢麗多彩，帶有明顯的東方風格，即寫實與裝飾相互結合。傳世藝術品有圓雕、浮雕、陶器、樂器和貴金屬工藝品，以及巨大的神廟和宮殿遺址。由於戰亂、不重視墓葬、水災等因素，約旦的藝術保存情況不佳，並且美術作品以工藝美術和雕塑作品居多。著名的佩特拉古城位於乾燥的海拔1000米的高山上，並且處於與世隔絕的深山峽谷中，它緊靠山岩巨石，周圍都是懸崖峭壁。古城中的宮殿、廟宇、陵墓、住房、劇場、浴室

等幾乎全在岩石上雕刻而成，是名副其實的「石頭城」。這座峽谷中的城市是約旦古代建築藝術的代表。

Jordan

Jordanian art can be traced back to 3,000 B.C., originating from the river valleys of the Tigris and Euphrates in west Asia, the same art as that found in today's Iraq, Syria, Turkey, Jordan, Palestinian, and western Iran. The art is characterized by the integration of various artistic styles and origins. Its plastic arts are usually glamorous and colorful, with a distinct oriental style and a combination of realistic and decorative arts. Its artistic masterpieces of art include free-standing sculptures, reliefs, potteries, musical instruments, and precious metal crafts, as well as ruins of huge temples and palaces. The famous archaeological city of Petra represents the architecture of ancient Jordan. In the early 7th century, Jordan adopted Islam, and the art began to show strong religious overtones.

庫塞爾阿姆拉 Quseir Amra

庫塞爾阿姆拉城堡位於艾茲賴格地區，建於8世紀早期。這座古老的沙漠城堡是倭馬亞王朝的哈里發在現今的敘利亞及約旦沙漠中修建的眾多行宮之一，也是倭馬亞時代保留下來的最完好的一處建築群。

阿拉伯敘利亞共和國 The Syrian Arab Republic

國家概況

簡 稱：敘利亞

政 體：總統制共和制

首 都：大馬士革

地理概況

位 置：亞洲西部地中海東岸

國土面積：18.52萬平方公里（包括被以色列占領的戈蘭高地約1200平

方公里）

氣　候：北部地方屬亞熱帶地中海氣候，南部地區屬熱帶沙漠氣候

社會概況

全國人口：約1980萬

主要民族：阿拉伯人

官方語言：阿拉伯語

主要宗教：伊斯蘭教

經濟概況

支柱產業：農業

貨　幣：敘利亞鎊

西元前3000年時敘利亞地區開始有原始城邦國家存在。西元前8世紀起，該國先後被亞述、馬其頓、羅馬、阿拉伯、歐洲十字軍、埃及馬木路克王朝、鄂圖曼土耳其帝國等統治。1941年9月27日，「自由法蘭西軍」總司令賈德魯以盟國名義宣佈敘利亞獨立。1943年8月，敘利亞成立自己的政府。1946年4月17日，英、法被迫撤軍，敘利亞獲得完全獨立。1958年2月1日，敘利亞和埃及宣佈合併，成立阿拉伯聯合共和國。1961年9月28日，敘利亞宣佈脫離「阿聯」，成立阿拉伯敘利亞共和國。

1956年8月1日，敘利亞與中國建交，成為同中國建交最早的阿拉伯國家之一，兩國關係一直友好。兩國政府高度重視開展雙邊經貿合作。

在敘利亞有見面握手、擁抱和親臉的習俗。同事和朋友間一般見面用握手表示歡迎。親朋好友在久別重逢或出遠門時，便會熱烈擁抱並吻腮三下（僅限於同性別之間，男的為左、右、左，女的為右、左、右。如關係密切的還會在吻腮的同時嘴裡發出咂咂的聲響）。敘利亞人平時以先生、女士、小姐相稱，關係較好、熟識的一般相互稱對方別名，如使用「艾布某某」即

「某某之父」作為別稱；婦女們則在名字前面加上「西蒂」，即「某某夫人」或「某某太太」之意。

敘利亞人的主食是白麵和稻米。敘利亞人餐桌上常見的菜餚有烤羊肉、雞肉、炸魚、煮牛肉、黃瓜、醃橄欖、乳酪、番茄沙拉、生菜、洋蔥、燜蠶豆等。甜食也是敘利亞人愛吃的食品，幾乎每餐必備。在飲料方面，人們常飲紅茶、咖啡。

婦女穿長袍或風衣，頭上裹著白色頭巾，伊斯蘭氣氛濃重，給人一種飄逸俊秀、落落大方而又不失莊重、典雅的感覺。

敘利亞的禁忌分為兩大類，一是宗教方面的：嚴格遵守伊斯蘭教規。二是一般生活方面：如在喝湯或其他熱飲時發出聲響是一種很不禮貌的行為；食物入口不許復出；吃飯時，需用右手抓食，不能用左手。

特色節日

國慶日　　4月17日

敘利亞民族服裝 National Costume of Syria

敘利亞水煙館 Hookah Bar of Syria

大馬士革古城 Ancient City of Damascus

　　大馬士革是敘利亞的首都，建於西元前3000年，為地中海沿岸的交通要衝，是亞洲也是世界上最古老的城市之一。大馬士革古城區保存著許多古

羅馬時期和阿拉伯帝國時期的名勝古蹟，堪稱「古蹟之城」。

　　敘利亞是一個具有悠久歷史和古老文明的國家，其歷史文化可分為塞姆文明時期、希臘化時期、阿拉伯時期、鄂圖曼時期以及法國統治時期和敘利亞建國之後。

　　塞姆文明時期的敘利亞發展航海貿易，促進了地中海沿岸各國的經濟、文化交流。西元前333年亞歷山大大帝占領敘利亞，至塞琉古帝國時代，希臘文化和塞姆人文化互相滲透，形成一種希臘化的敘利亞文化，從而為阿拉伯文化的形成提供了一個重要的泉源。16世紀初，敘利亞處於鄂圖曼帝國統治下，它的文學、藝術主要是因襲舊傳統。之後，敘利亞進入法國統治階段。在敘利亞藝術中，能夠發現這些不同來源藝術的影響。敘利亞的大馬士革古城、阿勒坡古城均地處交通要道，是古代建築藝術的傑出代表。此外，帕邁拉遺址是古羅馬城市遺址，見證了敘利亞悠久的歷史。

　　19世紀末，在埃及近代文化復興和歐洲文化影響下，文學創作活動逐漸發展。作家阿卜杜·拉赫曼·凱瓦基比撰寫《專制的本質》等著作，抨擊土耳其暴政。法蘭西斯·麥拉什的小說《真理的叢林》，表達了人民追求自由、解放，建設新世界的要求。20世紀初，大批文學家不堪忍受壓迫，流亡國外。劇作家艾布·赫利勒·格巴尼僑居埃及，根據歷史傳說和《一千零一夜》的故事，共創作了50多部戲劇。

Syria

Syria is a country with a long history and ancient civilization, and different sources can be found in its art. Its history and culture can be divided into the Semitic civilization period, the Greek period, the Arab period, the period of Osman, the period of French rule, and postindependence. In 333 B.C., Alexander the Great occupied Syria. By the era of the Seleucid Empire, Greek culture and Semitic culture interpenetrated, forming a Hellenized Syrian culture. The Ancient City of Damascus and the Ancient City of Aleppo are outstanding examples of ancient Syrian architectural art. In the 7th century, the Arabs began their reign over Syria and the country entered the Arabian-Islamic era.

During the rule of the Ottoman Empire, its literature and art mainly inherited old traditions. In the 18th century, Syria became a French colony and Western culture began to dominate. In the second half of the 19th century, the Arabian cultural renaissance led by Syrian bourgeoisie intellectuals developed rigorously. Influenced by the modern Egyptian cultural renaissance and by European cultures, Syrian literature evolved rapidly.

阿勒坡城堡 Ancient City of Aleppo

　　阿勒坡城堡是一座大型中世紀城堡，位於敘利亞北部城市阿勒坡古城中心，建於13世紀，是世界上最古老、最大的城堡之一。城堡裡保存有各個時期遺留下來的古蹟，是敘利亞歷史文化的寶庫。

土耳其共和國 Republic of Turkey

國家概況

簡 稱：土耳其

政 體：共和制

首 都：安卡拉

地理概況

位 置：跨亞、歐兩洲，大部分在亞洲的小亞細亞半島

國土面積：78.36萬平方公里

氣 候：南部沿海地區屬亞熱帶地中海氣候，內陸為大陸性氣候

社會概況

全國人口：約7981萬

主要民族：土耳其族

官方語言：土耳其語

主要宗教：伊斯蘭教

經濟概況

支柱產業：石油

貨 幣：新土耳其里拉

土耳其人史稱突厥，8世紀起由阿爾泰山一帶遷入小亞細亞半島，鄂圖曼一世在1299年建立鄂圖曼帝國。16世紀達到鼎盛期，疆域橫跨亞、歐、非三洲，領有南歐、巴爾幹半島、中東及北非的大部分領土和屬地，19世紀時開始衰落。1914年土耳其在第一次世界大戰中加入同盟國作戰，1918年戰敗。根據《凡爾賽和約》，土耳其喪失了大片領土，淪為英、法、德等國的半殖民地。1919年，凱末爾領導民族解放戰爭反抗侵略並取得勝利，1923年10月29日建立土耳其共和國，凱末爾當選首任總統。

1971年8月4日，中國和土耳其建交。近幾年，兩國高層互訪增多，雙邊關係發展較快。兩國經貿合作穩步開展，交通、電力、冶金、電信是雙方合作的重點。

穿土耳其民族服裝的女性 Women in Turkish National Costume

土耳其烤肉 Doner Kebab

　　土耳其社會階級化仍比較明顯，對老人或有地位的人要表示恭敬。男女之間需要保持一定距離，避免親吻。人們在進入清真寺前要脫鞋，而當遊覽尖塔時則要把鞋穿上。清真寺的宗教場所會限制非伊斯蘭教徒入內，或開放時間有所不同。土耳其是個講究禮儀的民族，朋友見面先親吻左、右臉頰，不太熟悉的則握手。到別人家裡做客時要脫鞋。

　　土耳其菜餚一般包括醬汁美味配穀類食物、各種蔬菜、肉類、湯、橄欖油拌涼菜、糕點以及野菜，還有很多健康食品，如熬成糖漿的葡萄汁、優酪乳、蒸蕎麥等。此外，土耳其烤肉也非常有名。

　　土耳其的傳統服裝在農村和特殊的日子裡常穿。男性的傳統服裝有襯衣、短褲、毛襪、皮鞋。女性的傳統服裝有兩種，一種是頭巾和頭飾，棉襯衣，寬大的無襠褲；另一種是「三件頭」，即三塊布組成的長裙子，穿在襯衣和褲子外面。在現代，雖然絕大部分土耳其人信仰伊斯蘭教，但是，從1926年以後，國家正式廢除了伊斯蘭教徒的女性必須頭戴面紗，身穿長袍的習俗。

土耳其是伊斯蘭國家，但作息時間與西方無異。除進入清真寺須脫鞋及肅靜外，國內氣氛非常自由，與其他中東地區伊斯蘭國家迥異。中等階級以上的土耳其人，大都自認為歐洲人。土耳其英文並不普遍，除觀光旅館、飯店或商店外，洽商公務最好有土文翻譯。土耳其人極崇敬其國父凱末爾將軍，不論公司、政府機關均懸掛凱末爾的相片。

特色節日

新年　　1月1日

國家主權及兒童節　　4月23日

青年與體育節　　5月19日

勝利日　　8月30日

獨立日　　10月29日

　　土耳其文化可以分為伊斯蘭早期、鄂圖曼帝國時期和18世紀至今三個階段。8世紀開始，土耳其被阿拉伯帝國攻占，伊斯蘭文明統治著土耳其文化。鄂圖曼帝國時期是土耳其藝術發展的鼎盛期，並受到之前在這個地區出現的古希臘、拜占庭風格以及波斯文化的影響。20世紀初，西方文明進入土耳其，土耳其藝術開始出現抽象派、印象派等西方藝術風格。

伊斯蘭早期（8—14世紀）

　　8世紀初，阿拉伯帝國攻占土耳其，將伊斯蘭文化帶入。由於伊斯蘭教反對偶像崇拜，因而藝術作品中缺少對人物和動物造型的塑造，圖案大多為幾何圖案，具有明顯的抽象化和形式化的特徵。建築藝術的成就主要是清真寺和宮殿建築。清真寺的基本特點是高高的宣禮尖塔、大圓屋頂、半圓凹壁和馬蹄形拱門。宮殿借鑑了巴比倫和波斯的建築形制，大牆環拱，內院寬闊，柱廊迴繞，後面是一層或兩層的寢宮。門窗雖不多，但建有防禦的角樓和瞭望塔，同時融入了拜占庭帝國與波斯薩珊王朝的建築藝術。

鄂圖曼帝國時期（15—17世紀）

鄂圖曼帝國時期，土耳其藝術的特徵在於色彩的平衡、幾何圖案和線條的和諧。建築受到波斯、拜占庭及伊斯蘭阿拉伯式建築影響，是前伊斯蘭時代薩珊建築的延續。方形建築上的圓穹是奧圖曼建築的核心，建築內部裝飾有華麗的彩色瓷磚。清真寺是鄂圖曼建築最重要的成就，其他鄂圖曼建築的例子有施粥場、神學院、醫院、土耳其浴室及陵墓。15世紀和16世紀是鄂圖曼古典時期，代表建築是塞扎德清真寺、蘇萊曼清真寺和周圍建築的集合體。古典時期的建築各個部分和元素協調統一，拜占庭建築風格對其影響深厚，特別是聖索菲亞大教堂。最典型的結構是由希南建造的類似於聖索菲亞大教堂圓頂結構的蘇萊曼清真寺，但是內部結構開放，不再使用類似柱廊或其他的結構分隔開，注重光和影的運用，增添了很多巨大的玻璃。清真寺由內部和外部的庭院組成，內庭院和清真寺密不可分。鄂圖曼時期的插畫和細密畫覆蓋了全部具象和抽象的手稿裝飾圖，細密畫細膩動人，比起波斯細密畫更注重細節，陰影更強烈。畫家分為兩個畫派：一類繪作裝飾壁畫和鮮花圖案，另一類為非穆斯林畫家，繪畫內容為肖像、圍攻和決鬥的場景。

聖索菲亞大教堂 Hagia Sophia

聖索菲亞大教堂是位於土耳其伊斯坦堡的宗教建築，有近1500年的漫長歷史，因其巨大的圓頂而聞名於世，是一幢「改變了建築史」的拜占庭式

建築。

蘇萊曼清真寺 Suleymaniye Mosque

　　蘇萊曼清真寺聳立在金角灣西岸，被稱為「伊斯坦堡最美的清真寺」。它是在鄂圖曼帝國鼎盛時期，於1550年至1557年間設計建造的。該寺庭院的四角各有一根尖塔高聳，顯示了它的寬廣宏偉。寺內的牆壁和佈道壇全部由雕刻精美的白色大理石鑲嵌而成，與窗戶上的彩色玻璃相映生輝。18世紀、19世紀的鬱金香時期，土耳其建築藝術受到當代歐洲風格的巨大影響，細節過度繁瑣，有時流於矯揉造作。19世紀後半葉，畫家鄂圖曼將西方美術帶入土耳其，油畫也開始出現。西方畫家大多來自義大利和法國宮廷，早期最有名的畫家是鄂圖曼‧哈姆迪貝伊、塞克阿莫帕薩，他們是山水畫家，很少畫人像。

　　鄂圖曼時期的古典音樂包括宮廷藝術音樂、蘇菲宗教音樂，調式體系建立在阿拉伯—波斯的基礎上，歌曲嚴格遵循鄂圖曼時代的詩詞格律，並成為曲式的基礎。

　　宮廷文學吸收了大量阿拉伯語和波斯語詞彙，語言典雅華麗，大多宣揚神祕主義世界觀。代表詩人有著名神祕主義詩人魯米和阿舍克‧帕夏等。阿舍克‧帕夏所著《異鄉流浪者的故事》被奉為伊斯蘭的百科全書。14世紀詩人蘇萊曼‧切萊比創造了穆聖誕辰詩體裁——「梅夫利德」。16世紀和17

世紀也是宮廷文學黃金時代的開始，產生了最出色的宮廷詩人富祖里·巴基。民間文學中最豐富的是詩歌，作者大多是行吟詩人或托缽僧，除了宣揚神祕主義思想、歌頌愛情外，也有反對暴政和宗教狂熱的優秀作品。

18世紀至今

近代土耳其畫家受到印象派影響很大，以粗放的筆法做畫，作品缺乏修飾，只能多考慮畫的總體效果，較少顧及細部枝節，最成功的畫家是哈利爾總督。20世紀30年代和40年代，抽象派和立體派在土耳其盛行，最著名的畫家是薩布里貝克爾。雕塑在現當代發展緩慢，多為紀念碑和阿塔圖爾克雕塑的創作，大多取材於阿塔圖爾克的史詩英雄和獨立戰爭中的歷史。許多50年代的雕塑為象徵派或是抽象派，最傑出的雕塑家是伊漢·克曼。50年代之後，土耳其雕塑受哈迪·巴拉和祖赫圖·穆利多魯影響很大，主要特徵在於種類繁多的當代雕刻工具和雕刻技巧的使用。

民間音樂繼承了中亞遊牧民族和安納托利亞地區原住各民族的傳統，而且受到阿拉伯—波斯文化的影響，同時亦含南歐文化的某些因素。現今最常見的體裁有「圖爾庫」，是一種表現愛情與日常生活的敘事歌曲。

托普卡匹宮 Topkapi Palace

托普卡匹宮原為鄂圖曼帝國蘇丹的宮殿，現為土耳其最大的博物館，位

於伊斯坦堡金角灣南岸的山頂上。托普卡匹宮是鄂圖曼帝國時期宮殿建築的代表作，收藏有大量的盔甲、鄂圖曼的縮畫、伊斯蘭書法原稿、壁畫以及鄂圖曼的珠寶等。特別是收藏了上萬件中國元、明、清三個朝代的精美瓷器，可謂中國瓷器的海外寶庫。

費利特・奧罕・帕慕克 Ferit Orhan Pamuk 1952—

　　帕慕克是當代土耳其最著名的小說家，他的作品透過「憂傷」「呼愁」來揭示、探討土耳其國家、民族和個人的命運，展現了現代文明視域下的土耳其文化，《我的名字叫紅》等作品贏得無數國際大獎。

　　文學是土耳其近現代最傑出的文化成就，1908年資產階級革命爆發，文學界重新活躍起來。引人注目的有象徵主義詩人阿赫梅特・哈希姆，以寫歷史和社會題材小說聞名的亞庫普・卡德里。之後又出現了民族文學流派，基礎是土耳其民族主義，儘量不用阿拉伯語和波斯語詞彙。詩歌提倡民歌形式，代表詩人是土耳其國歌《獨立進行曲》的詞作者麥赫梅特・埃明。小說要求取材於本民族的生活，出現了許多以民族解放運動為題材的作品。如女作家哈莉黛・埃迪普的長篇小說《磨難》，亞庫普・卡德里的長篇小說《私邸出讓》等。最傑出的作家是奧馬爾・賽福鼎和雷沙烏地阿拉伯・努里・君泰金，他們的作品大多屬於現實主義範疇，有的甚至帶有自然主義傾向。土耳其共和國成立後不久，詩歌方面曾出現過受法國詩人波特萊爾影響的「七火炬」流派。30年代，內吉普・法澤爾的表現個人在社會和宇宙中的孤獨、絕望和痛苦的詩歌又風靡一時。與他同時代的納齊姆・希克梅特則以其描寫社會生活的自由體詩歌而聞名。40年代期間雄踞詩壇的是以奧爾罕・韋利為

代表的「怪誕派」詩人。短篇小說方面，作品大多描寫勞動人民生活，反映了嚴酷的社會現實。雷菲克·哈利特·卡萊伊的《鄉土故事》是最早的現實主義作品。奧罕·帕慕克是土耳其歷史上第一位獲諾貝爾文學獎的作家，被稱為「當代歐洲最核心的三位文學家之一」，他的作品一直圍繞著闡釋和揭示土耳其人尷尬的文化身份這一主題而展開，代表作《我的名字叫紅》。

鄂圖·阿提斯 Ertugrul Ates 1954—

阿提斯是土耳其的國寶級藝術家，他擅長將古老風俗與超現實主義技法融合起來，特別喜愛用絲帶裝飾畫面，所以被稱為「絲帶藝術家」。以獨特技藝創作出來的完美作品，為他贏得最傑出的當代藝術家的美譽。

Turkey

In the early 8th century, the Arabian Empire conquered Turkey, bringing Islamic culture to the country. Given that Islam opposes idolatry, there was a lack of human and animal shapes in the artistic works of that period, and the patterns were mostly geometric shapes with apparent abstractive and formalized characteristics. Architecture, particularly mosques and palaces, was the major artistic local achievement of the time. The basic features of the mosques include minarets (tall towers), qubbas (large domes), mihrabs (a niche in the wall), and horseshoe arches. The period under the rule of the Ottoman Empire could be considered a golden era that peaked Islamic art. The art at that time was characterized by a harmonious balance of color, geometric patterns, and lines. Buildings from the era were influenced by Persian, Byzantine, and Arabian-Islamic architecture, a continuation of pre-Islamic Sassanid architecture.

The 15th and 16th centuries marked the Ottoman classical period. Representative works included the Şehzade Mosque and the Süleymaniye Mosque and its surrounding building complex. Illustrations and miniatures covered all figurative and abstract ornamental manuscripts. Compared to Persian miniatures, Turkish miniatures paid more attention to detail and had more intense shadows. During the Tulip Period, Turkish architecture was substantially influenced by contemporary European styles, giving rise to excessively complicated details.

In the second half of the 19th century, Osman Hamdi Bey introduced Western art to Turkey, and oil paintings began to appear. Classical music during the Ottoman era included court music and religious Sufi music, and the tuning system was based on the Arabian-Persian system. Court literature, which absorbed a large number of Arabian and Persian words, were written in elegant and sumptuous language and mostly preached a mystical worldview. Modern Turkish painters were greatly affected by impressionism and applied bold brushstrokes in their works. In the 1930s and 1940s, abstractism and cubism began to flourish in Turkey. However, the development of sculpture was quite slow and most work focused primarily on monuments or statues of Mustafa Kemal Atatürk. Most of the sculptures in the 1950s were inspired by symbolism or abstractism. Literature is the most prominent achievement of Turkey's modern culture. A national literary genre began to appear with the basic concept of minimizing the usage of Arabic and Persian vocabulary. Shortly after the founding of the Republic of Turkey, the Seven Torches school of poetry was formed under the influence of the French poet Charles Baudelaire. Orhan Pamuk is the first Nobel Prize winner for literature in Turkey's history and is considered one of the three core writers of contemporary European literature, his main contribution being represented by Benim Adım Kırmızı (My Name Is Red).

黎巴嫩共和國 The Republic of Lebanon

國家概況

簡 稱：黎巴嫩

政 體：議會制共和制

首 都：貝魯特

地理概況

位 置：亞洲西部地中海東岸

國土面積：1.05萬平方公里

氣 候：地中海氣候

社會概況

全國人口：約462萬

主要民族：阿拉伯人

官方語言：阿拉伯語

主要宗教：伊斯蘭教、基督教

經濟概況

支柱產業：貿易、金融

貨 幣：黎巴嫩鎊

　　西元前2000年，今黎巴嫩地區為腓尼基的一部分，以後相繼受埃及、亞述、巴比倫、波斯和羅馬統治。7世紀至16世紀初併入阿拉伯帝國，1517年被鄂圖曼帝國占領，第一次世界大戰後淪為法國委任統治地。1940 年6月，法向納粹德國投降後，黎被德、義軸心國控制。1941年6月英軍在自由法國部隊協助下占領黎巴嫩，同年11月自由法國部隊宣佈結束對黎的委任統治。1943年11月22日黎巴嫩宣佈獨立，成立黎巴嫩共和國。1946年12月英、法軍全部撤離黎巴嫩。1975年4月，黎巴嫩基督教和伊斯蘭教兩派因國家權力分配產生的矛盾激化，爆發內戰。1990年，內戰結束。

　　中國和黎巴嫩於1971年11月9日建交，雙邊關係長期平穩發展。1992年，中黎雙方簽署文化交流協定。2006年11月，中國駐黎巴嫩大使館與黎巴嫩聖約瑟夫大學簽署在該校設立孔子學院的協定。2010年5月，中黎簽署《2009—2012年文化交流執行計畫》。

　　黎巴嫩商業發達，對外貿易、轉口運輸、旅遊和金融交易在國民經濟中居重要地位。貝魯特是自由港，每年有大量西方國家的商品經黎巴嫩轉達到

中東各國。出口商品主要有蔬菜、金屬製品、紡織品、化工品、玻璃製品和水泥等。商務活動要約會，但黎巴嫩人不太注重準時。飯後是談公事的合適時機，鮮花和糖果是比較好的禮物，不要送酒和香煙。黎巴嫩人喜歡別人讚美他們的家庭，可以談論買賣、孩子、教育和旅行。他們愛聽笑話，避免談論政治、宗教和男女關係。

黎巴嫩人的主食是雞肉、羊肉及蔬菜，因此他們有六成菜式都以蔬菜為主。一切講求「純淨」，是黎巴嫩菜的最大特色。黎巴嫩人認為羊是最潔淨的動物，為了嘗到最鮮嫩的羊肉，傳統上黎巴嫩人愛吃生羊肉。

黎巴嫩受歐美文化的影響較深，與其他阿拉伯國家相比，其風俗習慣比較開放，但有些部落仍保留傳統的社會習慣。黎巴嫩婦女多圍上頭巾以遮蓋其頭髮，服飾傳統與時尚並存。

黎教派眾多，伊斯蘭教遜尼派、什葉派和基督教馬龍派為三個主要派別，此外還有伊斯蘭教德魯茲派、希臘東正教、羅馬天主教等其他教派。在參觀教堂和清真寺時勿大聲喧嘩，女性進入清真寺最好穿罩袍，戴頭巾。在與穆斯林共餐時勿食豬肉，勿飲酒。黎社會整體文化素質較高，注重禮儀和文明。黎屬於阿拉伯國家，但因國內各種宗教、民族長期共處，因而黎在風俗習慣方面既與阿拉伯國家接近，又有其他民族或宗教的特色。

特色節日

烈士節　5月6日

建軍節　8月1日

獨立節　11月22日

黎巴嫩民族服裝 National Costume of Lebanon

黎巴嫩街頭美食 Street Food of Lebanon

　　黎巴嫩文化可以分為古文明時期、伊斯蘭時期和17世紀至今三個階段。2000多年前，腓尼基人開始生活在黎巴嫩地區，先後被埃及、亞述、巴比倫、波斯、羅馬等帝國統治，受到這些國家的古文明影響。7世紀，黎巴嫩被阿拉伯帝國征服，伊斯蘭文明開始統治黎巴嫩，其現當代藝術受西方影響很大。

　　古文明時期（1—6世紀）

2000多年前，腓尼基人就生活在這片土地上，發明了腓尼基文字，成為後世西方字母文字的起源。之後，腓尼基人被古埃及統治，古埃及文明進入黎巴嫩地區，這個時期的藝術特點為：建築體量巨大，宏偉壯觀，具有強烈的崇高感；雕刻樸素寫實，整體性強，有觀念化、概念化和程序化的傾向，表現方法遵守正面律；繪畫線條流暢優美，色彩豐富，人物表現採用正、側面混合法，具有鮮明的風格和獨特的感染力。之後被亞述王國征服，亞述文明開始影響黎巴嫩。建築表面常用一層華麗的彩色磚牆來修飾，因而從外觀上看很是金碧輝煌。之後被新巴比倫王國統治，巴比倫文明流入，石碑雕刻的圖案與人物造型繼承了蘇美—阿卡德時期藝術風格，古樸、渾厚。建築增添了很多服務性組合式房間，分成無數個小庭院，裝飾豪華，色彩絢麗。城門表面覆蓋著或鑲嵌著獅子、公牛和鰻魚式的鮫龍，神廟受亞述建築風格影響。之後被羅馬帝國統治，古羅馬文明流入黎巴嫩。建築風格延續了古羅馬風格，擁有寬闊的內部空間，大型建築物風格雄渾凝重，構圖和諧統一，形式多樣。神廟立面造型嚴謹，內部空間宏大，建築裝飾華麗。巴勒貝克神廟是羅馬帝國的代表作之一，它以巨石壘成，周圍是用巨石築成的高聳的城牆，大庭由 128 根玫瑰色的花崗石圓柱圍成華美的石廊，這些花崗石是從埃及阿斯旺運來的。所有的石柱和石樑都鐫刻了各種箭頭和雞蛋組成的圖案，大庭有石階通往朱庇特廟。

伊斯蘭時期（7—16世紀）

7世紀中葉，黎巴嫩被阿拉伯帝國征服，伊斯蘭文明開始主導黎巴嫩。建築是伊斯蘭藝術的最大成就，而清真寺是伊斯蘭建築的集大成者。早期的伊斯蘭教建築以基督教建築特色如圓頂、圓柱拱門、嵌瓷為來源，也會建有供會眾祈禱用的廣大中庭。哈里發時代，創建了多柱式的清真寺，這種風格的建築物是在成列的圓柱上架設屋頂，其正方形或長方形的設計可做變動，亦即視需要可增列或移去支柱來擴大或縮小面積。

巴勒貝克神廟 Baalbek

巴勒貝克意為「太陽之域」，位於黎巴嫩中部貝卡谷地。西元前2000年，腓尼基人為祭祀太陽神巴勒修建了這座神廟。羅馬帝國時期進行了大規模的增修，供奉萬神之神朱庇特、酒神巴卡斯與愛神維納斯等。巴勒貝克神廟氣勢宏偉，是羅馬帝國建築的典範。

17世紀至今

17世紀，被流放到義大利的法克雷丁瑪尼歸國，黎巴嫩現當代建築受到

托斯卡尼式建築的很大影響，鄉村簡樸但是優雅，是建築與大自然的結合，體現為密蔭、噴泉、壁飾、庭院、鐵藝、百葉窗和陽臺，甚至隔牆上的藤蔓。外觀上，一般透過天然材料，如石頭、木頭和灰泥等來表現建築的肌理，其多採用的紅色陶土屋瓦及灰泥牆面塗層，都是非常具有義式鄉村風格的元素。設計注重對線條、造型和顏色塊面的靈感性運用。

19世紀是黎巴嫩的文藝復興階段，誕生了許多著名作家，如納綏夫·雅齊吉著有瑪卡梅韻文故事《兩海集》。馬龍·奈卡什將《一千零一夜》中的故事改編為劇本，被認為是近代阿拉伯第一個劇作家。20世紀初，僑居美洲的黎巴嫩作家們創建了阿拉伯文學史上第一個重要的文學流派「敘利亞—美洲派」。主要代表人物有阿拉伯著名的女作家梅·齊婭黛，主要作品有《夢之花》、《黑暗與光明》等。還有紀伯倫·哈利勒·紀伯倫，他是黎巴嫩當代最著名的詩人和畫家，最著名的詩集是《先知》，其繪畫師從羅丹，作品具有濃重的浪漫主義和象徵主義色彩。

紀伯倫·哈利勒·紀伯倫 Gibran Kahlil Gibran 1883—1931

紀伯倫是美籍黎巴嫩阿拉伯作家。被稱為「藝術天才」、「黎巴嫩文壇驕子」，是阿拉伯文學的主要奠基人，20世紀阿拉伯新文學道路的開拓者之一。其主要作品有《淚與笑》、《先知》、《沙與沫》等，蘊含了豐富的社會性和東方精神，不以情節為重，旨在抒發豐富的情感。紀伯倫和中國的魯迅、印度的泰戈爾一樣，是近代東方文學走向世界的先驅。

Lebanon

The history of Lebanese Art can be divided into three periods: the prehistoric civilization period, the Islamic period, and the contemporary period. Approximately 2000 years ago the Phoenicians lived on this land and created the Phoenician alphabet, which was the origin of Western alphabets. Later, Lebanon was ruled successively by Ancient Egypt, the Neo-Babylonian Empire, and the Roman Empire, following which, ancient Egyptian culture, Babylonian culture, and Roman Art were introduced to Lebanon. In the mid-7th century, Lebanon was conquered by the Arab Empire and Islamic civilization began to dominate the country. Consequently, architecture became the greatest achievement of local Islamic art. Under the Muslim Caliphs, many multi-columned mosques were constructed. In the 17th century, Lebanon began its modernization process and the buildings were greatly affected by Tuscan architectural styles. The 19th century saw the revival of Lebanese art, producing a large number of famous writers. In the early 20th century, Lebanese writers who immigrated to North America created the first important literary genre in Arabian literature, known as Arab-American literature. Khalil Gibran was the main representative writer, his most famous work being The Prophet. Gibran learned from Auguste Rodin, and his works were filled with romanticism and symbolism.

巴勒斯坦國 The State of Palestine

國家概況

簡 稱：巴勒斯坦

政 體：總統制共和制

首 都：耶路撒冷

地理概況

位 置：亞洲西部地中海沿岸

國土面積：2500平方公里（實際控制區）

氣 候：亞熱帶地中海氣候

社會概況

全國人口：1100餘萬人，其中加沙地帶和約旦河西岸人口為481萬

主要民族：阿拉伯人

官方語言：阿拉伯語

主要宗教：伊斯蘭教

經濟概況

支柱產業：農業

貨 幣：巴勒斯坦鎊

巴勒斯坦古稱迦南，包括現在的以色列、約旦、加薩走廊和約旦河西岸。歷史上，猶太人和阿拉伯人都曾在此居住。西元前1020年至西元前923年，猶太人在此建立希伯來王國。羅馬帝國征服巴勒斯坦後，多次鎮壓猶太人並將大部分倖存者趕出巴勒斯坦，使其流落世界各地。622年，阿拉伯人戰勝羅馬帝國，占領巴勒斯坦。16世紀起，巴勒斯坦成為鄂圖曼帝國的一部分。第一次世界大戰後淪為英國的委任統治地。英國占領巴勒斯坦後，將其分為兩部分：約旦河以東稱外約旦，即現今的約旦哈希姆王國；約旦河以西稱巴勒斯坦，包括現今的以色列、加薩走廊和約旦河西岸。

　　中國是最早支持巴勒斯坦民族抵抗運動並承認巴解和巴勒斯坦國的國家之一。1965年5月，巴解在北京設立享有外交機構待遇的辦事處。1988年11月20日，中國宣佈承認巴勒斯坦國，兩國建交。

　　巴勒斯坦人非常熱情友好，逢年過節和應邀參加宴會時，通常有送花的習慣。婦女們過新年，隨身攜帶紅粉出門，見了親友先道喜，然後將紅粉塗在對方前額上，為的是抬頭見喜，大吉大利。巴勒斯坦人為了解渴消暑、提神生津、消食除膩，飲茶便形成了風習和普遍愛好，無論城市鄉村、男女老少，幾乎人人皆飲。與中國一樣，「客來敬茶」也是巴人民接待客人的一種禮遇。

　　巴勒斯坦人喜歡吃香辣的食品，他們用胡椒、薑黃等做的咖哩食品聞名世界。巴勒斯坦菜，無論是肉、魚、豆類，還是蔬菜，絕大多數是辣的，泡菜也是辣的。他們沒有炒菜的習慣，無論是牛肉、羊肉、魚或是各種豆類、蔬菜，均燉得爛熟。主食為麵粉和稻米，一種名叫「恰巴蒂」的粗麵餅最受歡迎，還有油餅、油炸馬鈴薯餡「三角」。人們也普遍食用西式點心和麵包。稻米常常加上各種佐料做成黃油抓飯和肉抓飯，另一種染有顏色的甜米飯是婚宴的必備食品。他們吃飯不用刀叉、筷子，而是在淨手後用右手抓著吃。

　　衣裝上，巴勒斯坦女性通常著黑袍、黑頭巾，鑲有瑪瑙、紐扣，插著一

根紅色羽毛，冬夏如此。

　　巴勒斯坦主要信奉伊斯蘭教，遵守伊斯蘭教的風俗習慣，食清真食品。教律規定，喝酒是一種犯罪行為，信徒不許喝酒。

　　特色節日

　　宣佈建國日　11月15日

巴勒斯坦新娘服飾 Bride's Costume of Palestine

巴勒斯坦香料店 Spice Shop of Palestine

　　巴勒斯坦於16世紀初即處於鄂圖曼帝國統治之下。19世紀下半葉，巴人民開始反抗鄂圖曼的統治，文學也隨之開始復興。第一次世界大戰後，巴淪為英國的委任統治地。

　　之後巴發生了許多重大事件，社會生活充滿著矛盾與鬥爭，在文學上都有反映。赫利勒・貝德斯的長篇小說《繼承人》、短篇小說集《思想的舞臺》，賽福丁・伊拉尼的短篇小說集《第一程》、《來自人群》，奈賈提・綏德吉的短篇小說集《憂傷的姐妹》，穆薩・侯賽尼的長篇小說《一隻母雞的回憶》等，描寫了各階層人們的生活，表達了對殖民主義者的不滿，在形式上也有所創新。詩人阿卜杜・凱里姆・卡爾米、易卜拉欣・圖甘和阿卜杜・拉希姆・邁哈穆德等的詩作帶有濃郁的生活氣息，給阿拉伯傳統詩歌增加了清新的藝術特色。

　　1948年5月後，大批巴難民逃離家園。巴文學從此分為被占區文學和流亡區文學。被占區文學代表作如馬哈茂德・達爾維什的長詩《巴勒斯坦情人》、陶菲格・齊亞德的《決不能》、塞米哈・凱西姆的《道路之歌》等。流亡區文學代表作有阿卜杜・凱里姆・卡爾米的《流亡者》、《中國頌》、格桑・卡納法尼的《陽光下的人們》、邁哈穆德・里馬維的《小穆罕默德的疑問》等。

　　2012年11月1日，在約旦河西岸拉姆安拉附近的卡蘭迪亞村，巴勒斯坦首屆現代藝術節開幕，表演了巴勒斯坦傳統音樂和舞蹈，還展出了電影短片、行為藝術等。1997年起籌建的巴勒斯坦博物館於2016年6月1日正式對外開放，占地3800平方公尺，位於耶路撒冷以北的比爾澤特，關注巴勒斯坦的歷史、文化以及藝術。

伯利恆主誕堂 Church of the Nativity ‧ Bethlehem

伯利恆自2世紀以來就被基督教認定為耶穌的誕生地。339年，在此建成第一座教堂，6世紀的火災後，在此基礎上重建的教堂保留了原有建築精美的馬賽克地板。

Palestine

From the early 16th century, Palestine was under the rule of the Ottoman Empire. Consequently, its art was Islamized, and its main architectural achievements were, and remain, its mosques. Entering the second half of the 19th century, the Palestinians began to oppose the Ottoman rule, which led to a revival in Palestinian literature. After World War I, Palestine was governed under the British Mandate, and its literature mainly reflected the contradictions and struggles of social life. In 1948, a large number of Palestinian refugees fled their homeland. Hence, its literature was divided into that from occupied territories and that created as a product of Palestinian diaspora throughout the Middle East. On November 1, 2012, the first Palestinian Arts Festival was launched. Traditional Palestinian music and dance was played, and short films and performance art were also exhibited. On June 1, 2016, The Palestinian Museum was officially opened to display Palestine history, culture, and art.

以色列國 The State of Israel

國家概況

簡　稱：以色列

政　體：議會制共和制

首　都：耶路撒冷

地理概況

位　置：亞洲西部地中海沿岸

國土面積：1.52萬平方公里（實際控制面積約2.5萬平方公里）

氣　候：地中海氣候

社會概況

全國人口：約846.2萬

主要民族：猶太人、阿拉伯人

官方語言：希伯來語、阿拉伯語

主要宗教：猶太教

經濟概況

支柱產業：工業、農業、旅遊業

貨　幣：以色列新謝克爾

　　西元前11世紀，猶太人在迦南建國，後分裂為北方的以色列王國和南方的猶大王國。先後為亞述人和巴比倫人所滅。迦南地區先後被馬其頓帝國、羅馬帝國、拜占庭帝國、阿拉伯帝國統治。在羅馬統治時期，猶太人被逐出故土分散到世界各地。經過千年流徙，從18世紀開始，猶太人從鄂圖曼帝國和阿拉伯人手中購買土地並且定居。隨著猶太居民的增多，他們與阿拉伯人之間的關係也日趨緊張。1897年8月29日，以色列復國主義者在瑞士巴塞爾召開大會，決議建立獨立的以色列國家。1922年英國將託管地劃分為兩部分：東部（現約旦）為阿拉伯人居住地，西部為猶太居民區。1948年5月14日，在英國的託管期結束前一天的子夜，以色列國正式宣佈成立。

　　1950年1月9日，以色列宣佈承認中華人民共和國。1992年1月24日，兩國簽署了建交公報。

在哭牆祈禱的以色列人 An Israeli praying before the Wailing Wall

逾越節 Passover

　　以色列人舉止有度，儀表堂堂，他們同別人打交道時，不管對方年齡多大，身份如何，既不顯倨傲，也不露媚態，顯得精明穩重、自信而富有理性。他們會對在別人面前不停地跺腳、用力吹吸氣等行為甚為不滿，對身子歪斜著或雙手抱在胸前同別人談話也很看不慣。

猶太人以麵、米等為主食，一般愛吃西餐，有節制地喝些白酒等飲品。他們用餐時，有些傳統的規矩非常嚴格，這從他們的「逾越節」家宴上可略見一斑。這種家宴是逾越節活動的開始，於猶太教曆尼散日舉行。家宴由身著白袍的家長舉杯祝福開始，然後全家洗手，家長把生芹菜蘸上鹽水分給每個人，此時人人須誦讀禱文。這裡的阿拉伯人以麵食、玉米為主食，但不吃豬肉。用餐時不能大聲談笑。

　　以色列人的衣著特點是整潔、實用、協調和莊重。他們不喜歡大紅大綠或對比強烈的穿著打扮。猶太人把頭髮潔淨、講究髮型視為講究儀表的重要內容，一般不理光頭和怪異髮式。女子傳統服裝是短至膝蓋的大袖連衣裙，男子穿寬鬆式襯衫。出席隆重儀式或大型社交活動時穿深色西服和禮服。這裡的阿拉伯人多穿自己的傳統服裝，婦女著寬鬆長袍，繫腰帶，包一塊頭巾。

　　每個星期六是猶太教的「安息日」，以色列的某些大廈的電梯事先都安排自動按鈕，無需按動，每隔一層樓自動停一次。在猶太人居住區禁止拍照，特別是外來人員不可犯忌。在公共場所不許吸煙。

特色節日

猶太新年　　　約西曆9月

贖罪日　　　約西曆9、10月

住棚節　　　約西曆9、10月

逾越節　　　約西曆3、4月

大屠殺紀念日　　　約西曆3、4月

獨立日　　　約西曆4、5月

以色列這塊土地經歷了3000年的風雨，受到了猶太教、基督教和伊斯蘭教的深刻影響，先後經歷過亞述、巴比倫、波斯、希臘、羅馬、拜占庭等古國的統治，留下了人類宗教和文化的寶貴遺產。

西元前3世紀時，以色列地區進入「希臘化時期」，此地成為設有寺院、祭壇、競技場和劇院的希臘式新城市。自西元前10世紀，所羅門聖殿在耶路撒冷建成，耶路撒冷一直是猶太教信仰的中心和最神聖的城市，昔日聖殿的遺蹟西牆，仍是猶太教最神聖的所在，耶路撒冷已有5000多年歷史，是以色列最大的城市。耶路撒冷被分為舊城區和新城區，由城牆圍著的舊城區，仍保有中世紀城廓的面貌。城牆分為基督教區、阿拉伯區、猶太區、亞美尼亞天主教區4個不同的宗教區。現在的城牆為16世紀土耳其人所建，城牆周圍共有8座城門：西為雅法門、新門，北為大馬士革門、希律門，東為獅子門、金門，南為杜門、錫安門，除了金門之外，都可以自由進出。耶路撒冷是基督教、伊斯蘭教、猶太教三教的「聖城」，有著深厚的文化底蘊，保留著大量的古代藝術印記。

20世紀中葉以前，以色列人散居於世界各地，復國以後不少以色列藝術家從世界各地匯聚到故土，以色列藝術獲得了新的發展機遇，繪畫、建築、音樂、文學等領域均取得豐碩成果，在世界上處於先進地位。

哭牆 Wailing Wall

哭牆又稱「西牆」，是耶路撒冷舊城古代猶太國第二聖殿護牆的一段，也是第二聖殿護牆的僅存遺址，長約50米，高約18米，由大石塊築成。猶太教把該牆看作是第一聖地，教徒至該牆按例必須哀哭，以表示對古神廟的哀悼並期待其恢復。

馬薩達城堡 Masada Castle

　　馬薩達城堡是由裘蒂亞王國的希律王（西元前37年—前4年在位）修建的宮殿群，城堡的設計吸收了當時流行的希臘風格，城堡內有古羅馬時期的公共浴池和蒸汽室、儲水庫、劇場和拜占庭時期的基督教堂等。

Israel

　　Israel has been influenced by Judaism, Christianity, and Islam. It is a gathering place for various religious and cultural heritages and hosts many historical sites. In the 3rd century B.C., Israel entered the Hellenistic period, and Greek-style cities with temples, altars, arenas, and theaters were built in the region. Solomon's Temple was established in Jerusalem in the 10th century B.C.. Jerusalem is the 「holy city」 for Christianity, Islam, and Judaism. It has always been the center of the faith and the holiest city of Judaism，and the Western Wall is still the most holy place for the Jews. Before the mid-20th century, Israelis were scattered around the world. After the Zionist movement, many Israeli artists returned to their homeland, resulting in new development opportunities for Israeli art. Consequently, the paintings, architecture, music, and literature of Israel have been updated, improved, and refined.

阿拉伯埃及共和國 The Arab Republic of Egypt

國家概況

簡 稱：埃及

政 體：議會制共和制

首 都：開羅

地理概況

位 置：地跨亞、非兩大洲，大部分在非洲東北部

國土面積：100.1萬平方公里

氣 候：尼羅河三角洲和北部沿海地區屬地中海氣候，其餘大部分地區屬熱帶沙漠氣候

社會概況

全國人口：約9240萬

主要民族：阿拉伯人

官方語言：阿拉伯語

主要宗教：伊斯蘭教

經濟概況

支柱產業：工業、農業、服務業

貨 幣：埃及鎊

　　埃及是世界四大文明古國之一。西元前3200年，美尼斯統一埃及，建立了第一個奴隸制國家，經歷了早王國、古王國、中王國、新王國和後王朝時期，共30個王朝。埃及從古王國時期開始大規模建造金字塔。中王國經濟發展、文藝復興。新王國生產力顯著提高，開始對外擴張，成為軍事帝國。後王朝時期，內亂頻繁，外患不斷，國力日衰。西元前525年，埃及成為波斯帝國的一個行省。在此後的1000多年間，埃及相繼被希臘和羅馬征服。641年阿拉伯人入侵，埃及逐漸阿拉伯化，成為伊斯蘭教的一個重要中心。1922年2月28日英國宣佈埃及為獨立國家。1971年9月1日改名為阿拉伯埃及共和國。

　　中國和埃及自1956年5月30日建交以來，兩國關係一直發展順利。1999年4月，兩國建立戰略合作關係。2014年12月，兩國建立全面戰略夥伴關係。近年來，雙方攜手舉辦了文化周、電影節、文物展、圖片展等豐富多彩的活動，深受兩國人民歡迎。

埃及日常服飾 Daily Clothing of Egypt

中東最大的集市──汗哈利利 The Biggest Market of the Middle East
- Khan El-Khalili

　　埃及人與朋友相見時，常稱呼對方為阿凡提，意思是先生，原來這一稱
呼只限於王室，現在這一稱呼已被廣泛使用。埃及人見面時一般是握手，隨
後親吻對方的臉，當地還有一種吻手禮。

埃及人的主食有米飯、麵包等，葷菜有牛肉、羊肉，素菜有洋蔥、黃瓜等。當地人就餐前一般都要說：以大慈大悲真主的名義。請客時菜餚豐盛，氣氛熱烈，主人總是希望客人多吃點。

埃及的傳統服裝是阿拉伯大袍，在農村不論男女仍以穿大袍者為多，城市貧民也有不少是以大袍加身。20世紀20年代後期，西方服裝逐步進入埃及。當地婦女喜歡戴耳環手鐲等，在一些邊遠地區，女子外出還保留著蒙面紗的習俗。中老年婦女穿著傳統的阿拉伯衣服，一襲黑衣，頭面包裹，充滿持重和神祕的感覺。現代婦女都用短衫代替了那種到腳的長衫，蓋頭不再完全遮蓋臉部。

埃及是伊斯蘭國家，應注意尊重當地宗教和風俗習慣。女性不要穿過於暴露的衣服，在公共場合男女間不要有擁抱等親密舉動。不要在公共場所飲烈性酒。禁止在政府機關、軍事設施等敏感地區拍照攝影。未經本人許可，不得給婦女拍照。在清真寺、博物館裡拍攝要事先徵得同意。每年齋月期間，注意避免白天在公眾場合吃喝、抽煙。

特色節日

國慶日　7月23日

埃及文化可以分為古埃及時期、希臘羅馬文明時期、伊斯蘭時期和19世紀至今四個階段。

古埃及時期（西元前30—西元前4世紀）

起源於尼羅河畔的古埃及文明是四大古文明之一。古埃及文明形成於西元前3000多年。古埃及音樂祭典儀式以宮廷音樂為主，古埃及人已會使用多種樂器，雕有神像和動物頭像的體鳴樂器常用於宗教儀典和驅魔活動。貝尼琴被視為神聖的樂器，此後豎琴的多種形制，皆由它演化而成。文學以形

式來說，先有詩歌，後有散文。詩歌包括世俗詩、宗教詩、讚美詩、宗教哲理詩等等。許多詩歌讚美神和國王，有的則反映人民的喜怒哀樂的情緒。如出現較早的勞動歌謠《莊稼人的歌謠》、《打穀人的歌謠》、《搬穀人的歌謠》，是勞動者的心聲，也反映了那個時代的階級關係。

阿肯那頓宗教改革時期，曾一度以阿通神為唯一的太陽神。《阿頓太陽神頌詩》是古代頌歌中的名篇，它熱烈讚頌給萬物帶來生機的太陽神。這篇頌詩代表了古代埃及宗教詩的主要成就。讚頌尼羅河是古代埃及文學的重要主題之一，古代埃及有名的尼羅河頌詩是麥爾納普塔（一譯美楞普塔）時期的《尼羅河頌》。這篇長詩共14節，據埃及學者推斷，它創作的時代大約在西元前13世紀。散文方面則有訓言、箴言之類的教諭體作品以及比較豐富的故事和旅行記等。

古埃及美術則一般指西元前 332年以前的埃及美術。藝術的形成和發展主要經過了史前期、早王國、古王國、中王國、新王國和後期王朝時期。它的產生和發展與埃及人的宗教信仰、墓葬習慣和王權思想有很大關係。埃及人崇拜太陽神、水神和其他諸神，認為人的生命和宇宙萬物是永恆的，因此，屍體的保存得到特別的重視，死者的雕像是為了在屍體腐爛以後能代替死者復活，陵墓則作為人的永久住宅——這就是古埃及文明中金字塔、雕刻、墓室壁畫等一系列藝術品的誕生原因。它們的一般特點是：建築體量巨大，宏偉壯觀，具有強烈的崇高感；雕刻樸素寫實，整體性強，有觀念化、概念化和程序化的傾向，表現方法遵守正面律；繪畫線條流暢優美，色彩豐富，人物表現採用正、側面混合法，具有鮮明的風格和獨特的感染力。

胡夫金字塔 Pyramid of Khufu

　　胡夫金字塔是古埃及第四王朝的法老胡夫的金字塔，約建於西元前
2580年，完工於西元前2560年。原高146米，因年久風化，頂端剝落，現
高136米。塔身是用230萬塊巨石堆砌而成，塔的總重量約為684萬噸，它是
埃及至今發現的70多座金字塔中規模最大的一座。

獅身人面像 Sphinx

獅身人面像與金字塔同為古埃及文明最有代表性的遺蹟。在古埃及，獅子是力量的象徵，雕像面部是古埃及第四王朝法老卡夫拉的臉型，高21米，長57米，坐西向東，蹲伏在卡夫拉的陵墓旁。

杜林莎草紙採礦地圖（局部）The Turin Papyrus Map (Local)

莎草紙是為古埃及人廣泛運用的書寫載體，大約在西元前3000年，古埃及人就開始使用莎草紙。杜林莎草紙圖繪製於約西元前1160年，是尼羅河周邊的山脈地圖，並標出該地區金礦的分佈位置，是世界上最古老的地圖之一。現存於義大利杜林埃及博物館。

古埃及壁畫 Ancient Egyptian Painting 壁畫是古埃及陵墓最主要的繪

畫形式，在古王國時期已經奠定了基礎。主要表現為墓壁上的象形文字、人物、動物以及古埃及眾神（如圖所示為阿努比斯神）所組成的大型敘事繪畫，表達了古代埃及人相信靈魂不死及回歸肉身的宗教觀。在古埃及陵墓中，壁畫與浮雕都是不可或缺的裝飾，二者有著程序化的共性。

最早的埃及美術是刻畫在岩壁上的動物畫，是遊牧民族岩石藝術，主要分佈在上埃及一帶。早期王朝的藝術主要是帝王陵墓的石雕，古王國時期以後，主要成就是金字塔，其次是神廟。最早的金字塔為階梯形，其後出現彎曲形。埃及金字塔體量巨大、巍峨壯觀，是世界建築史上的奇蹟之一。與神廟相關的雕刻隨著時代的發展而不斷發展，鮮明地體現了古埃及的雕刻藝術水準。

希臘羅馬文明時期（西元前4—7世紀）

西元前4世紀左右，埃及被馬其頓帝國占領，古埃及文明滅亡，希臘文明取而代之。在希臘文明統治的時代，建築的主要成就是神廟，典型樣式為圍柱式，即建築用柱廊環繞，雕刻人物處於正面直立的僵硬狀態。之後的希臘化時代，藝術在內容上側重描繪享樂性的世俗生活，在形式上追求宏偉壯麗的風格，在人物表現上強調個性化。其突出成就主要反映在建築、肖像雕刻和壁畫方面。4世紀至7世紀，埃及併入拜占庭帝國，建築風格延續了古羅馬風格，擁有寬闊的內部空間，大型建築物風格雄渾凝重，構圖和諧統一，形式多樣。神廟立面造型嚴謹，內部空間宏大，建築裝飾華麗。肖像雕刻流行寫實風格，以刻畫強烈的個性特徵和複雜的內心世界為主的肖像大量出現。

伊斯蘭時期（7—19世紀）

7世紀中葉，埃及被阿拉伯帝國征服，伊斯蘭文明開始主導埃及。伊斯蘭書法是主要的藝術成就之一，多將文字組合為幾何形圖案，或者表現出枝葉、花朵或藤蔓的意境，或將字母組合成為圖像的微寫書法，結構注重繁複，較少採用流暢筆劃。建築是伊斯蘭藝術的最大成就，

阿布辛貝神殿之雕像 Abu Simbel Temple

阿布辛貝神殿的正面塑有四個高大的法老拉美西斯二世的坐像，它們都

直接雕在崖壁上，高達20米以上。在四尊雕像的正中，有一個貼在石像後牆上的神龕，裡面供奉的是主神阿蒙；雕像的兩腿中間和旁邊站著包括王后在內的法老王族的小雕像。雕像面向東方倚山而坐，彷彿直接從山崖中長出來的一樣，氣勢異常宏偉。而清真寺是伊斯蘭教建築的集大成者，埃及建築受到科普特人的影響。早期的伊斯蘭教建築，以基督教建築特色如圓頂、圓柱拱門、嵌瓷做來源，也會建有供會眾祈禱用的廣大中庭。阿慕爾清真寺是埃及乃至全非洲最古老的清真寺，於642年修建，建造初期的結構十分簡單。哈里發時代，埃及創建了多柱式的清真寺，這種風格的建築物是在成列的圓柱上架設屋頂，其正方形或長方形的設計可做變動，亦即視需要可增列或移去支柱來擴大或縮小面積。塞爾柱時期和薩法維時期，波斯採用的清真寺建築設計也流入其他伊斯蘭教地區，該設計由四座面朝中庭的圓頂廳廊所組成。這些磚造的清真寺沿用圓頂和有裝飾的內角拱。裝飾圖案或為花草植物圖案，以花、葉、柱為主，纏繞出數不勝數的圖案，每種圖案都有規律，講究對稱，也很有序，有些花葉被誇張變形，構成獨特風格；或是幾何圖形內還有花草圖案，形式很規範；再或是用阿拉伯數字做花邊裝飾，彎曲的字母筆劃既排列整齊，又富於變化，給人以動感。在鄂圖曼帝國統治時期，藝術的特徵在於色彩的平衡、幾何圖案和線條的和諧。建築受到了波斯、拜占庭及伊斯蘭阿拉伯式建築的多重影響，方形建築上的圓穹是鄂圖曼建築的核心，建築內部裝飾有華麗的彩色瓷磚。

愛資哈爾清真寺 Azhar Mosque

愛資哈爾清真寺是埃及首都開羅最著名的清真寺，位於舊城。970年至972年法蒂瑪王朝時修建，占地面積1.2萬平方公尺。初為宗教活動的場所，在13世紀起成為伊斯蘭教高級學府。

19世紀至今

19世紀末，埃及成為英國殖民地，許多畫家帶來了歐洲藝術，建於1908年的約瑟夫王子藝術學校標誌著埃及現當代藝術的開始，因為伊斯蘭教對繪畫藝術的禁令，藝術始終圍繞著國家政治和社會問題。1948年以色列建國帶來的戰爭，埃及藝術主題隨之轉為阿拉伯民族的團結。這一時期的音樂特別是軍樂受歐洲音樂的影響很大。穆罕默德·達克爾是埃及著名的軍樂作曲家，他曾創作出多首具有東方氣質的進行曲。

文學在表達作家個人的感受之外，也反映了時代和民族的感情。詩人邁哈穆德·薩米•巴魯迪的詩歌充滿深厚的民族主義和愛國主義的思想感情，在阿拉伯詩歌史上起了承前啟後的作用。著名的散文作家有阿·杜拉•奈迪姆和穆斯塔法·卡米勒等。他們的文章和演說洋溢著愛國主義情感。納吉布·馬哈富茲是第一位獲諾貝爾文學獎的阿拉伯語作家，他的長篇小說三部曲《兩宮之間》，描寫一個埃及家庭幾代人的生活經歷，反映了近代埃及社

會的變遷。

1970 年到2000年是埃及的伊斯蘭文明復興時期，阿拉伯伊斯蘭文化成為藝術家靈感的源泉。2000年以後，埃及的藝術走向民主化的新時代，藝術創作更加自由。2011年埃及革命之後，新藝術著重反映新的社會和政治環境，湧現出許多藝術流派，特別是街頭藝術，藝術家們用塗鴉來表達自己的內心情感。

納吉布•馬哈富茲 Naguib Mahfouz 1911—2006

馬哈富茲是第一位獲得諾貝爾文學獎的阿拉伯語作家，也是現代阿拉伯世界最重要的知識份子之一。他的三部曲《宮間街》、《思宮街》、《甘露街》描繪了埃及社會生活的歷史畫卷，被公認為阿拉伯小說史上的裏程碑。

Egypt

Originating from the Nile Valley, the ancient Egyptian civilization was one of the four great ancient civilizations. Ancient Egyptian art usually refers to Egyptian art before 332 B.C., the emergence and development of which was closely related to Egyptians' religious beliefs, burial customs, and ideas of sovereignty. The Egyptians worshiped the sun god, the god of water, and other deities, and believed that human life and the universe is eternal. Therefore, the preservation of dead bodies was given special attention: statues of the dead served the purpose of replacing the dead during the resurrection process after the body had decomposed, whilst the tombs were considered the permanent residences of human beings. These beliefs formed the primary origins of the pyramids, sculptures, tomb murals, and other works of art of the ancient Egyptian civilization. The earliest form of Egyptian art consisted of paintings of animals on rocks in the form of nomadic rock art, and examples of this have mainly been discovered in northern Egypt.

The art of the Early Dynastic Periods were mainly imperial tombs. After the Old Kingdom, the most outstanding achievements of art were pyramids, followed by temples. The ancient Egyptians used a large variety of musical instruments. Sistrums carved with statues of gods and animal heads were usually used for religious ceremonies and exorcisms. The Great Hymn to the Aten is a prominent ancient hymn. In approximately the 4th century B.C., Egypt was occupied by the Macedonian Empire, marking the end of ancient Egyptian civilization, and this was then replaced by the Greek civilization.

In mid-7th century, Islamic civilization began to dominate Egypt. In the Egyptian-Islamic art that resulted from this development, calligraphy gained prominence and importance. Egyptian architecture was influenced by the Copts. The Mosque of Amr ibn al-As, which was built in 642 A.D., is the oldest mosque in all of Africa. During the era of the caliphs, Egypt constructed many multi-columned mosques. The architectural designs of the Persian mosques during the Seljuk and Safavid Dynasties also spread to Egypt: these decorative patterns featured floral imaged, geometric shapes, or curved Arabic numerals, with no human or animal images present.

At the end of the 19th century, Egypt became a British colony, and many painters brought European art to the country. The founding of the Prince Youssef Kamal Art School in 1908 symbolized the beginning of modern and contemporary Egyptian art. The founding of Israel in 1948 brought war to the country, and the theme of Egyptian art began to shift to the unity of the Arabian nations. In addition to expressing the personal feelings of the writers, literary works also reflected people's feelings of the times and national emotions. Naguib Mahfouz was the first Arabian writer to win the Nobel Prize for literature. His Trilogy of novels, The Cairo Trilogy, described the lives of several generations of an Egyptian family, reflecting on social changes within modern Egypt. The period between 1970 and 2000 was the renaissance of Islamic civilization in Egypt, and Arabian-Islamic culture became the source of artistic inspiration. After the year 2000, Egyptian art of Egypt entered a new era of democratization.

中華人民共和國

　　中國是四大文明古國中唯一文化傳統不曾中斷的國家。透過以長安為出發點的「絲綢之路」和以泉州等海港為起點的「海上絲綢之路」，古代中國與世界各國進行頻繁的文化交流，為世界文化發展做出了不可替代的貢獻。

　　中國古代藝術有著悠久的傳統，從繪畫、建築到音樂、文學，中國藝術表現出鮮明的民族特色，並對周邊國家產生深刻影響。中國古代繪畫以寫意為藝術追求，無論人物畫、風俗畫、山水畫還是花鳥畫，均極具民族特色，如顧閎中《韓熙載夜宴圖》、張擇端《清明上河圖》、黃公望《富春山居圖》、趙佶《芙蓉錦雞圖》等，都是世界藝術寶庫的奇珍。特別值得一提的是宋元以後發展起來的文人畫，追求的是文人雅士心中的意境，像徐渭《墨葡萄圖》、朱耷《荷花水鳥圖》等，開拓了不同凡俗的審美範式。中國的繪畫和書法密不可分，王羲之等人的行書、顏真卿等人的楷書、張旭等人的草書等深受世人喜愛。中國古代建築獨具風格，以故宮為代表的皇家宮殿、以蘇州園林為代表的私家園林，都能顯示出中國建築的獨特魅力。中國古代雕塑也取得極高成就，以秦始皇陵兵馬俑為代表的陵寢雕塑、以敦煌莫高窟為代表的宗教雕塑，均是藝術史上的奇蹟。中國有著與西方迥異的音樂傳統，《高山流水》、《平沙落雁》等古曲訴說的都是流傳千百年的中國故事。中國音樂所採用的樂器也富有民族特色，像古琴、琵琶、橫笛、洞簫等，演奏起來別有情韻。中國文學燦爛輝煌，《詩經》、《楚辭》等先秦的名作奠定了中國文學注重抒情的傳統，無數的偉大文學家為中國文學的寶庫增添了珍藏，中國人對李白、杜甫等大詩人的經典詩作，以及《紅樓夢》等經典小說充滿熱愛。

　　中國的當代藝術也充滿活力，在堅持民族傳統和借鑑西方優點的基礎上，中國藝術家在繪畫、建築、音樂、影視等領域不斷帶給世界驚喜，「中國風」正在吹向全世界。

中華人民共和國 The People's Republic of China

國家概況

簡　稱：中國

政　體：人民代表大會制度

首　都：北京

地理概況

位　置：亞洲東部

國土面積：陸地面積約960萬平方公里

氣　候：東部屬季風氣候，西北部屬溫帶大陸性氣候，青藏高原屬高寒氣候

社會概況

全國人口：約141147.1萬（含港澳臺）

主要民族：漢族等56個民族

官方語言：漢語

主要宗教：佛教、道教、伊斯蘭教、基督教等

經濟概況

支柱產業：製造業、化工、建築業等

貨　幣：人民幣

　　西元前21世紀，中國最早的國家夏朝出現，社會經濟和文化取得巨大飛躍。東周推進了生產發展和社會變革，形成百家爭鳴的局面。西元前221年，秦始皇建立了中國歷史上第一個統一的專制主義中央集權帝國，西漢進一步鞏固和發展了大一統的局面。魏晉南北朝時，諸多民族在分立政權的衝突中逐漸匯聚。隋唐時期，中央與邊疆少數民族聯繫更為密切，經濟繁榮，

科技文化高度發展。兩宋時期，多元文化碰撞交融，經濟、科技發展到新的高度。明朝鼎盛時期，社會經濟高度發展，明末出現資本主義萌芽。19世紀，清王朝閉關鎖國的政策阻礙了對外交流，中國開始淪為半殖民地半封建社會。1911年建立了中華民國，推翻了2000多年的封建君主專制政體，中國進入軍閥割據混亂時期。後經辛亥革命、國民革命、土地革命、抗日戰爭以及解放戰爭，1949年在北京成立了中華人民共和國。

黃帝陵公祭 Mausoleum of the Yellow Emperor

滿漢全席 M anchu Han Imperial Feast

　　中國古代有「五禮」之說：祭祀之事為吉禮，冠婚之事為喜禮，賓客之事為賓禮，軍旅之事為軍禮，喪葬之事為凶禮。民俗界認為禮儀包括生、冠、婚、喪四種人生禮儀。實際上禮儀可分為政治與生活兩大部類。政治類包括祭天、祭地、宗廟之祭、祭先師先聖、尊師鄉飲酒禮、相見禮、軍禮等。生活類包括五祀、高禖之祀、儺儀、誕生禮、冠禮、飲食禮儀、餽贈禮儀等。

　　中國飲食文化突出養助益充的營衛論（素食為主，重視藥膳和進補，並且講究「色、香、味」俱全），五味調和的境界說（風味鮮明，適口者珍，有「舌頭菜」之譽），奇正互變的烹調法（廚規為本，靈活變通），暢神怡情的美食觀（文質彬彬，寓教於食）等四大屬性，有著不同於海外各國的飲食文化。

　　中國的傳統服飾具有各朝代的時代特色，注重實際和應用，並由傳統文化產生了對著裝心理和審美觀念的重要影響。中國服飾經過古代、近代、現代三個時段的發展演變，具有善於表達形與色的含蓄特徵，注重精細的藝術

手法和工藝表現，注重氣派穩重的氛圍效果，注重營造和平統一的氣氛。比較有代表性的傳統服飾有漢服、中山裝、旗袍等。

梨不能分著吃，因為「分梨」與「分離」諧音，不吉利，所以中國人通常不分梨吃。送禮不能送鐘錶、傘、扇和杯子。這些東西的諧音不好，寓意不吉祥，送「終」，送「散」，送「悲」。

特色節日

春節　　農曆正月初一

清明節　4月5日前後

植樹節　3月12日

中國青年節　5月4日

端午節　　農曆五月初五

中國共產黨誕生紀念日　7月1日

中國人民解放軍建軍紀念日　8月1日

教師節　9月10日

中秋節　　農曆八月十五

國慶日　10月1日

中國藝術源遠流長，在數千年裡傳統一直沒有間斷，並對周邊國家產生了深遠的影響。中國的繪畫、建築、音樂、文學等均具有鮮明的特色，在世界藝術寶庫之中獨樹一幟。在不同歷史時期，中國藝術的具體表現差異很大。

先秦美術（西元前21—前3世紀）

先秦時期美術成就的標誌為精美的彩陶和富有想像力的青銅器。

馬家窯出土彩陶● 新石器時代 Majiayao Painted Pottery of Neolithic

　　馬家窯彩陶文化是分佈於甘肅一帶的新石器時代晚期的彩陶文化，它上承仰韶文化廟底溝類型，下接齊家文化。馬家窯文化彩陶按時間先後可以分為石嶺下、馬家窯、半山、馬廠四個類型。其器型豐富多姿，圖案富於變化，絢麗多彩，是世界彩陶發展史上的奇觀。

　　早在舊石器時代，龍山文化的蛋殼黑陶高柄杯表明，當時的人們已能磨光、雕琢、鑽孔，使作品符合對稱、均衡等形式美法則，初具節奏和線條的韻律美。新石器時代的彩陶，從幾何紋飾進展到動植物紋樣，其中以仰韶文化和馬家窯文化的彩陶紋樣最為豐富生動。除彩陶之外，具有獨立審美價值的人像、動物陶塑也同時出現。位於河南安陽西北的殷墟是中國商朝晚期都城遺址，這裡出土了大量的都城建築遺址和以甲骨文、青銅器為代表的豐富的文化遺存，展現了商代晚期輝煌燦爛的青銅文明，如后母戊鼎鑄造精美，是目前已知中國古代最重的青銅器，足以代表當時的工藝美術水準。周代青銅器在商代的基礎上進一步發展，形式更為豐富。

　　中國目前發現的最早的繪畫為長沙楚墓出土的戰國時期帛畫《龍鳳仕女圖》、《禦龍圖》。這些繪畫形式古拙而簡勁，流露出明顯的浪漫主義氣質。

后母戊鼎・商 Houmuwu Ding of Shang Dynasty

後母戊鼎是中國商代後期（約西元前14世紀至西元前11世紀）王室祭祀用的青銅方鼎，因鼎腹內壁上鑄有「后母戊」三字得名。鼎身以雷紋為底，四周浮雕刻出盤龍及饕餮紋樣，反映了中國古代青銅鑄造的高超工藝水準。

中華音樂起源很早，據今六七千年的新石器時代，先民們可能已經可以燒製陶塤，挖制骨哨。從古典文獻記載來看，夏商的樂舞已經頗為豐富。商代還出現了編鐘、編鐃等樂器。西周時期宮廷首先建立了完備的禮樂制度。在宴享娛樂中不同地位的官員規定有不同的地位、舞隊的編制。

先秦時期，中國文學已經取得了相當輝煌的成就，《詩經》和《楚辭》分別代表著中國現實主義詩歌和浪漫主義詩歌的源頭，而《莊子》等說理散文和《左傳》等敘事散文也對後世有著深遠的影響。

曾侯乙編鐘‧戰國 Bianzhong of Marquis Yi of Zeng of Warning States

曾侯乙編鐘為戰國早期文物，是由65件青銅編鐘組成的樂器。鐘架為銅木結構，呈曲尺形。橫樑木質，繪飾以漆，橫樑兩端有雕飾龍紋的青銅套。曾侯乙編鐘是中國迄今發現數量最多、保存最好、音律最全、氣勢最宏偉的一套編鐘。

秦漢時期（西元前3—西元3世紀）

秦漢時期的繪畫藝術大致包括宮殿寺觀壁畫、墓室壁畫、帛畫、工藝裝飾畫等多種門類。漢時畫跡今已不多，最完整的為馬王堆漢墓出土的帛畫，描繪了墓主人的地上和地下生活。山東肥城孝堂祠、嘉祥武梁祠石刻尚存，可窺見漢時古拙有力的繪畫風格特徵。畫像石與畫像磚是遺存豐富、很有特色的秦漢美術史資料，藝術匠師以刀代筆，在堅硬的石頭面上，創作了眾多精美的圖像。秦漢時代也是中國文字變遷最為劇烈的時期，大篆經過省改而形成了小篆，隸書發展成熟，草書發展成章草，行書和楷書也在萌芽期。人們已經把書法視為藝術，這個時期出現了第一批名載史冊的書法家。

秦漢時代的建築以帝王宮殿和長城為藝術代表。根據文獻記載，秦代的阿房宮有著驚人的規模，而漢代的長樂宮、未央宮、建章宮也規模宏大，造

型富於美感。長城又稱萬里長城，是這一時期的著名建築。長城修築的歷史可上溯到西周時期，春秋戰國時期列國爭霸，互相防守，長城修築進入第一個高潮，但此時修築的長度都比較短。秦滅六國統一天下後，秦始皇連接和修繕戰國長城，始有「萬里長城」之稱。

兵馬俑•秦 Terra-cotta Warriors of Qin Dynasty

　　秦始皇陵兵馬俑，位於今陝西省西安市臨潼區秦始皇陵以東1.5公里處的兵馬俑坑內。兵馬俑雕塑，造型多樣、體態生動。秦俑面容中都流露出秦人獨有的威嚴與從容，具有鮮明的個性和強烈的時代特徵。兵馬俑在中國雕塑史上具有重要的地位。

長城 Great Wall

長城始建於春秋戰國時期，歷史長達2000多年。今天所說的萬里長城

多指明代修建的長城，它東起鴨綠江，西至甘肅省的嘉峪關。長城是世界上修建時間最長、工程量最大的一項建築工程，被稱為「世界第八大奇蹟」，它以雄偉的氣勢和博大精深的文化內涵成為中華民族的象徵。

秦漢時代的大一統為雕塑藝術的繁榮提供了條件。統治者將雕塑視作宣揚功業、顯示尊嚴的工具。這一時期在陶塑、石雕、木雕、青銅鑄像及工藝裝飾雕塑等方面，均有輝煌的建樹。以秦始皇陵兵馬俑和霍去病墓石刻為代表，成為中國雕塑史上的第一個高峰。秦始皇陵是中國歷史上第一位皇帝秦始皇帝的陵墓，規模之大、陪葬坑之多、內涵之豐富，為歷代帝王陵墓之冠。兵馬俑坑是秦始皇陵的一個組成部分，坑內埋藏有陶質兵馬俑7000餘件，木質戰車100餘輛。這些雕塑栩栩如生，具有極高的藝術水準。

秦漢時開始出現了「樂府」。它繼承了周代的采風制度，蒐集、整理、改編民間音樂，集中大量樂工在宴饗、郊祀、朝賀等場合演奏。漢代以來，隨著絲綢之路的暢通，西域諸國的歌曲開始傳入內地。

秦漢文學以辭賦的成就最為突出。司馬相如的《子虛賦》、《上林賦》歌頌了大一統的時代，受到時人的喜愛。司馬遷的《史記》因為生動的人物描寫被譽為「史家之絕唱，無韻之離騷」。東漢時期出現的《古詩十九首》使五言詩登上了舞臺的中央。

魏晉南北朝時期（3—6世紀）

佛教於1世紀進入中國，至魏晉南北朝時期在藝術領域產生了深遠的影響，尤其在大型宗教塑像方面。魏晉南北朝時期，佛教藝術勃興，敦煌石窟、雲岡石窟、龍門石窟等相繼開鑿，大量的壁畫和泥塑在描繪宗教內容的同時，反映著現實的生活。除民間畫工外，士林畫家大量湧現。東晉顧愷之的《女史箴圖》（現存摹本）是早期人物畫的代表作，該畫用筆如春蠶吐絲，緊勁連綿，形神兼備，格調古逸。《洛神賦圖》（現存摹本）用筆細膩而古樸，以山水樹木來烘托人物，展現了中國繪畫的神韻。魏晉南北朝時期書法藝術漸臻成熟，王羲之以精妙的行書著稱，被譽為「書聖」，他的《蘭亭集序》（今存摹本）是歷代書法家心慕手追的絕世佳作。

魏晉南北朝時期是民族融合的時期，也是不同音樂風格相互交融的時期。來自不同民族的樂器和音樂風格進入中原，使音樂的表現力更加豐富。這一時期出現了很多著名的音樂家。

敦煌莫高窟（268窟）．北涼 Mogao Caves (268 Cave) of Northern Liang

　　莫高窟，被譽為20世紀最有價值的文化發現、「東方羅浮宮」，坐落在河西走廊西端的敦煌，以精美的壁畫和塑像聞名於世。莫高窟是世界最大的佛教藝術寶庫之一。1987年12月，敦煌莫高窟被列入《世界遺產名錄》。

　　魏晉南北朝文學是承上啟下的重要階段，特別追求形式美，對仗工整、音韻和諧的駢文是這一時期的代表性文體。以陶淵明為代表的山水田園詩獲得了較大成就。這一時期也是中國古典文學的自覺時期，出現了《文心雕龍》等文學理論名著。

或因寄所託放浪形骸之外雖
趣舍萬殊靜躁不同當其欣
於所遇暫得於己快然自足不
知老之將至及其所之既惓情
隨事遷感慨係之矣向之所欣
俛仰之間以為陳迹猶不
能不以之興懷況修短隨化終
期於盡古人云死生亦大矣豈
不痛哉每攬昔人興感之由
若合一契未嘗不臨文嗟悼不
能喻之於懷固知一死生為虛
誕齊彭殤為妄作後之視今
亦由今之視昔悲夫故列
敘時人錄其所述雖世殊事
異所以興懷其致一也後之攬
者亦將有感於斯文

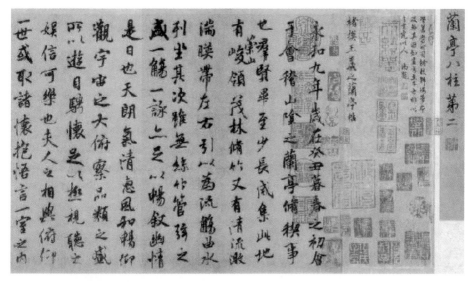

蘭亭集序 / 褚遂良摹本 Lantingji Xu / Copy by Chu Suiliang

　　《蘭亭集序》是晉代王羲之的作品，被後人稱為「天下第一行書」，通篇氣息沖淡空靈、瀟灑自然，用筆遒美飄逸，是中國書法藝術史上的一座高峰。

搗練圖 / 趙佶摹本•北宋 Ladies making silk / Copy by Zhao Ji of The Northern Song

　　《搗練圖》是唐代畫家張萱的代表作之一，縱37公分，橫147公分。描繪了唐代城市婦女在搗練、絡線、熨平、縫製勞動的情景。人物形象逼真，刻畫維肖流暢，設色豔而不俗，反映出盛唐崇尚健康豐腴的審美情趣。

隋唐時期（6—10世紀）

隋唐時期，山水畫擺脫了相對於人物畫的附屬地位而成為一個獨立的畫種，隋代展子虔的設色山水《遊春圖》是世界上第一幅以風景為主題的繪畫。唐代李思訓的金碧山水、王維的水墨山水、王洽的潑墨山水，已經形成了中國山水畫北派和南派的雛形。薛稷的鶴、邊鸞的孔雀、刁光胤的花竹也說明花鳥畫已開始興起。此外，還有曹霸、韓滉的鞍馬畫，均意味著繪畫題材的擴大。人物畫方面有初唐閻立德、閻立本兄弟及尉遲乙僧的繪畫。盛唐時期，吳道子及其畫派體現了佛教人物畫的巨大成就。而張萱、周昉的仕女畫，昭示著人物畫的完善。敦煌壁畫在此時也發展到繁榮的頂點。

敦煌莫高窟，俗稱千佛洞，始建於十六國的前秦時期，歷經十六國、北朝、隋、唐、五代、宋、西夏、元等歷代的興建，形成巨大的規模。其內有洞窟735個，留有壁畫或塑像的洞窟，目前就有492個，其中壁畫4.5萬多平方公尺、泥質彩塑3390身，是世界上現存規模最大、內容最豐富的佛教藝術聖地。莫高窟是一座博大精美、無可比擬的歷史畫廊，被比作「牆壁上的圖書館」。

唐代書法藝術也取得了極高成就，顏真卿、柳公權等的楷書，張旭、懷素等的草書，均是後人難以踰越的藝術典範。

大雁塔 Big Wild Goose Pagoda

大雁塔始建於652年，是玄奘法師為供奉從印度帶回的佛像、舍利和梵文經典，在長安慈恩寺的西塔院建起一座五層磚塔。最初五層，今為七層。

大雁塔是現存最早、規模最大的唐代四方樓閣式磚塔，也是西安的標誌性建築。

　　隋唐時代國家統一，宮殿建築方面重新變得氣勢恢宏，像唐代的大明宮，堪稱中古時代宮殿藝術的傑作。隋唐也是佛教中國化深入發展的時期，興建了許多佛教建築，保留至今的大雁塔便是唐代的藝術瑰寶。隋唐雕塑最引人註目的當推陵墓雕刻。昭陵石刻中那組描繪李世民生前所騎六匹戰馬的浮雕像（習稱「昭陵六駿」）雕工精細，形體準確，造型生動，是中國雕塑史上的傑作。

　　唐代勇於吸收外域文化，加上魏晉以來已經孕育的各族音樂文化融合，終於萌發了以歌舞音樂為主要標誌的音樂藝術全面發展的高峰。唐代音樂兼收並蓄，從形式到內容均異常豐富。

　　唐代是中國古典文學的巔峰時期，李白、杜甫分別代表著中國浪漫主義和現實主義詩歌的最高成就。白居易、李商隱等人的詩作也極具特色。唐代散文的傑出代表是韓愈、柳宗元，他們宣導的古文運動影響深遠。此外，小說在唐代也初具風采。

五代兩宋時期（10—13世紀）

　　五代、兩宋是中國繪畫藝術的鼎盛期。隨著畫院的設立，宮廷繪畫呈現興旺活躍的景象。新的繪畫內容如民俗畫也開始出現，如北宋張擇端的《清明上河圖》，生動地描繪汴京（今開封）的繁華景象，如實地展示了當時的社會生活風貌。這一時期山水畫人才輩出，五代時生活在中原的荊浩、關仝，活動於江南的董源、巨然，分別以不同的筆墨技法描繪不同地域的山川景象，畫風各異，對後世山水畫的發展有著重要影響。北宋李成的平遠畫風，范寬的崇山峻嶺，許道甯的林木野水，郭熙的巨嶂高壁，惠崇的抒情小景，米芾、米友仁父子的雲山墨戲，使北宋山水畫呈現高度成熟的狀態。到了南宋，大氣磅礴的繪畫風格向空靈雅秀上轉變。李唐繼承前朝，但開展出了獨特的斧劈皴技巧來畫山石，後來的畫家如馬遠、夏圭基本上追隨李唐的風格，然而在畫面上注重剪裁、大片留白渲染，呈現空氣感，被稱作是詩意山水，一變為纖巧，反映了山水畫的不斷變革和發展。花鳥畫也有著長足的進步。五代時徐熙的汀花野竹、黃筌的奇花異鳥分別具有野逸和富貴兩種不同的風格。到了北宋，花鳥畫從對稱的裝飾性轉變為寫實生動，強調擬真。趙昌的折枝花卉、易元吉的猿猴、崔白的敗荷鳧雁可以看作是北宋早中期的

代表。到了趙佶主政，刻意經營畫院，倣效科舉考試納才，增加畫院的待遇，使徽宗朝成為宋代繪畫的高峰，其院體花鳥畫強調精細寫實，栩栩如生。

聽琴圖／趙佶 • 北宋 Listen to the Qin / Zhao Ji of Northern Song

《聽琴圖》是宋徽宗趙佶人物畫的代表作。左上有瘦金書「聽琴圖」三字，左下另書「天下一人」押。此圖透過纖細的技法和迷人的色彩，把作品描繪得工整清麗，是一幅「神筆之妙，無以復加」的上乘作品。南宋梁楷、法常的花鳥畫開水墨寫意之先河，文同的墨竹可說是最早沒骨花鳥的傑作。宋代書法也是名家輩出，蘇軾、黃庭堅、米芾是其中的翹楚。

陶瓷方面，宋代亦達到高峰，此時的單色瓷工藝達到極致。北宋末期所燒製的汝窯是迄今認為單色瓷發展的極致，色澤溫潤，有珠玉光澤，以枝釘滿釉燒造，工藝技術高超，今日傳世品稀少，不足一百件。其他如定窯、耀州窯、磁州窯、建窯都有非常高度的發展，並有大量外銷，影響至周邊東亞等地。南宋官窯則被認為是繼承汝窯，供給宮廷使用的高級瓷器，龍泉窯與景德鎮此時也有大量生產，供應外銷，近年考古發現的海底沈船可為佐證。

宋代文學缺乏唐代文學的豪邁之氣，但宋代詩歌以說理見長，在唐詩之外另闢蹊徑，特別是宋詞的繁榮，為抒情找到了更自由的通道，以蘇軾、辛棄疾為代表的豪放派，以柳永、李清照為代表的婉約派，均為宋詞發展做出巨大貢獻。宋代散文也高度繁榮，歐陽修、蘇軾是其中的傑出代表。

遼、金、西夏、元朝時期（10—14世紀）

遼、金是中國北方民族所建立的國家，自10世紀到13世紀控制華北。近年不斷出土的遼代墓葬，如遼慶陵、陳國公主墓等表明遼代美術比宋代美術更多地繼承了唐代美術的風格，兼具北方民族古樸渾厚的氣質。金人的文化素養更高，在各個藝術領域均取得一定成就。

元代文人畫獲得了突出的發展。文人畫多取材於山水、花鳥，藉以抒發「性靈」和個人抱負。畫家標舉士氣，崇尚品藻，講究筆墨情趣，脫略形似，強調神韻，並開啟重視詩、書修養的文人畫風。此類畫家以「元四家」（黃公望、吳鎮、倪瓚、王蒙）為代表，並開啟後來中國山水畫主流。此外，趙孟頫提倡復古，主張青綠設色和古樸的山水構圖，著名的作品如《鵲華秋色圖》可為代表。趙孟頫在書法方面也是唐代之後的又一高峰。

元代是景德鎮真正馳名的時期，最著名的瓷器即為青花瓷和釉裡紅。此時的瓷器外銷極為暢行，所以有研究認為青花的紋樣是應伊斯蘭教客戶的要求而出現。龍泉窯的青瓷也非常著名，外銷日本與朝鮮半島的數量甚多，亦

大量外銷到東南亞一帶。

元代文學的突出成就是元曲，包括雜劇和散曲。元雜劇標誌著中國古典戲劇的成熟，關漢卿《竇娥冤》等名作是其中的代表。散曲則體現了文學的下移，風格自然清新。

明朝時期（14—17世紀）

明代初期，宮廷畫家師承南宋院體風格，稱之為「浙派」，代表畫家為戴進和吳偉。雖然被晚明董其昌等人貶低，但是影響範圍廣及日本、朝鮮等地，並一直透過民間畫師傳承下來，今日臺灣地區廟宇壁畫仍是浙派的延續。另一方面，文人官僚以元四大家為學習對象，出現後來成為文人畫傳統的「吳派」（代表畫家是沈周、文徵明、唐寅、仇英），與浙派為明代畫壇的兩大主要派別。由於晚明崇尚吳派而貶低浙派，致使吳派在中國傳統繪畫中成為山水畫的主流，影響力一直持續到民國初年。

此外，陳淳、徐渭的大寫意花鳥，創潑辣豪縱一格，給中國傳統繪畫帶來了新的活力。陳洪綬和崔子忠是明末有名的人物畫家，號稱「南陳北崔」。前者的作品形象誇張甚至變形，格調高古，對版畫的發展做出了貢獻。此一畫風，後世學者常稱為「變形主義」。

明代建築藝術的傑出代表是北京故宮。故宮是明清兩代的皇家宮殿，舊稱紫禁城。北京故宮於明成祖永樂四年（1406年）開始建設，以南京故宮為藍本營建，到永樂十八年（1420年）建成。故宮以三大殿為中心，占地72萬平方公尺，建築面積約15萬平方公尺，有大小宮殿70多座，房屋9000餘間，是世界上現存規模最大、保存最為完整的木質結構古建築之一。

宋、金、元時期音樂文化的發展以市民音樂的勃興為重要標誌，明代的民間小曲內容豐富，雖然良莠不齊，但其影響非常深廣。

北京故宮 The Palace Museum in Beijing

　　北京故宮舊稱「紫禁城」，位於北京中軸線的中心，始建於1406年，1420年基本竣工，是明清兩個朝代的皇宮，是世界上現存規模最大、保存最為完整的木質結構的宮殿型建築。

　　明代文學在復古和創新中前進，突出成就表現在小說方面，《水滸傳》《三國演義》《西遊記》等長篇小說，「三言」「二拍」裡的中篇小說，標誌著中國小說的成熟。明代戲劇也取得極高成就，湯顯祖以其《牡丹亭》等名作獲得廣泛盛譽。

清朝時期（17—20世紀）

　　清代繪畫延續晚明以來尊崇吳派的傳統，出現所謂「四王」（王時敏、王鑒、王原祁和王翬），其畫風為「正統畫派」。然而民間出現一種嶄

新的畫風，構圖大膽，別開生面，以前朝遺民八大山人及石濤最為人所知。清代中葉江南地區富裕，揚州一帶出現以賣畫為生的文人畫家，書畫均不落俗套，奇特新穎，後來學者將其中重要的八位稱為「揚州八怪」。

清代亦為西方繪畫逐漸傳入的時期，最著名的就是乾隆時期任職於宮廷的郎世寧，這種西方的風潮並沒有影響到民間，但在中國當時唯一對外的口岸廣州，出現了專門替歐洲商人作油畫的畫工，此是西方繪畫進入中國民間之始。晚清時期上海被闢作通商口岸，由於地處輻輳，上海成為重要港口，也帶動油畫的需求與發展，中國畫家逐漸學會透視法等西洋繪畫方式，並使用進口顏料作畫，影響了傳統繪畫的風貌。

清末上海取代揚州成為商業中心，職業畫家群也從揚州轉移到上海，出現了海派風格，可謂中國傳統繪畫的最後一脈。民初高劍父兄弟吸收日本畫的西洋式畫風，開創出嶺南畫派。兩者均代表了中西結合的新畫風，為中國畫的發展做出了有益的嘗試。清代民間美術的興隆值得稱道，木版年畫這一傳統民間美術品種在清代獲得了前所末有的發展。其製作地區遍及大江南北的一些城鎮鄉村，並形成了天津楊柳青、蘇州桃花塢、濰縣楊家埠等富有地方特色的年畫。與此同時，杭州誕生了中國最早的美術高等教育院校。

建築方面，園林藝術堪稱代表，包括皇家園林，如圓明園；私人園林，如蘇州古典園林。蘇州古典園林以其古、秀、精、雅、多而享有「江南園林甲天下，蘇州園林甲江南」之譽。蘇州的造園家運用獨特的造園手法，在有限的空間裡，透過疊山理水，栽植花木，配置園林建築，並用大量的匾額、楹聯、書畫、雕刻、碑石、傢俱陳設和各式擺件等來反映古代哲理觀念、文化意識和審美情趣，從而形成充滿詩情畫意的文人寫意山水園林。

清代文學全面復興，包括正統的詩文創作，還有詞曲和戲劇。但最重要的文學作品卻是小說《紅樓夢》，這部作品堪稱中國古典小說的巔峰之作，它的藝術感染力打動了一代又一代讀者。

二十年前載酒瓶
春風倚醉眠。

雪葉揚州竹

絹寫淮南一片青

鄭板橋

墨竹圖 / 鄭燮• 清 Ink Bamboo Painting /Zheng Xie of Qing Dynasty

《墨竹圖》是清代「揚州八怪」之一的鄭燮所繪。鄭燮擅寫竹，更將款題於竹石間，以竹之「介於否，堅多節」來表達自我孤高的情操，富於文人情趣。

20世紀至今

民國美術大體延續清末發展，但是西化潮流日益洶湧，中國開始有畫家留學西方，與歐洲繪畫直接接觸，如徐悲鴻等人，將西方繪畫的技巧融入國畫之中。而張大千、齊白石等藝術家則延續了傳統繪畫的輝煌。

相較於歐洲已經開始從印象派之後新一波的繪畫革命，中國對於西洋繪畫的理解，仍強調古典寫實的訓練。此種訓練在新中國成立後由學習蘇聯的社會寫實主義所繼承。另一方面，引入的新興木刻版畫，也是民國之後所出現的新風格，同樣影響了新中國成立之後的美術發展。中華人民共和國成立之後，此兩種風格主導中國繪畫到20世紀80年代，在改革開放之後，西方的當代藝術才大量進入中國，影響中國當代藝術的發展。

中國現代音樂文化的發展交織著傳統音樂和歐洲傳入的西洋音樂，有許

多音樂家登上了國際音樂交流的重要舞臺。

愚公移山/ 徐悲鴻 The Foolish Old Man Removes the Mountains / Xu Beihong

《愚公移山》是現代畫家徐悲鴻的作品。它作於1940 年，當時正值中國人民抵抗日本侵略的危急時刻，此幅繪畫極具現實意義。徐悲鴻在這幅作品中將中西兩大傳統技法融合在一體，體現了「中西合璧」的寫實藝術風格。

中國現代文學以魯迅的中短篇小說成就最為突出，此外，郭沫若等人的

詩歌，巴金等人的長篇小說，老舍、曹禺等人的戲劇也成就不凡。改革開放以後，中國文學迎來了新的發展階段。

當代中國藝術在民族傳統和世界潮流之間找到平衡點，在各個領域不斷取得突破性成就，中國藝術家為世界藝術領域帶來一股股「中國風」。近年來，中國的國際文化藝術交流活動也日益頻繁，為中國藝術家走向世界，也為世界人民更好地瞭解中國提供了便利。重要的藝術活動有「視覺中國·洲際行」、藝術北京、中藝博國際畫廊博覽會等。

China

China has a long history of art. Unlike European countries, whose art styles have been constantly changing, the art in China has maintained a surprising continuity over centuries. The patterns on pottery from the Neolithic period cover different subjects, from geometric shapes to animals and plants. The most vivid patterns come from the colored pottery of the Yangshao and Majiayao cultures. In addition to painted pottery, there were also statues of humans and animals with their own aesthetic values. The bronzeware, full of imaginative and decorative beauty, were the symbol of the artistic achievements of the Shang and Zhou Dynasties, and the Chunqiu Period (the Spring and Autumn period). Currently, the earliest paintings found in China are the silk paintings of A Lady, Dragon, and Phoenix unearthed from the Chu Tombs in Changsha and A Man Riding a Dragon from the Warring States Period.

In the 1st century A.D., Buddhism was introduced to China. By the 8th century, Buddhism had demonstrated an outstanding effect on art, particularly in terms of large-scale religious statues. Throughout the Wei, Jin, Northern and Southern Dynasties, Buddhist art witnessed rigorous development. The Mogao Caves, Yungang Grottoes, and Longmen Grottoes were constructed consecutively. A large number of murals and clay sculptures were produced, depicting religious content as well as reflecting the realities of life. In addition to folk painters, a large number of Shilin (intellectual) painters appeared.

The Tang Dynasty was the peak era for paintings in Chinese feudal society, with its artistic achievements greatly surpassing all previous eras. Paintings from the early Tang Dynasty exhibited unusual achievements. In addition to consolidation of the regime, Emperor Taizong of the Tang Dynasty paid extra attention to civil development. The paintings of Yuchi Yiseng and the brothers Yan Lide and Yan Liben, as well as the murals in 220 caves of the Mogao Caves, embodied the highest achievements in painting of this period. The Five Dynasties, and the Northern and Southern Song Dynasties marked the prime of Chinese painting. With the establishment of the Imperial Painting Academy, court paintings began to thrive. Later generations tended to trace the history and tradition of literati painting to this time. During the Yuan Dynasty, Mongolians regarded the Han Chinese with contempt and often belittled or depreciated the Han. Consequently, the Han Chinese intellectuals who did not wish to serve as officers in a foreign court decided to live a reclusive life in the mountains and bonded with friends over calligraphy and paintings. At this time, paintings began to be detached from court life and literati paintings achieved extraordinary development.

In the early Ming Dynasty, court painters inherited the academic style of the Southern Song Dynasty, and formed the Zhe School (represented by Dai Jin and Wu Wei), whose influence even expanded to Japan and Korea. The teachings of this school have continued to be passed on through folk artists. Today's temple murals in Taiwan are a continuation of the Zhe School. The Qing Dynasty continued the traditions of the late Ming dynasty by honoring the Wu school of painting, and produced the famous Four Wangs (Wang Shimin, Wang Jian, Wang Yuanqi, and Wang Hui), whose styles were renowned as the 「Orthodox school of painting.」 On the other hand, a nascent style, using bold image composition and revolutionary ideas, emerged in folk paintings. The most famed artists of this school were Bada Shanren and Shi Tao. Chinese society experienced drastic changes after the Xinhai Revolution (1911), and traditional art shifted along with the sudden changes of the times. The Republic of China has generally continued the artistic development of the late Qing Dynasty. However, the trend towards Westernization has accelerated due to shifts in the political arena. Chinese artists have consequently begun to study in the West and come in direct contact with European paintings. Xu Beihong is one such example. The establishment of new-style of painting schools has served as a driving force in the westernization of Chinese paintings.

旅行指南

越南社會主義共和國

簽證與辦事處

越南社會主義共和國駐華大使館

地　　址：北京市朝陽區建國門外光華路32號

電　　話：010-65325414 / 65321155

傳　　真：010-65325720

網　　址：www.mofa.gov.vn/vnemb.china/zh

簽證申請須知

　　1. 中國公民持有效外交、公務、公務普通護照及其使用同一本護照的偕行人入境、出境或者過境越南時免辦簽證，停留期一般為30天。如需延期，須由越方接待單位提出申請，在越南公安部出入境管理機關辦理。

　　2. 中國公民持有效普通護照入境、出境或過境越南須事先辦理簽證，符合以下情況可在各國際口岸申請辦理停留期限1個月或1年以內的落地簽證：

　　1）參加親屬葬禮或探望重病親屬（需提供相關證明資料）；

　　2）入境參加由越南國際旅行社組織的旅遊；

　　3）入境為在越工程項目提供緊急技術援助，搶救重病患者或傷者；

　　4）參與自然災害及疫情救援；

　　5）其他緊急原因。

　　3. 簽證種類有旅遊、探親簽證（1個月1次、3個月1次、3個月多次），商務、工作簽證（1個月1次、3個月1次、3個月和6個月多次、1年多次）。

　　4. 簽證停留期最短為15天，其他為15天以上。

交通情況

越南主要機場有河內內排國際機場、胡誌明市柔佛巴魯一國際機場及峴港國際機場。越國內各主要城市之間每天都有航班。河內、胡志明市每週都有飛往歐洲、亞洲及美洲等各國的國際航班。前往機場一般搭乘計程車，需提前打電話向計程車公司預定。

河內航班查詢電話：+84 4 3584 4427

南方航空公司電話：+84 4 3771 6611

國泰航空公司電話：+84 4 3826 7298

著名景點

河內升龍皇城

開放時間：週二至週日8：30—11：30，

14：00—17：00，週一不開放

河內市巴亭郡

+84 4 3734 5427

www.hoangthanhthanglong.vn/en/

會安古鎮

開放時間：全天開放

廣南省

順化皇城

開放時間：週一至週日 6：30—17：30

平治天省順化市北城

+84 54 350 1143

寮國人民民主共和國簽證與辦事處

寮國人民民主共和國駐華大使館

地　　址：北京市朝陽區三里屯東四街11號

電　　話：010-65321224

傳　　真：010-65326748簽證申請須知

1. 中國公民持外交、公務和公務普通護照可免簽入境寮國。

2. 中國公民持因私普通護照前往寮國，須到寮國駐中國大使館、駐南寧總領事館、駐昆明總領事館及其駐雲南西雙版納景洪領事辦公室申請簽證。中國公民持6個月以上護照也可在寮國全境國家級口岸辦理落地簽證，最多停留30天。

3. 寮國駐外使領館為申請人頒發一次入境、停留期30天的簽證。

河內升龍皇城 Imperial Citadel of Thang Long

會安古鎮 Hoi An Acient Town

順化皇城 Hue Imperial City

4. 商務、學生、工作（勞務）、工作（公司、企業聘請的專家、顧問）簽證須由在寮國註冊的公司和專案單位向寮國外交部和寮國勞動社會福利部申請，批准後由寮國外交部領事司通知駐外使（領）館頒發。

交通情況

寮國萬象瓦岱機場、瑯勃拉邦機場、巴色機場可起降波音737或空客320等客機，往返各機場可搭乘計程車、酒店迎送車等。

著名景點

萬象塔鑾

開放時間：8：00—12：00，13：00—16：00

萬象市區東北約3公里處的塔鑾廣場

+856 20 9521 0600

瑯勃拉邦皇宮寺院

開放時間：8：00—17：00

瑯勃拉邦省瑯勃拉邦古鎮

柬埔寨王國

簽證與辦事處

柬埔寨王國駐華大使館

地　　址：北京市朝陽區東直門外大街9號

電　　話：010-65321889

傳　　真：010-65323507

網　　址：www.cambcn.org.cn

電子郵箱：cambassy@public2.bta.net.cn

簽證申請須知

1. 中國公民持外交或公務護照可免簽入境柬埔寨，持公務普通護照或普通護照赴柬須事先辦理簽證。

2. 目前，除使館外，柬在上海、廣州、重慶、昆明、南寧和香港設有總領事館。

3. 柬駐華使領館一般只頒發旅遊或商務簽證，有效期3個月，停留期1個月。

4. 持商務簽證（E簽證）入境後可透過當地旅行社向柬移民局申請半年或1年的長期居留簽證。

5. 持旅遊簽證（T簽證），入境後可再延期1個月，但不能改變簽證種類。

6. 中國公民自第三國赴柬，可在柬國際口岸辦理落地簽證。

7. 柬埔寨簽證分類及代號：

1）外交簽證（A簽證）：發給外國駐柬外交代表機構的外交官及其配偶和未成年子女。

2）公務簽證（B簽證）：發給持公務護照且在柬執行公務的人員。

萬象塔鑾 Pha That Luang

瑯勃拉邦皇宮寺院 Luang Prabang Imperial Temple

3）商務簽證（E簽證）：發給來柬短期或長期投資、經商、勞務的人員。

4）訪問簽證（C簽證）：發給來柬官方邀請來柬訪問的人員。

5）旅遊簽證（T簽證）：發給來柬旅遊的外國公民。

6）長期居留簽證（K簽證）：發給持外國護照的柬埔寨人。

7）免費簽證（G簽證）：發給12週歲以下的兒童。

交通情況

中柬航線有：北京（經停廣州）至金邊（每日往返），上海至金邊（每週三班），南寧至金邊（每週四班），香港至金邊（每日往返），廣州至暹粒（每週三班），昆明至暹粒（每週兩班）。金邊至暹粒每日有六個國內往返航班。新加坡、吉隆坡、萬象、曼谷、巴黎、胡誌明市、首爾、臺北、高雄等有直飛金邊或暹粒的國際航班。中國重慶、廈門、寧波、成都等市開通直飛暹粒的旅遊包機。

柬埔寨共有首都金邊、暹粒、西哈努克港三個國際機場。

主要航空公司聯繫方式：

南方航空公司：+855 23 430 877

東方航空公司：+855 63 965 299

港龍航空公司：+855 23 424 300

柬埔寨吳哥航空公司：+855 23 222 056著名景點

吳哥窟

開放時間：周一至週日8：00—17：00，自2016年1月1日起，吳哥寺和皇家浴池的可遊覽時間為：05：00—17：30，巴肯山和比粒寺開放時間為：05：00—19：00，其他景區時間仍為：07：30—17：30

暹粒市區北部6公里處

吳哥窟 Angkor Wat

泰王國

簽證與辦事處

泰王國駐華大使館

地　址：北京市朝陽區光華路40號

電　話：010-65321749

65661149（簽證處）

傳　真：010-65321748

網　址：www.thaiembbeij.org

電子郵箱：thaiemb@eastnet.com.cn（大使館）

thaiemb1@eastnet.com.cn（簽證處）簽證申請須知

1. 中國公民持外交護照和公務護照入境泰國停留30日內免簽。

2. 泰國的簽證分過境簽證、旅遊簽證、暫居（非移民）簽證、外交簽證、商務簽證、禮遇簽證六種。旅遊簽證下分觀光和醫療兩類。暫居B類（商務簽證）可申請一次、兩次或多次入境。

3. 旅遊簽證有效期為3個月或6個月，可以停留30—60天。

4. 中國公民申請旅遊簽證可透過泰國駐華使領館或指定的機構辦理。但其他種類簽證申請必須直接向駐華使領館遞交。

5. 使館受理簽證所需時間根據不同簽證類別約為2—5個工作日。

6. 除特別註明，任何種類簽證必須在簽發日起3個月內使用。

7. 在入境泰國時除需有簽證外，每位遊客還需攜帶20000泰銖或等值外幣，每個家庭需攜帶40000泰銖或等值外幣。

8. 特別提示：泰國要求護照有效期必須在6個月以上，否則將被拒絕入境。

9. 中國遊客可在泰國全境邊防檢查站申請15天的落地簽證，期滿後不可延期。申請落地簽證時，需提供財產證明、確認的機票和酒店訂單。費用1000泰銖。

10. 簽證延期：如果簽證到期還不想離開泰國，則需在簽證到期前赴泰國移民總局申請延期。申請簽證延期需提供護照影本，一張4cm×6cm證件照和1900泰銖延期費，可以延期30天。

11. 簽證過期：若簽證過期，則須交納逾期居留罰款並被遣送回國。罰款金額為每天500泰銖，上限為20000泰銖，在機場移民局直接繳納罰款即可。如拒絕交納罰款，則將遭到移民局起訴，並在法院判決前被羈留在移民局拘留所。

12. 泰駐華使館領區內中國公民支付各類簽證費用請到朝陽區東長安街建國門外乙12號雙子座大廈東塔一層中國銀行一號視窗。簽證費用若有變動不另行通知，簽證費一經支付概不退還。

13. 簽證官有權要求補加材料資訊，如有必要有權要求申請人進行面試。

交通情況

泰國共有37個機場，其中國際機場8個。曼谷是東南亞地區重要的空中交通樞紐，共有53個國家80家航空公司在泰設有固定航線，89條國際航線可達歐、美、亞及大洋洲40多個城市，國內航線遍佈全國21個大、中城市。曼谷素萬那普國際機場是泰國最大、最重要的航空樞紐，曼谷廊曼機場現僅保留少量航班，前往機場前注意確認機場資訊。曼谷同北京、上海、廣

州、昆明、福州、汕頭、鄭州、重慶、成都、深圳、香港、臺北、高雄等城市開通定期國際航線，國航、東航、南航、海航、國泰、華航、泰航、曼行、亞航等航空公司運營。國內航線基本覆蓋泰國北部、中部、東北部、南部大部分地區。素萬那普國際機場透過機場輕軌同市區連接，此外還可乘坐機場大巴和計程車往返。

素萬那普國際機場諮詢 ：+66 2 132 1888（中文）

廊曼機場諮詢 ：+66 2 535 1111/535 1112（中文）

著名景點

曼谷大皇宮

開放時間：8：30—15：30

曼谷市湄南河東岸

+66 2 3434 0155/3424 2143

www.palaces.thai.net

佛統大金塔

開放時間：全天開放

曼谷以西80公里處的佛統府

+66 34 270 300

曼谷大皇宮 Grand Palace

佛統大金塔 Phra Pathom Chedi

緬甸聯邦共和國

簽證與辦事處

緬甸聯邦共和國駐華大使館

地　　址：北京市朝陽區東直門外大街6號

電　　話：010-65320359 / 65320360 / 65320351

傳　　真：010-65320408

電子郵件：csmebeijing@gmail.com

簽證申請須知

1. 中國公民持外交、公務護照赴緬甸免辦簽證，持公務普通護照和因私護照赴緬則需辦理簽證。

2. 簽證種類：旅遊簽證、商務簽證和探親簽證。其中持旅遊簽證可停留28天，可延期14天；商務簽證一般可在緬甸停留70天，可否延期及延期時間由緬甸移民部門視情況而定，最多可延期至12個月；探親簽證批准停留期限為28天，最多可延期至70天。與父母一同旅行嬰兒及兒童必須持單獨的簽證。

3. 持有效期6個月以上普通護照人員赴緬可申請辦理落地簽證。可申請落地簽證的入境口岸為仰光國際機場和曼德勒國際機場。

4. 在緬註冊的中資公司人員可透過其緬方合作夥伴協助辦理居留延期手續，或由中國駐緬甸大使館協助辦理延期。

5. 使領館不接受代理、郵寄。

交通情況

目前從國內赴緬甸可以選乘國航、南航、東航或者緬甸國際航空公司，從昆明或廣州出境，直達仰光或曼德勒。

國航已開通北京—仰光直飛航線，東航已開通昆明—內比都直飛航線。

緬甸全國有大小機場73個，主要機場有仰光機場、曼德勒機場、黑河機場、蒲甘機場、丹兌機場等，其中仰光機場及曼德勒機場為國際機場。新首都內比都機場受條件限制，大型飛機目前尚無法起降。從城市到機場一般乘私家車或計程車。緬甸國內主要航空公司有緬甸國際航空公司、仰光航空公司、曼德勒航空公司，大城市和主要旅遊景點均已通航。目前緬甸與十多個國家和地區建立了直達航線，主要國際航線有曼谷、北京、廣州、昆明、新加坡、香港、吉隆玻等。

著名景點

仰光大金塔

開放時間：4：00—22：00

皇家園林西的聖山之上

+95 603 7880 0491

www.shwedagonpagoda.com

曼德勒皇宮

開放時間：7：30—16：00

安德街第19街與第66街交界處

仰光大金塔Shwedagon Pagoda

曼德勒皇宮Mandalay Palace

馬來西亞

簽證與辦事處

馬來西亞駐華大使館

地　　址：北京市朝陽區三里屯亮馬橋北街2號

電　　話：010-65322531/65322532/65322533 轉208

傳　　真：010-65325032

網　　址：www.kln.gov.my/web/guest/home

電子郵箱：mwbeijing@kln.gov.my

簽證申請須知

1. 中國公民持外交、公務護照可免簽證進入馬來西亞停留30天，持公務普通護照及普通護照的中國公民赴馬來西亞行前需辦妥簽證。

2. 中國公民赴馬應提前在馬境外辦妥簽證，且只能在機場入境。

3. 中國遊客經馬來西亞柔佛巴魯口岸和吉隆玻機場入境，可以申請落地簽證。

4. 從中國來訪的旅行團可以申辦口岸團體簽證，前提是馬接待旅行社具有移民總局授權資格並已報備。經第三國抵達彭亨州刁曼島的旅客，如能出示有效回程機票可以申請落地簽證。

5. 欲入境馬來西亞的旅客都必須持有有效的護照或經認可的旅遊證件，其證件有效期不得少於6個月，且至少有1頁空白簽證頁。

6. 馬來西亞簽證種類主要分為：

1）普通簽證：發給到馬旅遊、探親訪友和從事商務活動的外國公民。普通簽證不能延期，但如因健康原因、航班問題而不能及時回國，可憑有關醫院和航空公司出具證明函到移民局辦理延期。

2）工作和學生簽證。

3）探親簽證。

交通情況

中國共有4家航空公司進入馬來西亞市場，分別是中國南方航空公司、中國東方航空公司、廈門航空公司和香港國泰航空公司。

南航：+60 3 2163 9977吉隆玻、檳城往返廣州

東航：+60 3 2161 1666吉隆玻、檳城往返上海、成都、武漢

廈航：+60 3 2166 8222吉隆玻往返廈門、福州、大連、天津、鄭州

國泰：+60 3 2035 2777吉隆玻、檳城、沙巴往返北京、廣州、香港等

馬來西亞目前只有馬來西亞航空公司（馬航）和亞洲航空公司（亞航）經營中國航線。馬航是馬來西亞最大的航空公司，每週定期飛往中國的北京、上海、廣州、廈門、昆明、香港、澳門以及世界上的其他主要國家。亞航是亞洲地區最大的廉價航空公司，以吉隆玻KLIA2機場為基地，主要經營

東南亞地區航線，也開闢有少數中東和歐洲航線，每週定期飛往中國的北京、廣州、桂林、杭州、深圳、西安、香港和澳門等地。

著名景點

麻六甲古城

開放時間：全天開放

麻六甲市麻六甲海峽北岸

荷蘭紅屋

開放時間：週二、三、四、六9：00—17：30，週五9：00—12：15，14：45—17：30，

週一不開放

麻六甲市教堂路

+60 6 282 6526

新加坡共和國

簽證與辦事處

新加坡共和國駐華大使館

地　　址：北京市朝陽區建國門外秀水北街1號

電　　話：010-65321115 / 65329380（簽證熱線）

傳　　真：010-65329405

電子信箱：singemb_bej@sgmfa.sg

網　　址：www.mfa.gov.sg/beijing

簽證申請須知

1. 中國公民持外交護照、公務護照、公務普通護照，到新加坡停留不超過30天者，免辦簽證。

2. 中國公民持普通護照前往新加坡，須提前辦理入境簽證。可透過新加坡駐華使領館遞交申請，也可透過使館授權的旅行社及代理機構辦理。

3. 新加坡不辦理落地簽證。

4. 未填好的表格、材料不齊或不符合要求有可能導致拒簽或推遲受理。

5. 簽證申請是否被批准，及批准的有效期限都由簽證官根據申請者具體情況決定。

6. 簽證的簽發日期一般是遞交簽證申請的日期，簽證一旦被簽發其有效期將不再變更，申請者不應過早遞交申請材料。若簽證已過期，申請者須重新遞交申請材料。申請者在領取簽證時，應仔細核對簽發日期及簽證有效期。建議申請者在出國前一至二周遞交申請。

7. 新加坡移民與關卡局官員在簽證持有者入境時決定其停留天數。申請人應留意護照的入境章和批准的停留期限。

8. 被拒簽或撤銷已遞交的簽證申請，簽證費一概不退。

9. 簽證申請者不可委託他人遞交申請，以下情況除外：

1）若申請人未滿16週歲，可由其父母代辦，但必須出具能證明其關係的出生公證書或戶口本和父母身份證（原件及影本）。

2）若系夫妻關係，可由配偶代辦，但必須出具能證明雙方關係的結婚證或戶口本和配偶身份證（原件及影本）。

3）如申請人已退休或60週歲以上，可委託他人辦理，但須提供本人退休證原件、影本及委託書（註明被委託人的姓名和身份證號碼）。被委託人須攜帶自己身份證原件並提交影本。

4）如申請人由在華的新加坡公民或新加坡永久居民作介紹，介紹人（必須21週歲以上）需親自來本館遞交申請，並提供填好的 V39A表格原件（介紹信）及其新加坡身份證或護照的原件及影本。

5）申請商務簽證者。

麻六甲古城 Malacca City

荷蘭紅屋 Stadthuys

交通情況

新加坡樟宜機場是世界上最繁忙的機場之一，是進出東南亞的門戶，也是飛往世界各地的重要空中交通樞紐。多家航空公司都開通了飛往中國的航班，主要城市包括北京、成都、重慶、福州、廣州、杭州、濟南、昆明、南京、上海、深圳、西安、廈門、青島、瀋陽、天津、香港、澳門、臺北和高雄等。

機場航班諮詢：+65 6542 4422（自動）+65 6541 2302（人工）；6595 6868

著名景點

魚尾獅公園

開放時間：全天開放

新加坡市噴泉路

+65 6736 6622

魚尾獅塑像 Merlion

汶萊達魯薩蘭國

簽證與辦事處

汶萊達魯薩蘭國駐華大使館

地　　址：北京市朝陽區亮馬橋北街1號

電　　話：010-65329773/65329776/65324093

傳　　真：010-65324097

郵　　箱：beijing.china@mfa.gov.bn

簽證申請須知

1. 中國公民持外交、公務護照可免簽入境汶萊，持公務普通和普通護照須提前辦妥簽證。

2. 由旅行社組織旅遊團可辦理停留14天的落地簽證。

3. 商務旅遊需有汶萊保薦人或在汶萊的對口接待方。

交通情況

汶萊國際機場建於1974年，系汶萊唯一民用機場。國家航空公司為
「汶萊皇家航空公司」（Royal Brunei Airlines，簡稱RBA），每週有多個
航班直達東盟、澳大利亞、中東、歐洲、中國、日本等國家。每週有3個航
班飛往上海（每週一、三、五）、7個航班飛往香港。

著名景點

奧瑪阿里清真寺

開放時間：清真寺8：00—20：30

內部：週四不開放，週五：16：30—17：30 週日到週三：8：30—
12：00，1：30—3：00，4：30—5：30宗教節日不開放

斯里巴加灣市麥克阿瑟路

奧瑪阿里清真寺 Sultan Omar Ali Saifuddien Mosque

菲律賓共和國

簽證與辦事處

菲律賓共和國駐華大使館

地　　址：北京市朝陽區建國門外秀水北街23號

電　　話：010-65322451 / 65321872 65325175（領事處）

傳　　真：010-65323761

電子郵箱：philemb_beijing@yahoo.com beijing.pe@dfa.gov.ph

網　址：www.philembassychina.org/簽證申請須知

1. 持中國外交護照、公務護照臨時赴菲人員可免簽入境並停留30天。

2. 持中國普通護照及申根、澳大利亞、美國、加拿大或日本任意一種有效簽證者，可免簽證進入菲律賓停留7天。

3. 持香港或澳門特區護照的中國公民可以免簽進入菲律賓停留14天。

4. 持中國普通護照者辦理菲律賓落地簽證手續較複雜，須事先經過菲律賓移民局書面批准。

交通情況

菲律賓航空公司和主要外國航空公司均闢有菲律賓到世界主要國家、地區和城市的航線。中國南方航空公司每天有從北京和廈門前往馬尼拉的航班以及隔天從廣州飛往馬尼拉的航班，菲律賓航空公司有隔天從北京和上海到馬尼拉的航班以及每天從廈門飛往馬尼拉的航班。在有聯程機票的情況下，必須在飛機起飛之前72小時，以電話通知航空公司，以確認搭機。國際機場離境稅是750比索，必須現金支付（比索或美元）。

著名景點

聖奧古斯丁大教堂

開放時間：8：00—12：00，13：00—18：00

馬尼拉市馬尼拉盧納將軍城路

+63 2 527 4060

維甘古城

開放時間：全天開放

南伊洛克斯省

聖奧古斯丁大教堂 San Agustin Church

維甘古城 City of Vigan

印尼共和國

簽證與辦事處

印尼共和國駐華大使館

地　　址：北京市朝陽區東直門外大街4號

電　　話：010-65325488/65325486

傳　　真：010-65325368

電子信箱：set.beijing.kbri@kemlu.go.id

網　　址：kemlu.go.id/beijing/lc/default.aspx

簽證申請須知

1. 中國公民持外交、公務護照可免簽入境印尼，停留最長不超過30天；持公務普通和普通護照人員應提前辦理簽證。

2. 2005年8月，印尼政府允許中國（大陸）公民在印尼機場、港口的開放口岸辦理落地簽證（VISA ON ARRIVAL）。

3. 印尼移民法規嚴厲，入境外國公民應遵守印尼的法規，不得從事與簽證目的不符的事情，如非法工作、經商、從醫等。

交通情況

中國與印尼有多條航線相連，包括中國國航、南航、國泰、廈航，印尼鷹航（Garuda Indonesia）等在內的多家航空公司運營北京、廈門、上海、廣州、香港至雅加達、泗水、登巴薩（峇里島）的直達航班。

印尼是個群島國家，主要島嶼之間交通以飛機和輪渡為主。印尼國內主要航空公司包括印尼鷹航、亞航（Air Asia）、獅航（Lion）和鴿航（Merpati）等。

雅加達蘇加諾—哈達國際機場是東南亞的重要機場，距雅加達市中心約37公里。機場高速路與市區環城高速路相連，塞車嚴重。除機場大巴外，藍鳥（Blue Bird）、銀鳥（Silver Bird）等大型計程車公司在機場設有營業櫃檯，可以為旅客提供叫車服務，且相對安全。目前機場和市區間尚無地鐵和公交線路。

著名景點

婆羅浮屠

開放時間：6：00—17：00

爪哇島中部馬吉冷婆羅浮屠村

+62 27 449 6402

普蘭巴南神廟

開放時間：7：30—17：30

日惹市東北16公里

+62 27 449 6401

http：//borobudurpark.com/

婆羅浮屠 Borobudur

普蘭巴南神廟 Prambanan

東帝汶民主共和國

簽證與辦事處

東帝汶民主共和國駐華大使館

地　　址：北京市朝陽區東直門外大街23號東外外交辦公大樓203B

電　　話：010-85325457

傳　　真：010-85325457

網　　址：www.embtimorleste-beijing.com/ Default_cn.aspx

電子郵箱：visa@embtimorleste-beijing.com（簽證訊息）

簽證申請須知

1. 中國公民持外交、公務護照赴東免辦簽證並可停留30天，超過30天須辦理簽證。

2. 中國公民持其他類型護照赴東須辦理簽證。由陸路進入東帝汶（即穿越印尼與東帝汶在帝汶島中部的陸地邊界），需提前在東帝汶使館申辦簽證；透過海、空管道入境，可辦理落地簽證。

3. 持有效期6個月以上普通護照人員可在帝利國際機場辦理落地簽證，最長停留90天。

4. 東帝汶簽證主要分為：旅遊商務簽證，過境簽證，工作簽證，留學簽證和文化、研究、體育和媒體簽證。

5. 一次入境後停留最長期限為90天，90天後必須離境，如再次入境，須重新辦理簽證。

交通情況

帝利機場是東帝汶唯一國際機場，位於市區東北部，距市中心約15分鐘車程。目前赴東帝汶主要經印尼峇里島、新加坡或澳大利亞達爾文市中轉。因航班數量有限，且屬旅遊熱點，建議預先計畫好行程並提前訂票。每段託運的行李最好不超過20公斤。峇里島航線由印尼Merpati航空公司和Sriwijaya航空公司執飛，每天各一班。新加坡航線由帝汶航空（Timor Air）租用新加坡勝安航空公司（Silk Air）的飛機執飛，每週二、週六各一班，週四每兩週一班。澳大利亞北方航空公司每天有1—2個航班往返達爾文市和帝利。

印度共和國

簽證與辦事處

印度共和國駐華大使館

地　　址：北京市朝陽區亮馬橋北街5號

電　　話：010-65321908（英語/印地語，24小時服務）010-65321856（漢語/英語，僅限上班時間）

傳　　真：010-65324684

電子郵箱：webmaster@indianembassy.org.cn

網　　址：www.indianembassy.org.cn

簽證申請須知

1. 中國公民無論持何種護照入境印度均須提前辦妥相關類別簽證。

2. 印度簽證分為商務簽證、會議簽證、工作簽證、專案簽證、記者簽證、就醫簽證、訪問學者簽證、學生簽證、旅遊簽證和過境簽證等。

3. 印度駐華使館接受簽證申請人本人遞交的簽證申請，也接受代辦人或旅行社代交的簽證申請。

4. 外交、公務、公務普通護照持有者向印度駐華使領館提交簽證申請。普通護照持有者須前往印度簽證申請中心提交簽證申請。

5. 線上籤證申請制度已從2011年9月5日起正式實施，所有類別的簽證都必須線上填寫申請表。

交通情況

首都新德里分國際和國內兩個機場，兩個機場之間有15分鐘車程。受機場設施、辦事效率和天氣等因素影響，飛機延誤現象常見。新德里、孟買機場的現代化新航站樓均已投入使用，班加羅爾、海德拉巴等大中型城市也有國際機場。印度主要機場有往返市區的機場大巴和預付費計程車服務，在機場大廳內有櫃檯辦理。

德里Indira Gandhi國際機場諮詢電話：+91 124 337 6000

著名景點

泰姬陵

開放時間：西門和東門：日出到日落南門：8：00—17：00，週五不開

放

北方邦阿格拉城內亞穆納河右側

+91 522 230 7037/+91 562 222 6431

www.tajmahal.gov.in

菩提伽耶

開放時間：5：00—9：00

比哈爾邦邦伽耶市近郊7公里處

+91 631 220 0735

www.bodhgayatemple.com/

阿旃陀石窟

開放時間：8：00—17：00，週一休息

馬哈拉斯特拉邦

+91 22 2204 4040

http：//ajantacaves.com/

阿格拉紅堡

開放時間：日出至日落

北方邦亞穆納河西岸

+91 562 222 6431

www.agrafort.gov.in

德里紅堡

開放時間：9：30—16：30，週一不開放

新德里濱海大道月光集市

www.redfortdelhi.co.in/

阿姆利則金廟

開放時間：3：00—22：00

旁遮普邦阿姆利則金廟路

+91 981 576 2315

www.goldentempleamritsar.org/

巴基斯坦伊斯蘭共和國

簽證與辦事處

巴基斯坦伊斯蘭共和國駐華大使館

地　　址：北京市朝陽區東直門外大街1號

電　　話：010-65326660轉2021 / 65322504

傳　　真：010-65322715

電子信箱：visa@pakbj.org.pk

泰姬陵 Taj Mahal

菩提伽耶 Bodhgaya

阿旃陀石窟 Ajanta Cave

阿格拉紅堡Agra Fort

德里紅堡Red Fort

阿姆利則金廟 Golden Temple

簽證申請須知

1. 中國公民持外交、公務和公務普通護照在巴基斯坦訪問和停留1個月內免辦簽證。

2. 中國公民免收簽證費。

3. 巴基斯坦簽證按訪問目的分為旅遊簽證、商務簽證、訪問簽證和學生簽證。

4. 簽證申請須線上填寫申請表。

交通情況

從中國坐飛機抵達巴基斯坦有南航走烏魯木齊飛抵伊斯蘭馬巴德，或者國航從北京經停成都到卡拉奇。巴基斯坦航空公司（PIA）有北京直飛伊斯蘭馬巴德的國際航班，一週兩班，飛行時間大約6小時。卡達航空公司從北京出發中轉杜拜到首都伊斯蘭馬巴德，時間要長一些。伊斯蘭馬巴德的貝納芝·布托國際機場是中國旅行者往返巴基斯坦主要使用的關口，機場位於伊斯蘭馬巴德與拉瓦爾品第兩個城市之間，有往來歐洲（倫敦、曼徹斯特、伯明罕、阿姆斯特丹、法蘭克福、巴黎、伊斯坦布爾），中東（杜拜、沙迦、馬斯喀特、杜哈、巴格達）和其他亞洲城市（烏魯木齊、曼谷）的國際航班。

卡達航空公司：www.qatarairways.com/index.html

著名景點

拉合爾城堡

拉合爾古城

費薩爾清真寺

開放時間：除正常祈禱時間及週五中午的主麻大禮拜外，其他時間均對非穆斯林開放。

伊斯蘭馬巴德費薩爾大道

孟加拉人民共和國

簽證與辦事處

孟加拉人民共和國駐華大使館

拉合爾城堡 Lahore Fort

費薩爾清真寺 Faisal Mosque

地　　址：北京市朝陽區光華路42號

電　　話：010-65322521 / 65323706

傳　　真：010-65324346

網　　址：www.bangladeshembassy.com.cn

電子郵箱：bdemb@public3.bta.net.cn

簽證申請須知

1. 中國公民持外交護照、公務護照和公務普通護照赴孟免辦簽證。

2. 中國公民持因私普通護照赴孟需辦理簽證。

3. 簽證申請遞交和簽證領取方式：

1）直接遞交：簽證申請者或其委託人可於工作日上午9：00至12：00直接將申請和相關材料以及簽證費（現金）遞交至使館簽證處。簽證簽發後，相關官員將於工作日16：30至17：00在使館簽證處直接把護照返還給簽證申請者或其委託人。

2）郵寄遞交：申請者也可選擇透過EMS郵寄的方式遞交簽證申請和相關材料。簽證簽發後，護照將透過EMS郵寄的方式返還給簽證申請者。這種情況下，簽證申請者需付簽證申請費及郵費。上述費用應透過郵政儲蓄寄往：中國北京光華路42號孟加拉駐華使館簽證處。

交通情況

孟加拉現有3個國際機場（達卡、吉大港和錫萊特）。

孟加拉航空公司（Biman Bangladesh）和GMG航空公司經營達卡至港口城市吉大港、旅遊勝地科克斯巴紮爾等多條國內航線及二十幾條國際航線。中國東方航空公司和南方航空公司在達卡均設有辦事處，分別運營昆明、廣州與達卡之間的航班。此外，港龍航空公司和孟加拉航空公司設有往返於香港和達卡的航線。

中國東方航空公司達卡辦事處：+880 2 881 9482-5

中國南方航空公司達卡辦事處：+880 2 989 1662-5

阿富汗伊斯蘭共和國

簽證與辦事處

阿富汗伊斯蘭共和國駐華大使館

地　址：北京市朝陽區東直門外大街8號

電　話：010-65327743、65321582

傳　真：010-65322269

電子郵箱：afgemb.beijing@gmail.com

簽證申請須知

1. 阿駐華使館通常簽發一次入境、有效期3個月，停留30天的簽證。

2. 辦理長期居留簽證須先辦理短期入境簽證。在入境後30天內申請半年至一年的居留許可簽證，延長鬚再次申請。

3. 持因私普通護照申請人須由本人直接遞交申請。

4. 簽證申請如被拒簽，簽證費不予退還。

交通情況

阿富汗國內目前有兩家航空公司。阿利亞納航空公司實力較為雄厚，主要經營國際航線。目前已開通至巴基斯坦、伊朗、阿聯酋、印度、土耳其、德國、俄羅斯、中國、阿塞拜疆、沙烏地阿拉伯、科威特和塔吉克等12條國際航線，2003年7月12日正式開通喀布爾至烏魯木齊航線。KAM航空公司

經營國內航線。全國有機場46個，喀布爾機場為國際機場。

阿利亞納航空公司網址：www.flyariana.com/

著名景點

巴米揚大佛

開放時間：全天開放

巴米揚省巴米揚市

巴米揚大佛Buddhas of Bamiyan

尼泊爾聯邦民主共和國

簽證與辦事處

尼泊爾聯邦民主共和國駐華大使館

地　　址：北京市朝陽區三里屯西六街1號

電　　話：010-65321795 / 010-65322739

網　　址：www.nepalembassy.org.cn

簽證申請須知

1. 中國公民持外交、公務護照赴尼，停留期不超過1個月，免辦簽證。

2. 個人的簽證申請應向尼駐華使館或尼駐上海、拉薩、香港領事館提出。

3. 中國公民以旅遊為目的赴尼，透過國家旅遊局官方授權經營海外旅遊的旅行社申請尼泊爾旅遊簽證。

4. 中國公民可在加德滿都國際機場辦理落地簽證。

交通情況

尼泊爾的國際機場為加德滿都特里布文國際機場（Tribhuvan International Airport），距離市區10公里左右，正常情況下從市區到機場為20—50分鐘。加德滿都與拉薩（成都）、廣州、昆明等有直飛航班，分別由國航、南航、東航運營。此外，還有港龍、泰航以及印度航空公司運營的加德滿都至香港、曼谷和新德里等地的定期航班。尼泊爾境內，由於陸路交通狀況不佳，各主要城市諸如加德滿都、博克拉、蘭毗尼等城市間亦有航班服務，一般30分鐘便可抵達，往返機票約200美元。但尼國內航班飛行的飛機機型普遍較小，安全性有待提高。

著名景點

巴克塔普爾金門

開放時間：全天開放

巴克塔普爾杜爾巴爾廣場

巴克塔普爾金門Golden Gate of Bhaktapur

不丹王國

簽證申請須知

1. 中國與不丹未建立外交關係。

2. 不丹簽證分為公務簽證和旅遊簽證兩類。公務簽證發給因公訪問不丹的人員，旅遊簽證發給因私赴不丹的人員。

3. 中國公民赴不丹須透過不丹政府授權的不丹國內旅行社或其海外合作旅行社代辦簽證。

4. 旅遊簽證均為口岸簽證，即在入境口岸頒發，照片和簽證費也在入境時提交。

5. 簽證申請表上的姓名必須與護照上的姓名完全一致，否則即便取得簽證，也不能入境。

6. 如有需要，簽證可在不丹境內申請延期，最長可延至6個月。

交通情況

不丹空中交通不發達。全國僅有一座機場，即帕羅國際機場，距不丹首都辛布65公里，是進出不丹的唯一航空港。不丹皇家航空公司（Royal Bhutan Airlines）是唯一能進出不丹的航空公司。由於不丹政府限制遊客入境人數，加上不丹航空公司航班很少，每班機載客有限，所以要提前預訂。旺季時，許多人提早3個月甚至半年就開始預訂機位。

著名景點

扎西曲宗堡

開放時間：週一至週五17：00—18：00，週六、週日8：00—18：00（冬季至17：00）

辛布市

虎穴寺

開放時間：10月—次年3月8：00—13：00，14：00—17：00，4月—9月8：00—13：00，14：00—18：00

甲米城北9公里的帕羅山

紮西曲宗堡 Tashichho Dzong

虎穴寺 Taktshang Geomba

斯里蘭卡民主社會主義共和國

簽證與辦事處

斯里蘭卡民主社會主義共和國駐華大使館

地　　址：北京市朝陽區建國門外建華路3號

電　　話：010-65321861 / 65321862

傳　　真：010-65325426

電子郵箱：lkembj@slemb.com

網　址：www.slemb.com/簽證申請須知

1. 中國公民持外交、公務、公務普通護照赴斯需提前到斯駐華使領館申請簽證，持因私普通護照公民赴斯里蘭卡短期旅遊、短期商務訪問，無需到斯駐華使領館辦理簽證，只需登錄www.eta.gov.lk網站申請電子簽證（Electronic Travel Authorization，簡稱ETA）即可。申請時應特別注意正確輸入護照號碼、姓名及電子郵箱。電子簽證審批透過後，攜帶電子簽證批准函列印件及護照，購買一個月內往返機票即可赴斯里蘭卡訪問。

2. 獲ETA者在入境口岸將獲發停留期最多為30天的簽證，如需延期至90天，應向斯移民局提出申請。

3. 中國公民持有效期6個月以上各類護照，憑往返機票或聯程機票、旅館訂單或旅費證明等，可在可倫坡國際機場及漢班托塔國際機場辦理落地簽證。入境簽證停留期不超過30天，可延期，需交納35美元簽證費。辦理有效期7天的過境簽證，需交納25美元簽證費。辦理有效期2天的過境簽證，無需交納簽證費。

交通情況

一、中國直達航班情況

截至目前，斯里蘭卡航空公司（旅客服務處：+94 1 9733 2382）已開通可倫坡至北京、上海、廣州、香港的航班。

國泰航空公司網頁：www.cathaypacific.com或www.dragonair.com

東方航空公司可倫坡售票處

電話：+94 11 421 8888

傳真：+94 11 460 9616

郵件：info@chinaeasterncmb.com

可倫坡機場總機：+94 11 225 2861。更多機場情況，請訪問斯里蘭卡機場網站。

目前從其他國家進入斯里蘭卡的口岸是可倫坡的班達拉奈克國際機場和漢班托塔的馬特拉拉賈派克薩國際機場。

班達拉奈克國際機場，距可倫坡市區36公里。從機場到市區可以坐計程

車，約需40分鐘，車資單程約4000盧比。也可以在機場出口向左200米處乘坐機場擺渡車（免費）到機場汽車站乘坐公車，187路公車到可倫坡火車站和古堡區（Fort），車票100盧比。

另有機場快線（訂票電話：+94 11 243 1909），從可倫坡秘書處火車站（Colombo Secretariat Station，希爾頓酒店附近）出發，到達可倫坡機場火車站，後可搭乘免費擺渡車到航站樓。機場快線採用新式電子客票，在可倫坡秘書處火車站和機場計程車櫃檯均可購買，票價500盧比，車票需要在機場出口處返還給火車站。詳情請參閱可倫坡機場服務公司網站。

馬特拉賈派克薩國際機場於2013年3月15日正式投入使用，距離漢班托塔市區20公里，機場其周邊附屬設施尚不完備，沒有機場快線與計程車租賃服務。

著名景點

獅子岩

開放時間：8：00—18：00

丹布勒與哈伯勒內之間的主幹道向東約10公里處

+94 72 177 3006

www.sigiriyatourism.com/

阿努拉德普勒古城

開放時間：8：00—18：00

可倫坡東北200多公里

+94 25 222 7640

www.ccf.lk/anuradhapura.htm

波隆納魯沃古城

開放時間：7：00—18：00（正常情況下可以待到日落）

可倫坡東北216公里

+94 72 801 6428

www.ccf.lk/polonnaruwa.htm

獅子巖 Sigiriya Lion Rock

阿努拉德普勒古城 Anuradhapura

波隆納魯沃古城 Acient City of Polonnaruwa

馬爾代夫共和國

簽證與辦事處

馬爾代夫共和國駐華大使館

地　　址：北京市朝陽區建外秀水街1號建外外交公寓1-5-3-1

電　　話：010-85323454

傳　　真：010-85323746

電子郵箱：admin@maldivesembassy.cn

簽證申請須知

1. 中國公民持有外交、公務護照可以免簽證進入馬爾代夫。

2. 中國公民持有效期6個月以上普通護照，可在馬累國際機場申請不超過30天的落地簽證，無需交納任何費用。

交通情況

馬爾代夫航空業發展迅速。目前馬共有9個陸地機場，分別為馬累國際機場、甘島國際機場（位於Seenu環礁）、哈尼馬杜國際機場（位於Haa Dhaalu環礁）3個國際機場和瑪米吉利（位於Alifu Dhaalu環礁）、卡杜

（位於Laamu環礁）、卡德杜（位於GaafuDhaalu環礁）、科杜（位於Gaafu Alifu環礁）、達拉瓦杜（位於Baa 環礁）、弗阿穆拉（位於Gnaviyani環礁）、提馬拉富士（位於Thaa環礁）7個國內機場。機場之間有固定航班服務。

北京、上海、重慶、武漢、香港至馬累都有定期航班。

伊朗伊斯蘭共和國

簽證與辦事處

伊朗伊斯蘭共和國駐華大使館

地　　址：北京市朝陽區三里屯東六街13號

電　　話：010-65322040 / 65324870

65324871 / 65324872 / 65324873傳　真：010-65322029

簽證申請須知

1. 中國公民持外交、公務護照赴伊朗免辦簽證，最多停留30天；持公務普通及因私護照須提前辦妥簽證，伊駐外使領館簽發的簽證停留期一般為15天。

2. 持有效期6個月以上公務普通護照和普通護照，可在入境口岸申請落地簽證。需提供的材料為：護照影本、往返機票、照片一張（女士須戴頭巾）。停留期限為15天（不可延期）。需交納80歐元簽證費。

3. 當事人入境後如需延期簽證，須在停留期屆滿前向伊當地外事警察局提出申請。逾期居留將被收以30萬里亞爾/天的罰金。如被懷疑非法經商或勞務，則要另受到勞工部門、財政部門的巨額罰款後才許離境。

交通情況

伊朗與中國直達和非直達的主要航線有：北京—烏魯木齊—德黑蘭、北京—德黑蘭、廣州—德黑蘭、北京—杜哈—德黑蘭、北京—杜拜—德黑蘭、上海—杜拜—德黑蘭、北京—香港—曼谷—杜拜—德黑蘭。中國南方航空公司在德黑蘭設有辦事處，主營北京—烏魯木齊—德黑蘭線路航班（電話：+98 21 2264 5403-7）。

著名景點

波斯波利斯石柱群

開放時間：11月—次年3月8：00—17：00，

4月—10月8：00—19：00

設拉予以北60公里處

www.persepolis3d.com/frameset.html

費恩花園

開放時間：夏季9：00—19：00，冬季9：00—17：00

伊斯法罕省卡尚市

波斯波利斯石柱群 Persepolis Pillars Group

費恩花園 Fin Garden

伊拉克共和國

簽證與辦事處

伊拉克共和國駐華大使館

地　址：北京市朝陽門建國門外秀水北街25號

電　話：010-65323385/65321873

傳　真：010-65321596

電子信箱：bknemb@mofaml.gov.iq

簽證申請須知

1. 中國公民赴伊需要辦理簽證。

2. 赴伊簽證分為旅遊簽證、商務簽證、留學簽證、探親簽證、醫療簽證和過境簽證等。

3. 由於辦理落地簽證在實際操作上存在不確定因素，赴伊中國公民宜在伊駐華使館提前申請辦理簽證。

4. 簽證可申請延期，入境後在伊出入境管理局辦

理相關手續。

交通情況

受戰爭影響，伊國際航班正逐步恢復，目前與鄰近國家約旦、敘利亞、阿聯酋、伊朗、土耳其、卡達等有直航，近期伊國家航空公司新開通直航倫敦、法蘭克福等國際航線，伊相關部門正與中國商談開通直航事宜；伊國內僅有伊國家航空公司航線，航班較少，且時常延誤或取消。

著名景點

巴比倫古城

開放時間：全天開放

巴格達以南90公里處，幼發拉底河右岸

亞述古城

開放時間：全天開放

美索不達米亞北部底格里斯河西岸

巴比倫古城 Babylon

亞述古城 Assyria

科威特國

簽證與辦事處

科威特國駐華大使館

地　　址：北京市朝陽區光華路23號

電　　話：010-65322216轉1013 010-65322374

傳　　真：010-65321607

簽證申請須知

1. 科威特入境簽證為「返簽證」，即簽證申請人委託科方擔保人前往科

內政部移民局申辦簽證。獲批後，由擔保人將簽證原件寄給申請人。簽證由阿拉伯文列印，蓋有科移民局公章並由移民局官員簽署。

2. 短期簽證包括商務訪問、旅遊、探親簽證，商務簽證入境後可停留1個月，有效期3個月。旅遊簽證可停留3個月，有效期3個月。

3. 長期簽證主要包括工作、家庭隨任、學習簽證。簽證由申請人的科方擔保人在科內政部移民局申請並領取，將簽證原件郵寄給申請人。

4. 持因私護照的申請人必須本人去科駐華使館辦理簽證，使館不接受任何仲介機構或代辦人代為申請。

5. 不辦理落地簽證。

交通情況

科威特沒有直達中國的航班，一般需從阿聯酋、土耳其、卡達、泰國等地轉機。科威特國際機場位於法爾瓦尼亞省，距離科威特城16.5公里，是科威特唯一的民用機場。科威特國際機場非常繁忙，每天起降航班近百架次，年運送旅客900多萬人次，是海灣地區重要的航空中轉站之一。

巴林王國

簽證與辦事處

巴林王國駐華大使館

地　　址：北京市朝陽區亮馬橋外交公寓10-06

電　　話：010-65326483/65326485

傳　　真：010-65326393

網　　址：www.evisa.gov.bh

簽證申請須知

1. 中國公民從國內到巴林工作、經商或學習，應事先到巴林駐華使館辦妥相關簽證。

2. 持有效期6個月以上護照可辦理落地簽證，可辦理落地簽口岸為巴林國際機場和法赫德國王大橋（巴林、沙烏地阿拉伯陸路口岸）。落地簽停留

期限為14天（可延期一次），需交納5巴林第納爾（約85元人民幣）手續費。需要注意的是，單身女性、無接待單位（擔保人）及無確定住所人員可能被拒絕入境。

3. 申請工作許可須由僱主為其擔保，並向巴林勞工部和勞工市場管理局申請就業許可，向移民局申請工作簽證；屆時須提供有擔保人簽字的簽證申請表、就業許可證、僱主的商業註冊證明影本及身份證雙面影本、申請人有效護照影本等。

4. 簽證種類：旅遊、商務、探親、工作等。

交通情況

巴林與中國內地無直達航班，可選擇不同航空公司，經香港、曼谷、阿布達比、杜拜、杜哈等城市轉機。

卡達國

簽證與辦事處

卡達國駐華大使館

地　　址：北京市朝陽區亮馬橋外交公寓A區7號樓

電　　話：010-65322231 65322232 / 65322233

傳　　真：010-65325274/65325122

電子郵箱：beijing@mofa.gov.qa

簽證申請須知

1. 入境卡達的中國公民需辦理入境簽證。

2. 持有阿拉伯海灣合作委員會成員國長期居留簽證，且身份為經理以上級別的中國公民可在抵達機場後辦理停留期為14天的落地簽證，期滿可續延14天。

3. 申請簽證須持有卡達移民局的簽證通知函及其他材料，在卡達駐華使館辦好籤證貼紙手續。

4. 持旅遊、探親簽證者不得在卡達境內工作或從事與簽證身份不符的非

法活動。

交通情況

卡達航空公司（QATAR AIRWAYS）現有32條國際航線，通往120多個國家和地區，目前卡達航空公司有4條直達中國航線：杜哈—北京、杜哈—上海、杜哈—廣州和杜哈—香港。

卡達航空公司網址：www.qatarairways.com/ cn/cn/homepage.page

阿拉伯聯合酋長國

簽證與辦事處

阿聯酋聯合酋長國駐華大使館

地　　址：北京市朝陽區亮馬橋外交公寓A區10號樓

電　　話：010-65327650

65327651 / 65327653

傳　　真：010-65327652

簽證申請須知

1. 阿聯酋實行返簽政策，即簽證申請應透過在阿註冊的簽證代辦機構（如酒店、公司和旅行社等）向阿移民局提交申請。獲簽後，簽證由代辦機構以傳真的形式發給申請人，申請人攜該簽證及護照即可入境。

2. 辦理去阿簽證前，應提前向簽證代辦機構詳細瞭解籤證規定，或自行登錄阿聯酋移民局網站http：//www.dnrd.ae查詢相關資訊，準備好相應的申請材料，以免耽誤行程或遇上不必要的麻煩。

3. 除外交護照以外，持其他種類護照的中國公民赴阿聯酋均需辦理簽證。

4. 政府公務團組可在阿聯酋駐華使領館辦理。

5. 由第三國經杜拜轉機可辦理落地簽證。香港特別行政區居民使用香港特別行政區護照可免簽入境。

6. 阿聯酋普通簽證一般有4種，分別是訪問簽證、旅遊簽證、工作簽證

和過境簽證，另外還有家屬簽證、留學簽證和展會簽證。

7. 旅遊簽證簽發後60日內入境有效，入境後可停留30日，在此期間只可續簽一次，延續的停留期為40天。

8. 訪問簽證停留時間分別為：90日（長），30日（短）。

9. 留學簽證簽發後60日內入境有效。

10. 家屬簽證簽發後60日內入境有效。

11. 工作簽證簽發後60日內入境有效。

12. 展會簽證簽發後60日內入境有效，停留期限將視展會的時間長短，分別有30天、60天、90天不等。

13. 凡在阿聯酋作短暫停留去第三國的旅客，可申請當地96小時的過境簽證。

交通情況

阿聯酋在阿布達比、艾因、杜拜、沙迦等均建有國際機場，共有130多家國際航班開通到阿聯酋的航線。

中國國際航空公司、南方航空公司、海南航空、東方航空，阿聯酋航空公司等都開通了中國國內至杜拜的定期航班，其中包括北京、上海、廣州、昆明及蘭州至杜拜的往返航線。阿提哈德航空公司現有北京、上海、成都至阿布達比直飛往返航班。香港國泰航空公司、阿提哈德航空公司、阿聯酋航空公司已分別開通阿布達比、杜拜至香港的往返航班。阿聯酋國土面積不大，未開通阿布達比至杜拜航班。具體航班的詳細資訊可登陸相關公司網站查詢。

阿曼蘇丹國

簽證與辦事處

阿曼蘇丹國駐華大使館

地　　址：北京市朝陽區亮馬河南路6號

電　　話：010-65323692 / 65323322

傳　真：010-65327185

簽證申請須知

1. 根據協定，中阿雙方互免外交、公務護照簽證。

2. 阿曼常見簽證種類主要有：快速商務簽證、親友訪問簽證、家庭團聚 / 居住簽證、工作簽證等。

3. 快速商務簽證：有效期6個月，停留期21天。

4. 親友訪問簽證：發給在阿工作的外國人家屬或阿曼人的朋友，有效期6個月，停留期3個月，可延期1個月、一次入境有效。

5. 家庭團聚 / 居住簽證：發給在阿工作的外國人配偶或21歲以下子女，有效期6個月，停留期2年（可多次出入境）。

6. 工作簽證：發給21歲以上在阿工作的外國人，有效期3個月，停留期一般為2年，可延期，多次出入境有效。

7. 阿曼簽證辦理管道有兩種，一是前往阿駐華使館辦理（以快速商務簽證為主）；二是由在阿個人、單位（阿方稱為保薦人Sponsor）將申請人資料遞交阿移民局申請簽證（即返簽），移民局批准後，保薦人將獲得的紙質簽證傳真至中國的申請人，申請人持護照、簽證傳真件前往阿駐華使館辦理出境證明。另，保薦人應將此簽證存於阿邊檢（Visa Deposit），申請人抵境後取得簽證原件通關。目前以第二種辦理管道為主。阿對女性公民入境限制較嚴。此外，阿不辦理落地簽。

交通情況

馬斯喀特國際機場是阿曼航空運輸樞紐，薩拉拉機場為其南部重要機場。阿曼與中國間無直航，需經杜拜、杜哈、阿布達比、巴林等地中轉，同時有少量前往埃及、英國、德國、義大利、泰國、印度、巴基斯坦的直航航線。

著名景點

巴赫萊要塞

馬斯喀特西南部約200公里處

www.omantourism.gov.om

巴赫萊要塞 Bahla Fort

葉門共和國

簽證與辦事處

葉門共和國駐華大使館

地　　址：北京市朝陽區三里屯東三街5號

電　　話：010-65323804

傳　　真：010-65327997

電子郵箱：info@embassyofyemen.net

簽證申請須知

1.中國公民入境葉門需提前辦妥簽證。

2.入境時需填寫入境登記卡，移民局查驗有效護照和簽證後放行。

交通情況

　　葉門國內有葉門航空公司（國營）和Felix航空公司（私營）。此外，阿聯酋航空公司、卡達航空公司、埃及航空公司、海灣航空公司、埃塞俄比亞航空公司、土耳其航空公司等在沙那均設有辦事處。葉門航空公司有沙那直飛廣州的定期航班（2011年5月起暫停），其餘飛往中國的航線均需在第三國轉機。葉門的沙那、亞丁、穆卡拉、荷臺達等4城市有國際機場，塔茲、阿特戈、賽永、蓋達、馬里布、布卡、貝達、薩達、索科特拉等8城市有國

內機場。

著名景點

石頭宮

開放時間：8：00—18：00

沙那郊區盛產葡萄和木瓜的達赫爾谷地山谷之中

沙那古城

開放時間：全天開放

沙那市中心

希巴姆古城

開放時間：全天開放

魯卜哈利沙漠南部邊緣的商旅通道上

石頭宮 Chung Creek Park

沙那古城 Sana'a

希巴姆古城 Shibam

沙烏地阿拉伯王國

簽證與辦事處

沙烏地阿拉伯王國駐華大使館

地　　址：北京市朝陽區三里屯北小街1號

電　　話：010-65324825 / 65325325 65324818 / 65324834

傳　　真：010-65325324

簽證申請須知

1. 沙烏地阿拉伯實行嚴格的簽證制度，審批程式複雜，耗時較多。

2. 無論中國公民持何種護照均須辦理簽證。

3. 簽證種類主要分為朝覲簽證、訪問簽證和工作簽證三種。

4. 女性申請簽證需要返簽件，由邀請方提供。

交通情況

　　沙烏地阿拉伯航空系統比較發達，有50條國際航線，延伸至4大洲70多個國家，其開通的國際航線可以直達世界各重要城市。中沙兩國首都目前尚無直達班機。現有國泰航空公司班機從北京經香港到利雅德，阿聯酋航空公司班機從北京經杜拜到利雅德，卡達航空公司班機亦可從北京經杜哈到達利雅德，2011年3月26日，沙烏地阿拉伯航空公司首次開通吉達、利雅德至廣州航班，每週二、四、六、日共4班飛機往返飛行。

著名景點

麥加大清真寺

開放時間：8：00—12：00，15：00—20：00

麥加城中心

麥迪那先知清真寺

麥迪那市拜尼‧納加爾區

+966 4 823 9863

http：//wmn.gov.sa/

麥加大清真寺 Great Mosque of Mecca

麥迪那先知清真寺 Prophet's Mosque

約旦哈希姆王國

簽證與辦事處

約旦哈希姆王國駐華大使館

地　址：北京市朝陽區三里屯東六街5號

電　話：010-65323906

傳　真：010-65323283

簽證申請須知

1. 中國公民持外交、公務護照入境約旦免簽，持有效期6個月以上公務普通護照或普通護照可在各陸海空入境口岸辦理落地簽，需提供護照原件及在約旦詳細住址，停留期為30天。

2. 約旦不頒發過境簽證。訂妥聯程機票準備經約旦赴第三國的乘客，轉機時間少於6小時的不出機場直接轉機；轉機時間6到48小時的，航空公司憑過境卡為其安排就近飯店住宿；超過48小時則須辦理簽證。

3. 除非有家人隨行、約旦旅行社擔保或政府代表團女成員和女外交人員，女性單身赴約辦理簽證申請均須約內政部批准才能獲得簽證。

4. 國內出具的檔如需在約旦使用，需事先辦理公證認證。

交通情況

約旦主要有三大機場：安曼阿莉婭國際機場、安曼瑪律卡國際機場和亞喀巴國際機場，主要航空公司是約旦皇家航空公司，與全球50多個國家和地區開通直航。中約無直航，往返可在阿聯酋、卡達、香港等地轉機。

安曼阿莉婭國際機場電話：+962 6 445 1132

約旦皇家航空公司電話：+962 6 510 0000

著名景點

佩特拉遺址

開放時間：6：00—16：00，晚間節目在20：30開始，

購買夜票的可以在20：00再次在景點門口集合

佩特拉遺址 Historic Remains of Petra in Jordan

安曼南240公里處

+962 3 215 7093

http：//visitpetra.jo/Default.aspx

阿拉伯敘利亞共和國

簽證與辦事處

阿拉伯敘利亞共和國駐華大使館

地　　址：北京市朝陽區三里屯東四街6號

電　　話：010-65321372/65321356

傳　　真：010-65321575

電子郵箱：sy@syrembassy.cn

簽證申請須知

中國公民赴敘必須事先由申請人本人前往使館辦妥簽證。

交通情況

敘利亞與中國無直達航班，中國赴敘一般經杜拜、杜哈、莫斯科、巴黎等地轉機。

卡達航空公司網址：www.qatarairways.com/ cn/cn/homepage.page

著名景點

阿勒頗古城

開放時間：10：00—17：00

大馬士革以北350公里

大馬士革古城

開放時間：全天開放

外黎巴嫩山東麓的克辛山上

帕爾米拉遺址

開放時間：全天開放

地中海東岸和幼發拉底河之間，沙漠邊緣的綠洲上

阿勒頗古城 Aleppo

大馬士革古城 Damascus

帕爾米拉遺址 Site of Palmyra

土耳其共和國

簽證與辦事處

土耳其共和國駐華大使館

地　　址：北京市朝陽區三里屯東5街9號

電　　話：010-65322347 / 65321715

傳　　真：010-65325480

電子郵箱：embassy.beijing@mfa.gov.tr
turkemb.beijing@mfa.gov.tr

網　　址：http：//beijing.emb.mfa.gov.tr

簽證申請須知

　　1. 中國公民持外交、公務及公務普通護照赴土耳其免辦簽證，一次停留期不超過30天。免簽人員在入境口岸由土方加蓋簽證章以確定入境時間。如有需要，可在土境內申請延期至90天。

　　2. 土簽證有兩種基本類別。其一是入境簽證：一次入境簽證有效期為3個月，允許簽證持有人在3個月內進入土境內一次。多次入境簽證原則上有效期為1年。允許簽證持有人多次入境並且每次可以在土耳其境內停留1個月。商務簽證也可以申請多次入境簽證。其二是過境簽證，過境簽證有效期為3個月，允許簽證持有人從土過境去其他國家旅行。

3. 持土電子簽證入境人員，須同時持有效申根國家或OECD（經濟合作與發展組織）國家簽證。如上述國家簽證為一次入境簽證，必須先入境土耳其再前往上述國家，否則將被土拒絕入境。

4. 申根國家或OECD（經濟合作與發展組織）國家的簽證必須是貼紙簽證，目前土機場邊檢部門不承認上述國家的電子簽證，赴土前請務必辦妥有關國家貼紙簽證。

5. 持土電子簽證入境時必須出示電子簽證列印件，否則將被拒絕入境。

6.赴土學習或工作須申辦相應簽證。

7. 學生簽證、大學教師工作簽證允許持有人進入土並申請居留許可證。

8. 申請人必須本人親自申請，尤其是首次提出簽證申請時。

交通情況

伊斯坦布爾每週7天均有一班航班往返北京和上海，每週一、三、五往返廣州，每週二至六往返香港。

著名景點

托普卡帕故宮

開放時間：週二休息，

夏季（4月15日—10月30日）9：00—18：45，18：00停止售票

冬季（11月1日—次年4月14日）9：00—16：45，16：00停止售票

伊斯坦布爾市薩拉基里奧角

+90 212 512 0480

www.topkapisarayi.gov.tr/tr

聖索菲亞大教堂

開放時間：夏季（4月15日—10月25日）9：00—19：00，18：00停止售票冬季（10月26日—次年4月16日）9：00—17：00，16：00停止售票

伊斯坦布爾市蘇丹艾哈邁德廣場教堂

+90 212 522 0989

www.ayasofyamuzesi.gov.tr/

蘇萊曼清真寺

開放時間：6：00—20：00，陵墓9：30—17：30，禱告時間不開放遊客參觀

伊斯坦布爾市金角灣西岸

+90 212 514 0139

www.suleymaniyecamii.org/en

伊斯坦布爾托普卡帕故宮 the Topkapi Palace of Istanbul

伊斯坦布爾聖索菲亞大教堂 Hagia Sophia of Istanbul

伊斯坦布爾蘇萊曼清真寺 Suleymaniye Mosque of Istanbul

黎巴嫩共和國

簽證與辦事處

黎巴嫩駐華大使館

地　　址：北京市朝陽區三里屯東六街10號

電　　話：010-65321560 / 65322197 65323281

傳　真：010-65322770

電子郵箱：elbemb@gmail.com

簽證申請須知

1. 中國公民可在黎巴嫩駐華使館申請赴黎簽證，亦可在黎各入境口岸免費獲得為期1個月的旅遊簽證（落地簽）。落地簽證最長可延期至3個月。

2. 中國公民持外交護照可獲得6個月有效期，多次入境落地簽證。

3. 從國內出發時，中國邊防通常要求事先辦好籤證。

4. 黎駐華使館一般情況下籤發有效期3個月的簽證。赴黎工作者應在持上述簽證抵黎後3個月內向黎勞工部門和安全總局申請辦理工作證和居留證。

5. 赴黎工作者可事先透過在黎僱主向黎勞工部和安全總局申請工作簽證證明，持有黎公安總局簽發的工作簽證證明（須同時持有阿拉伯文原件及英文譯件）的中國公民可直接入境黎巴嫩，不必在黎駐華使館申請簽證。

6. 外國人在黎工作和居留需在黎勞工部和公安總局辦理工作證和居住證。「兩證」費用共計約2400美元，須每年辦理延期。赴黎務工人員在簽證日期近結束前應及時申請延期。

交通情況

黎有3個主要機場，目前只有貝魯特拉菲克‧哈里裡國際機場正常運轉。中國與黎無直航，可經阿聯酋、卡達等國轉機，往返機票約為人民幣5000—8000元不等。

著名景點

提爾古城

開放時間：全天開放

貝魯特以南約80公里

提爾古城 Tyre

巴勒斯坦國

簽證與辦事處

巴勒斯坦國駐華大使館

地　　址：北京市朝陽區三里屯東三街2號

電　　話：010-65323327

傳　　真：010-65323241

簽證申請須知

1. 巴勒斯坦尚未正式建國，擬赴巴人員須向以色列駐華使館申請相應種類赴以簽證，並取得往來巴通行證，具體程式請參閱赴以簽證須知。

2. 由於以巴衝突不斷，以色列方面規定，除外交人員外，其餘人員進入巴區須接受嚴格檢查，並簽署《免責聲明》，主要內容包括：保證不妨礙以軍事行動，不前往危險地帶和軍事禁區，否則將承擔所有因未遵守上述條款而導致的一切後果。

3. 巴勒斯坦海關目前由以色列代管，具體請參閱以色列海關相關規定。

4. 阿爾及利亞、孟加拉、汶萊、吉布地、伊朗、科威特、利比亞、敘利亞、黎巴嫩、巴基斯坦、沙烏地阿拉伯、蘇丹、葉門等阿拉伯國家與以色列無外交關係，申請這些國家簽證時如被發現護照上有以色列簽證或入境章可

能會被拒簽。

交通情況

巴勒斯坦尚無正常使用的國際機場，赴巴人員須先飛抵以色列特拉維夫、約旦安曼或埃及開羅，再經陸路進入巴區。

著名景點

馬槽廣場

開放時間：全天開放

伯利恆市中心

聖誕教堂

開放時間：10：00—18：00

伯利恆市

馬槽廣場 Manger Square

聖誕教堂 Nativity Church

以色列國

簽證與辦事處

以色列國駐華大使館

地　　址：北京市朝陽區天澤路17號

電　　話：010-85320500（總機）010-85320661（行政和領事處）010-85320662（簽證處）

傳　　真：010-85320613

網　　址：http∶//embassies.gov.il/beijing

簽證申請須知

1. 中國公民赴以色列須事先辦理入境簽證。

2. 以色列不接受落地簽證。

3. 簽證申請人到以使領館領事處辦理申請手續時務必遵照以下安全指示∶

1）請攜帶貼有照片的身份證明。

2）每位來訪者及其隨身物品都需經過安檢。

3）不允許將任何個人物品帶入使領館內，包括手提包、手機和電子設備。

4）切勿攜帶大型手提包或行李箱進入使領館。

5）切勿攜帶食品和/或飲料瓶或飲料容器。

6）使領館的安全指南適用於在領事等候室內的所有人，所有人須始終聽從安保人員的指揮。

7）凡進入巴勒斯坦地區者均需先辦妥以色列的入境簽證，再辦理往來巴勒斯坦通行證。

4. 簽證種類：常用的是短期商務簽證、留學簽證、工作簽證、探親簽證等。

5. 除營業執照副本原件、護照外，簽證申請人遞交的其他材料將由使館簽證處存檔保存，如需留存應事先做好影本，使館簽證處不為申請人複印。

6. 簽證拒簽後，不退簽證費。

7. 簽證申請人在獲得以色列簽證後在簽證有效期之內前往以色列，如在簽證有效期內未能成行但仍需前往以色列，需重新提交申請（手續同前）。

8. 特別提示：入境以色列者應在簽證有效期內離境，否則將被視為非法滯留。為避免護照丟失，應隨

身攜帶護照影本（包括資料頁、出入境章頁）。

交通情況

目前以色列航空公司（EL AL）有直飛往返北京、香港的航班，中國航空公司無航班直飛以色列。每週日、二、四有北京直飛特拉維夫的航班，每週一、三、六有特拉維夫直飛北京的航班。每週有5班香港直飛特拉維夫的航班，5班特拉維夫直飛香港的航班。

著名景點

哭牆

開放時間：全天開放

耶路撒冷市

+972 2 627 3111

馬薩達城堡

開放時間：全天開放

耶路撒冷市以南64公里處

+972 3 539 6700

哭牆 Wailing Wall

馬薩達城堡 Masada Castle

阿拉伯埃及共和國

簽證與辦事處

阿拉伯埃及共和國駐華大使館

地　　址：北京市朝陽區日壇東路2號

電　　話：010-65321825 / 65322541

傳　　真：010-65325365

簽證申請須知

1. 持外交護照、公務護照中國公民可免簽入境埃及，持其他種類護照人員須辦理簽證。

2. 中國公民持有效期6個月以上護照可辦理落地簽入境，但需在出發前透過埃及邀請方或旅行社辦妥並向埃及移民局備案，以免入境受阻。

3. 在埃及的中國公民可辦理投資、工作、學習、居住（僅發給與埃及人通婚者）等類居留許可，每次給的居留期一般不超過1年，投資者和通婚者居留期可至5年；除埃及缺乏的特種人才外，外國人的工作簽須按1：9（用一名外國人須雇9名埃及人）的比例發放。

交通情況

當前，開羅與北京、廣州間有埃航直飛航班，每週分別為3班、2班。另有多條國際航線可選（需中轉）；埃各主要旅遊城市均有機場，且大多為國際機場，國內空中交通便捷。

著名景點

胡夫金字塔

開放時間：9：30—17：00，一般16：00後開始清場

開羅西南約10公里吉薩高地

獅身人面像

開放時間：9：30—17：00，16：00後開始清場，獅身人面像禁止入內

開羅西南的吉薩大金字塔旁

胡夫金字塔 Pyramid of Khufu

獅身人面像 Sphinx

世界遺產名錄

越南社會主義共和國

■ 順化歷史建築群（1993）

■ 下龍灣（1994，2000）

■ 會安古鎮（1999）

■ 聖子修道院（1999）

■ 峰牙—己榜國家公園（2003，2015）

■ 河內升龍皇城（2010）

■ 胡朝時期的城堡（2011）

■ 長安名勝群（2014）

寮國人民民主共和國

■ 瑯勃拉邦鎮（1995）

■ 占巴塞文化景觀內的瓦普及相關古代定居點群（2001）

柬埔寨王國

■ 吳哥窟（1992）

■ 柏威夏寺（2008）

泰王國

■ 通艾—會卡肯野生生物禁獵區（1991）

■ 素可泰歷史城鎮及相關歷史城鎮群（1991）

- 阿瑜陀耶歷史城市（1991）

- 班清考古遺址（1992）

- 棟巴耶延─考愛森林綜合體（2005）

緬甸聯邦共和國

- 古驃國城群（2014）

馬來西亞

- 京那巴魯國家公園（2000）

- 姆祿國家公園（2000）

- 麻六甲和喬治市 （2008）

- 玲瓏谷地的考古遺址（2012）

新加坡共和國

- 新加坡植物園（2015）

菲律賓共和國

- 菲律賓的巴洛克教堂群（1993）

- 圖巴塔哈群礁自然公園（1993，2009）

- 菲律賓科迪勒拉山的水稻梯田（1995）

- 普林塞薩港地下河國家公園（1999）

- 美岸歷史城鎮（1999）

- 漢密吉伊坦山野生動物保護區（2014）

印尼共和國

- 婆羅浮屠寺院群（1991）
- 巴蘭班南寺院群（1991）
- 科莫多國家公園（1991）
- 烏戎庫隆國家公園（1991）
- 桑吉蘭早期人類遺址（1996）
- 洛倫茨國家公園（1999）
- 蘇門答臘熱帶雨林（2004）
- 峇里省文化景觀 ：蘇巴克灌溉系統（2012）

印度共和國

- 埃洛拉石窟群（1983）
- 阿旃陀石窟群（1983）
- 阿格拉堡（1983）
- 泰姬陵（1983）
- 科奈克太陽神廟（1984）
- 默哈伯利布勒姆古蹟群（1984）
- 凱奧拉德奧國家公園（1985）
- 加濟蘭加國家公園（1985）
- 瑪納斯野生生物禁獵區（1985）
- 卡傑拉霍建築群（1986）
- 果阿的教堂和會院（1986）
- 亨比古蹟群（1986）
- 法塔赫布爾西格里（1986）
- 象島石窟（1987）
- 孫德爾本斯國家公園（1987）

- 帕塔達卡爾建築群（1987）

- 朱羅王朝現存的神廟（1987、2004）

- 楠達戴維山國家公園和花谷國家公園（1988、2005）

- 桑吉佛教古蹟（1989）

- 德里的胡馬雍陵（1993）

- 顧特卜塔（1993）

- 大吉嶺喜馬拉雅鐵路（1999、2005、2008）

- 菩提伽耶的摩訶菩提寺建築群（2002）

- 比莫貝卡特石窟（2003）

- 尚龐－巴瓦加德考古公園（2004）

- 賈特拉帕蒂・希瓦吉終點站（前維多利亞終點站）（2004）

- 紅堡建築群（2007）

- 齋浦爾的簡塔・曼塔（2010）

- 西高止山脈（2012）

- 拉賈斯坦邦的山地要塞（2013）

- 大喜馬拉雅山脈國家公園（2014）

- 古吉拉特邦帕坦縣皇后階梯井（2014）

巴基斯坦伊斯蘭共和國

- 塔克西拉（1980）

- 塔赫特巴希的佛教廢墟和鄰近的薩爾巴赫洛的城市廢墟（1980）

- 摩亨佐—達羅考古遺蹟（1980）

- 特達的馬克利的歷史古蹟（1981）

- 拉合爾的堡和沙利馬爾公園（1981）

- 羅赫達斯堡（1997）

孟加拉人民共和國

- 巴凱爾哈德的歷史上的清真寺城（1985）

- 巴哈爾布爾的佛教毗訶羅廢墟（1985）

- 孫德爾本斯國家公園（1997）

阿富汗伊斯蘭共和國

- 查姆回教寺院尖塔和考古遺址（2002）

- 巴米揚谷的文化景觀和考古遺址（2003）

尼泊爾聯邦民主共和國

- 加德滿都谷地（1979）

- 薩加瑪塔國家公園（1979）

- 奇特旺皇家國家公園（1984）

- 佛祖誕生地藍毗尼（1997）

斯里蘭卡民主社會主義共和國

- 波隆納魯沃古城（1982）

- 錫吉里耶古城（1982）

- 阿努拉德普勒聖城（1982）

- 加勒老城及其堡壘（1988）

- 康提聖城（1988）

- 辛哈拉賈森林保護區（1988）

- 丹布勒金寺（1991）

- 斯里蘭卡中央高地（2010）

伊朗伊斯蘭共和國

- 伊斯法罕的伊瑪目廣場（1979）

- 恰高‧占比爾（1979）

- 波斯波利斯（1979）

- 塔赫特蘇萊曼（2003）

- 巴姆城及其文化景觀（2004）

- 帕薩爾加德（2004）

- 蘇丹尼耶（2005）

- 貝希斯敦（2006）

- 亞美尼亞修道院群(2008）

- 舒希達的歷史水利系統(2009）

- 大不里士歷史市集區（2010）

- 阿爾達比勒市的謝赫薩菲‧丁聖殿與哈內加建築群（2010）

- 波斯花園（2011）

- 貢巴德‧卡武斯高塔 （2012）

- 伊斯法罕的星期五清真寺（2012）

- 古列斯坦宮（2013）

- 沙赫里索克塔（被焚之城）（2014）

- 梅滿德文化景觀（2015）

- 蘇薩（2015）

伊拉克共和國

- 哈特拉（1985）

- 亞述古城（2003）

■ 薩邁拉古城（2007）

■ 埃爾比勒城堡（2014）

巴林王國

■ 巴林堡—古代港口和迪爾門首都（2005）

■ 採珠業：島嶼經濟的見證（2012）

卡達

■ 祖巴拉考古遺址（2013）

阿拉伯聯合大公國

■ 艾恩文化遺址：哈菲特、西里、比達—賓特—沙烏地阿拉伯以及綠洲（2011）

阿曼蘇丹國

■ 巴赫萊要塞（1987）

■ 巴特‧庫特姆和艾因考古遺址（1988）

■ 乳香之路（2000）

■ 阿曼的阿夫拉賈灌溉體系（2006）

葉門共和國

■ 希巴姆古城與城牆（1982）

■ 薩那古城（1986）

■ 扎比德歷史城鎮（1993）

■ 索科特拉群島（2008）

沙烏地阿拉伯王國

■ 沙烏地阿拉伯考古遺址（瑪甸沙勒）（2008）

■ 德拉伊耶的圖賴夫區（2010）

■ 吉達古城，通向麥加之門（2014）

■ 沙烏地阿拉伯黑爾地區的巖石藝術（2015）

約旦哈希姆王國

■ 佩特拉（1985）

■ 庫塞爾阿姆拉（1985）

■ 烏姆賴薩斯考古遺址（2004）

■ 瓦地倫（月谷）保護區（2011）

■ 約旦河外伯大尼耶穌受洗處（2015）

阿拉伯敘利亞共和國

■ 大馬士革古城（1979）

■ 布斯拉古城（1980）

■ 巴爾米拉古城（1980）

■ 阿勒頗古城（1986）

■ 騎士堡和薩拉丁城堡（2006）

■ 敘利亞北部古村落群（2011）

土耳其共和國

■ 伊斯坦堡歷史區域（1985）

■格雷梅國家公園和卡帕多細亞的岩石地點群（1985）

■ 迪夫里伊的大清真寺和醫院（1985）

- 哈圖沙：西臺首都（1986）

- 內姆魯特山（1987）

- 桑索斯和萊圖恩（1988）

- 希拉波利斯—棉花堡（1988）

- 薩夫蘭博盧城（1994）

- 特洛伊考古遺址（1998）

- 塞利米耶清真寺（2011）

- 加泰土丘的新石器時代遺址（2012）

- 布爾薩和庫馬利吉茲克：鄂圖曼帝國的誕生（2014）

- 帕加馬及其多層次文化景觀（2014）

- 以弗所（2015）

- 迪亞巴克爾堡壘和赫夫塞爾花園文化景觀（2015）

黎巴嫩共和國

- 安傑爾（1984）

- 巴勒貝克（1984）

- 提爾城（1984）

- 比布魯斯（1984）

- 聖谷和神杉林（1998）

巴勒斯坦國

- 耶穌誕生地：伯利恒主誕堂和朝聖線路（2012）

- 橄欖與葡萄酒之地—南耶路撒冷文化景觀（2014）

以色列國

- 阿卡古城（2001）

- 馬薩達（2001）

- 特拉維夫白城（2003）

- 香料之路—內蓋夫的沙漠城鎮（2005）

- 米吉多、夏瑣和別是巴聖地（2005）

- 海法和西加利利的巴哈伊聖地（2008）

- 迦密山人類進化遺址：梅爾瓦特河/瓦迪·艾瑪哈爾洞穴群（2012）

- 猶大低地的馬沙—巴塔·古夫林洞穴（2014）

- 貝特什阿林墓地：猶太人復興地標（2015）

阿拉伯埃及共和國

- 孟菲斯及其墓地金字塔（1979）

- 底比斯古城及其墓地（1979）

- 開羅古城（1979）

- 阿布米那基督教遺址（1979）

- 阿布辛拜勒至菲萊的努比亞遺址（1979）

- 聖卡特琳娜地區（2002）

- 鯨魚峽谷（2005）

中華人民共和國

- 秦始皇陵及兵馬俑坑（1987）

- 莫高窟（1987）

- 泰山（1987）

- 長城（1987）

- 周口店北京人遺址（1987）

- 明清故宮（北京故宮、瀋陽故宮）（1987，2004）
- 黃山（1990）
- 黃龍風景名勝區（1992）
- 武陵源風景名勝區（1992）
- 九寨溝風景名勝區（1992）
- 武當山古建築群（1994）
- 曲阜孔廟、孔林和孔府（1994）
- 承德避暑山莊及其周圍寺廟（1994）
- 拉薩布達拉宮歷史建築群（1994，2000，2001）
- 廬山國家公園（1996）
- 峨眉山—樂山大佛（1996）
- 麗江古城（1997）
- 平遙古城（1997）
- 蘇州古典園林（1997，2000）
- 北京皇家園林—頤和園（1998）
- 北京皇家祭壇—天壇（1998）
- 武夷山（1999）
- 大足石刻（1999）
- 明清皇家陵寢（2000，2003，2004）
- 皖南古村落—西遞、宏村（2000年）（2000）
- 青城山—都江堰（2000）
- 龍門石窟（2000）
- 雲岡石窟（2001）
- 雲南三江並流保護區（2003）

- 高句麗王城、王陵及貴族墓葬（2004）
- 澳門歷史城區（2005）
- 殷墟（2006）
- 四川大熊貓棲息地（2006）
- 開平碉樓與村落（2007）
- 中國南方喀斯特地貌（2007，2014）
- 三清山國家公園（2008）
- 福建土樓（2008）
- 五臺山（2009）
- 中國丹霞（2010）
- 登封「天地之中」歷史古蹟（2010）
- 杭州西湖文化景觀（2011）
- 元上都遺址（2012）
- 澄江化石遺址（2012）
- 新疆天山 (2013)
- 紅河哈尼梯田文化景觀（2013）
- 絲綢之路起始段天山廊道路（2014）
- 中國大運河（2014）
- 土司遺址（2015）
- 左江花山巖畫文化景觀（2016）
- 湖北神農架（2016）

　::本書中所涉及的人口資料來源於世界人口時鐘，統計時間為2016年6月18日。

　::《世界遺產名錄》中的資訊截止至2015年。

後 記

　　「海上絲綢之路」概念的提出較「絲綢之路」為晚，但並不意味著這條海上通道的開發時間晚。實際上，在張騫「鑿空西域」之前，秦始皇就在嶺南設置象郡、桂林郡、南海郡，其中南海郡的治所番禺（今廣州）已經發展成為南海沿岸的造船中心，載重數十噸的大船從這裡揚帆起航，將中國的精美物產傳播到東南亞甚至南亞各國。兩千多年來，這條海上通道在東西方的商貿往來和文化交流方面發揮著無可替代的作用。

　　歷史上，中國各朝透過廣州以及泉州、寧波等港口，經由「海上絲綢之路」，與東南亞、南亞、西亞、北非諸多國家有著頻繁的物質和精神交流，尤其鄭和七次下西洋，更是世界航海史上的空前壯舉。今天的東南亞，是世界上經濟發展最具活力、文化最為多元的地區之一，中國文化、印度文化、伊斯蘭文化、西方文化等，被東南亞人民融於一爐，打造出自身特有的文化標籤。

　　南亞作為世界文明的重要發源地，所孕育的印度教文化和佛教文化，影響覆蓋周邊乃至世界，而從西方傳來的伊斯蘭教文化和基督教文化也給南亞地區帶來新的色彩，這也使得處於傳統和現代之間的南亞，當代文化獨具魅力。

　　西亞、北非是世界上最早出現文明曙光的地方，曾長期是世界歷史的中心舞臺之一。伊斯蘭教興起之後，西亞、北非大部分地區成為阿拉伯人的家園，該地區也因此成為世界上文化共性最強的地區之一；伊朗、土耳其等非阿拉伯國家在文化樣貌上與之有所差異；以色列作為非伊斯蘭教國家，這種區別尤為明顯。

　　縱觀中國和「海上絲綢之路」沿線國家的交往，不僅是互通有無的特產貿易，更有互利互惠的文化交流——沿途展示的諸多遺存古蹟，正是雙邊文化在歷史上頻繁交往且深刻影響的真實寫照。

中國社會科學院財經戰略研究院 編審

鳴 謝

::白俄羅斯共和國駐華大使館

::匈牙利駐華大使館

::黎巴嫩共和國駐華大使館

::土耳其共和國駐華大使館

::中國國家圖書館孟夢女士

::文化部中外文化交流中心朱劍利先生

::中工國際駐吉爾吉斯斯坦韓冬先生

::北京市規劃院黃鐘先生

::中國文化報社劉江麗女士

（排名不分先後）

一帶一路 文化之旅 海上明珠

作者：劉承萱、遲雲

發行人：黃振庭

出版者 ：崧博出版事業有限公司

發行者 ：崧燁文化事業有限公司

E-mail：sonbookservice@gmail.com

粉絲頁 [QR code]　　　網址:http://sonbook.net

地址：台北市中正區重慶南路一段六十一號八樓 815 室

8F. -815, No. 61, Sec. 1, Chongqing S. Rd., Zhongzheng

Dist., Taipei City 100, Taiwan (R.O.C.)

電　話：(02)2370-3310 傳　真：(02) 2370-3210

總經銷：紅螞蟻圖書有限公司

地址：台北市內湖區舊宗路二段 121 巷 19 號

電話:02-2795-3656　　傳真:02-2795-4100　　網址： [QR code]

印　刷 ：京峯彩色印刷有限公司（京峰數位）

定價：650 元

發行日期：2018 年 4 月第一版